电力监管权力配置研究

DIANLI JIANGUAN QUANLI PEIZHI YANJIU

魏琼 著

图书在版编目（CIP）数据

电力监管权力配置研究/魏琼著. —北京：中国电力出版社，2015.5
ISBN 978－7－5123－7448－5

Ⅰ．①电…　Ⅱ．①魏…　Ⅲ．①电力工业-监管制度-研究-中国　Ⅳ．①F426.61

中国版本图书馆 CIP 数据核字（2015）第 060391 号

中国电力出版社出版、发行
（北京市东城区北京站西街 19 号　100005　http：//www.cepp.sgcc.com.cn）
汇鑫印务有限公司印刷
各地新华书店经售
*
2015 年 5 月第一版　2015 年 5 月北京第一次印刷
710 毫米×980 毫米　16 开本　12.25 印张　208 千字
印数 0001—1500 册　　定价 **35.00** 元

前　言

中国国家电力监管委员会自 2003 年成立以来，一直处于监管无效的困境中，其执掌的电力行业市场化改革，迄今为止仍游离在电力行业的边缘地带。这种状态是导致我国电力行业效率低下、缺乏可持续发展动力的制度性原因之一。为推进电力行业的市场化改革，提高电力行业的效率，为电力产业的可持续发展提供基本动力，国务院 2013 年进行机构改革，撤销了电监会并将其电力监管职能配置给了新组建的国家能源局。新国家能源局能走出原电监会监管无效的困境吗？或者，中国怎样才能摆脱电力监管无效的困境？从法学角度观察，中国这一现实问题的答案，依赖于对电力监管权力配置之基本理论问题的探寻：应该怎样合理乃至最优配置电力监管权力？或者，应该怎样配置电力监管权力，才具有正当性乃至具有更高的正当度？

本书旨在为中国电力监管权力配置的优化（使之具有正当性乃至更高的正当度）提供法理基础及制度设计，在研究路径上分三步：首先，通过确立电力监管权力配置在理论上应然的正当状态，为中国电力监管权力配置的优化提供理论依据；其次，通过确立中国电力监管权力配置的实然状态，为优化中国电力监管权力的配置提供事实依据；最后，在前述研究的基础上，充分考虑中国电力行业的特点，针对中国配置电力监管权力之实然状态中存在的问题，得出具体的优化中国电力监管权力配置的制度设计。相应的，本书除绪论外共计五章，采取三段论式的逻辑结构安排。

前三章所研究的理论基础，是本书立论的大前提部分，旨在为优化中国电力监管权力的配置提供理论上的衡量标准。通过研究政府监管权力的法理特征、合理的乃至更优的电力监管权力配置在理论上应然的内在理念与制度表现、域外先进国家电力监管权力配置立法上实然的相关经验和教训，为判断“怎样配置电力监管权力才是合理的乃至更优的”提供理论上的标准。合理的乃至更优的电力监管权力配置应该是：①具备政府监管权力之法理特征决定的政府监管制度之建构应具备的特征；②同时满足四个正当性基础条件，并且，分别满足这四个条件程度越高，其正当度就越高；③以效率和公平为价值目标，促进这些价值的实现程度越高，其正当度就越高；④分权配置并使之相互制衡，建立沟通协调机制，分权制衡与沟通协调的程度越高，其正当度就越高；同时，越能吸取域外先进国家电力监管权力配置立法实践中的经验和教训，后进国家电力监管权力配置的正当度可能就越高。

第四章所研究的中国电力监管权力配置的实然状态，是本书立论的小前提部分，旨在为优化中国电力监管权力配置提供事实依据。尽管与西方传统市场经济国家相较，中国电力行业的市场失灵有自己的特点，但是，中国电力行业存在市场失灵的客观事实，仍然为中国配置电力监管权力提供了客观上的正当性基础条件。然而，中国电力监管权力配置的实然状态中存在着诸多具有中国特色的“政府失灵”现象，以满足另外三个正当性基础条件的程度为衡量标准，中国现行电力监管权力配置的正当度不高，有待优化。中国现行与电力监管价值有关的立法内容存在诸多缺陷，以有利于效率和公平价值的实现程度为衡量标准，中国现行电力监管权力配置的正当度也不高。尽管中国电力监管权力的配置格局经过了多次演变，但具体的配置格局依然存在诸多缺陷，新国家能源局仍无法走出原电监会监管无效的困境，以实现分权制衡与沟通协调的程度及吸取域外先进国家在电力监管权力配置方面的经验和教训的程度为衡量标准，中国现行电力监管权力配置的正当度仍然不高，有待优化。

第五章所给出的优化中国电力监管权力配置的具体方案，是本书的结论部分，旨在为优化中国电力监管权力配置提供具体的方案，从而最终为中国怎样才能走出电力监管无效困境的现实问题，提供具体的答案。中国电力监管权力配置的优化，应遵循的原则是：满足并尽量同步提高影响电力监管权力配置正当度的各因素之满足程度。具体而言，优化中国电力监管权力配置之内在理念的方案是：①在构建电力监管权力的配置制度时，尊重并反映政府监管权力的法理特征。②在构建电力监管权力的配置制度时，充分反映我国电力行业市场失灵的特点，通过“以维护公共利益为配置电力监管权力的目的，确保电力监管权力配置资源的有效性和监管本身的有效性，降低电力监管的成本”，纠正我国电力监管方面存在的“政府失灵”现象。③以效率和公平为电力监管权力配置的价值目标，完善对效率、公平价值的立法表述并设计处理效率与公平价值冲突的规则。优化中国电力监管权力配置之制度表现的方案是：①在未来新颁布的《能源法》及修订的《电力法》中，对电力监管权力进行配置，实现对电力监管权力配置的法定化。②按能源监管模式与独立监管模式组建能源部并在其中设置内部独立的能源监管委员会，前者作为电力监管的政策部门，后者作为专业电力监管机构，承担包括电力行业市场准入权及定价权在内的全部经济性监管职能。③由环境、安全等综合性监管机构承担电力行业全部的社会性监管职能。将电力行业非核电安全生产监管职能，配置给一般的综合性安全监管机构；成立核能安全综合性监管机构，承担核电安全生产监管职能；明确电力普遍服务义务监管职能的归属。④赋予能源部协调职能，建立以上各监管机构之间有效的协调和沟通机制。⑤按主导—制衡方式配置能源监管委员会与反垄断执法机构之间的权力，能源监管委员会对电力行业之垄断行为的事前、事后监管事务，都有管辖权；反垄断执法机构对能源监管委员会之事后监管权力的运行，享有复议权，有权撤销能源监管委员会的监管决定并依法作出新的监管决定。

全面系统地采用以上优化方案，实现对电力监管权力配置之内在理念与制度表现的优化，使中国走出电力监管无效的困境，实现对电力行业的有效监管。

目 录

前言

绪论 …… 1

第一章 电力监管权力配置的基本界定 …… 25

第一节 监管 …… 25

第二节 政府监管权力 …… 36

第三节 电力监管权力配置的逻辑构成要素 …… 48

第二章 电力监管权力配置的理据 …… 61

第一节 电力监管权力配置的正当性基础 …… 61

第二节 电力监管权力配置的价值目标 …… 80

第三节 电力监管权力配置的路径选择 …… 93

第三章 域外先进国家的电力监管权力配置及得失 …… 103

第一节 域外先进国家电力监管权力配置的内在理念 …… 104

第二节 域外先进国家电力监管权力配置的制度表现 …… 112

第三节 域外先进国家电力监管权力配置制度表现的经验与教训 …… 118

第四章 中国电力监管权力配置的检视 …… 124

第一节 中国电力监管权力配置的内在理念及存在的问题 …… 124

第二节 中国电力监管权力配置的制度表现 …… 135

第三节 中国电力监管权力配置制度表现存在的问题 …… 139

第五章 中国电力监管权力配置的优化 …… 153

第一节 优化中国电力监管权力配置的基本原则 …… 153

第二节 中国电力监管权力配置之内在理念的优化 …… 155

第三节 中国电力监管权力配置之制度表现的优化 …… 164

结语：中国未来电力监管权力配置立法的构想 …… 182

参考文献 …… 184

后记 …… 187

绪 论

市场机制与政府的权力机制是市场经济国家配置资源的两种基本方式。前者是市场经济内在的调节机制，即市场经济内含的价格、竞争、供求和风险诸要素相互作用、彼此制约、自行调节的有机联系和自我组织能力；后者则是市场经济外在的调节机制，其依靠市场经济外在的公共权力来处理公共事务，配置社会资源。由于该两种方式各有利弊，经济学界对二者在配置资源中的地位一直存在争议[1]，目前的主流观点认为，政府与市场之间具有一定的替代性和互补性，在一定条件下可以共存并弥补各自的缺陷。

电力行业在整个国民经济的发展中处于基础性的地位，其能否高效、稳定运行，不仅关系到整个国民经济的良性运行与发展，而且影响着千家万户的日常生活。电力行业属于传统的自然垄断产业，其自然垄断性、外部性与产品的公共性等特征，决定了该行业不能完全依靠自由竞争的市场机制进行有效的资源配置。因而，在传统的经济学理论中，电力行业属于公共政策调节的领域，国家赋予其合法垄断经营的地位，但是，实践表明，电力行业这种政府严格监管下的垄断经营方式存在着经济效率低下等多种弊端，随着技术的进步和经济学理论对自然垄断概念的重新界定[2]，电力行业传统规制模式在经济学上的合理性受到了质疑，电力行业不再是整个行业都有自然垄断性特征，为了提高经济效率，电力行业“引入竞争，放松管制”的市场化改革从市场经济发达国家肇端并影响全世界，建立现代电力监管制度成为历史潮流。但是，在自然垄断的（电力）行业，“仅仅坚持市场化是片面的，必须将市场竞争与政府监管有

---

[1] 极端的自由主义者主张以市场机制为主，最大程度地减少市场外部的政府强制；极端的政府主义者主张以政府权力机制为主，最大限度地发挥政府的能量。详细内容参见韩兆柱．论市场机制在政府权力运行机制中的作用．燕山大学学报（哲学社会科学版），2004（3）：1.

[2] 关于自然垄断概念的新发展，参见于良春．自然垄断与政府规制．北京：经济科学出版，2003：6.

机结合，构建完善的政府监管体制”，才能使其健康发展。[1]

由此可见，各国对电力行业事务的处理及资源的配置，经历了从完全依赖政府的权力机制到引入市场机制，再到放松政府监管的历史演变。虽然现代各主要市场经济国家已经同时使用权力与市场两种机制，但由电力产业本身所具有的自然垄断性等特征所决定，政府的权力机制在配置电力行业资源、处理电力行业有关事务的过程中，仍处在优于市场机制的地位。随着市场经济体制的逐步建立，我国也开始了电力行业的市场化改革，国务院发展研究中心产业经济研究部所作的《中国电力改革与可持续发展战略研究》一文明确指出，“建立现代监管制度已是中国电力工业改革与发展的当务之急”，电力行业的传统行政管理模式必须转变为现代化的电力监管模式。作为政府监管电力行业之权力机制的核心内容，电力监管权力配置是整个电力监管权力机制得以有效运行的逻辑前提。因此，从法学角度研究电力监管权力配置问题，对于中国电力行业的市场化改革，无疑具有重要的理论和现实意义。

一、问题的提出与研究范围的限定

笔者选定该题目进行研究，缘于对中国电力产业的危机、电力监管无效困境的反思。

（一） 电力产业的危机

得益于电力行业市场化改革以及由此建构的制度支持，中国电力行业的发展取得了非凡的成绩，到 2014 年，我国发电能力和电网规模都已位列世界第一[2]。但是，由于相关利益集团不愿放弃既得利益[3]而产生的巨大阻力，我国

---

[1] 汤吉军，郭砚莉．我国公用事业政府监管研究——以自然垄断为视角经济体制改革，2013（5）：35.

[2] 有关我国 2014 年发电能力和电网规模的具体数据，参见国务院 2015 年发布的《关于进一步深化电力体制改革的若干意见》。

[3] 电价的市场化改革意味着主要依靠市场机制来决定电价，目前由国家行政机关享有的电价决定权将被削弱甚至被取代，因此，必然会对利益集团的利益产生深刻的影响。例如，按现行电力监管权力配置，由发改委监管电价。为了降低电价，发改委每年协调电企和煤企之间的电煤价格（即限价煤，也叫合同煤），透过合同煤发改委每年补贴电厂 2430 亿元，但是电价却不降反升。如果政府取消合同煤，所有电厂全部用市场煤，补贴电厂的 2430 亿元用来补贴全国老百姓电费，那么，全民几乎免费用电（参见郎咸平：“全民本来可以免费用电”，2012 年 6 月 4 日，news. xinhuanet. com/fortune/2012－06/04/c _ 123229246. htm）。如果进行电价的市场化改革，则发改委每年给电厂 2430 亿元财政补贴的权力将被削弱直至被取消，发改委从自身部门利益考虑，自然不可能支持电价的市场化。

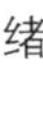

电力行业的市场化改革到目前为止仍然游离在电力行业的边缘地带，与电力行业市场化改革相配套的电力监管权力配置仍未能得以建构，这种状态的持续已经使我国的电力产业逐渐陷入了可持续发展动力严重匮乏的危机。某经济行业是否高效，其个体利益的增长能否与社会的整体利益保持同步，政府对该行业的监管是否有效和公平，是衡量该行业的发展是否具有可持续性的重要标准，按此标准，中国电力行业存在效率低下和公平性不足两方面的问题。[1]

中国电力行业效率低下有如下表现：首先，中国电力行业投入产能的供给量与社会对电能的需求量一直未能达到相对平衡的有效状态。据统计，“十五”期间，全国持续 3 年缺电，为了解决“缺电”问题，2006 年国家发展和改革委员会（简称国家发改委或发改委）批准了接近 2 亿多千瓦的巨额电力投资项目，“十一五”期间，又批准了 2 亿到 3 亿千瓦[2]的电力投资项目，其结果是导致我国截至 2008 年 1 月，电力生产能力出现了近 2 亿千瓦的富余和浪费，经过“十一五”期间后，电力生产能力的浪费和闲置达到了 4 亿到 5 亿千瓦[3]。其次，中国电力行业经营者的收益率普遍低下。以 2006 年的数据为例，两大电网公司利润总额较上年提高较多，但净资产收益率平均仅为 2.37%，五大发电集团中除华能净资产收益率达到 6.6%，其他四家均在 5%以下[4]。由于“市场煤”和“计划电”的矛盾，主要发电企业连续几年来都处于亏损状态，负债沉重，可持续发展能力受到很大限制。最后，从用户角度看，由于中国的电价结构不合理，各种用户间严重的交叉补贴现象使居民用电和部分工业用电的电价低于成本，促进了这些用户对电力的过度消费，造成经济效率低下、环境质量的负担以及政府预算上的浪费[5]。

中国电力行业公平性不足，电力行业经营者个体利益的增长不能与社会整体利益保持一致。首先，中国电力行业的环境污染问题严重，电力企业利益的增长以社会整体环境利益的降低为代价。从 1995 年到 2009 年我国发电量和装机容量的结构[6]中

[1] 按国务院 2015 年《关于进一步深化电力体制改革的若干意见》，我国电力行业发展仍面临交易机制缺失，资源利用效率不高，价格关系没有理顺，政府职能转变不到位等五大亟须通过改革解决的问题，这些问题同样可归类为效率性不足和公平性不足两方面的问题。

[2] 杨名舟．能源体制改革需顶层设计．学习时报，2012－2－27(004)．

[3] 杨名舟．暴雪覆冰灾害后——电力工业发展的反思．中国水能及电气化，2008(4)：5.

[4] 详细数据参见陈磊．电力产业管制的国际比较研究．福州：福建师范大学，2012：136.

[5] 电监会扩权，电价市场定价时代开始．2013－7－14. news. ppzw. com/article _ show _ 5553. html.

[6] 关于我国 1995 年到 2009 年的发电量和装机容量的详细数据图，参见周利华．中国电力产业改革绩效测评．山东：山东大学，2012：19.

可看出，火电依然占主要地位，火电的生产导致了大量的环境污染，使社会付出了巨大的环境成本，有研究表明，2000 年到 2007 年间，我国电力行业环境效率整体处于下降趋势[1]。其次，中国电力行业个体利益与社会整体利益的冲突还体现在“煤电联动”政策的尴尬：由于“市场煤价、计划电价”的矛盾，若不实行“煤电联动”，随着煤价上涨，火电企业成本增加，在电价不变的情况下，即意味着发电越多，亏损越大，电力企业的利益必然遭受损害；若实行“煤电联动”，必然使煤、电价格呈螺旋形上升，引发通货膨胀，社会整体利益必然遭受损害[2][3]。此外，由于电力普遍服务政策的实施缺乏保障性措施，中国尚有部分偏远山区未通电，一些城市贫困人口处于无钱用电的状态。这些情况的存在充分反映了中国目前电力行业的发展公平性不够，与社会整体利益之间的冲突尚未妥善解决。

使中国电力产业陷入缺乏可持续发展动力危机的前述问题，究其成因在于电力定价长期不合理——电网企业滥用垄断优势迫使发电企业低价售电、用户高价用电，而因袭传统行政管理模式的现行电力监管权力配置，使政府对电力垄断企业的监管无效，是电网企业得以滥用垄断优势形成不合理的电力定价的制度性根源。因此，只有通过立法合理配置电力监管权力，才能从制度上为电力定价的合理性提供保障。

（二） 电力监管的困境

经济学研究表明，政府对电力行业进行有效的监管，能够为电力产业的持续发展提供基本动力。但是，中国第一个专业性的电力监管机构——国家电力监管委员会（简称电监会），虽为正部级事业单位，却因职权有限深陷监管无效的困境之中[4]。

作为传统自然垄断产业之一的电力产业，其垄断经营的模式为电力垄断企业滥用优势地位迫使交易相对人在交易过程中接受于己不利的交易条件，破坏

---

[1] 彭昱．我国电力产业环境效率评价．财经科学，2011（2）：76.

[2][3] 中国在 2005 年开始实施第一轮“煤电联动”政策，导致电价上调了 0.0252 元，2006 年施行第二轮“煤电价格”联动，导致全国销售电价平均每度提高了 2.52 分钱。（煤电联动·2013－7－21. baike. so. com/doc/5947552. html）2012 年年底，有关决策部门宣布将重启“煤电联动”政策，可以预计，未来的电价还将继续上涨。[电煤价格并轨·煤电联动将重启·经济参考报，2012－12－26(1)].

[4] 电监会有官员将电监会的困境概括为“无权可监、无力可监、无法可监、无事可监”，详细情况参见王秀强：“电监会官员自述监管困境 电改阻力太大”，www. 21cbh. com/HTML/2011－6－22/4NMDAwMDI，2013 年 5 月 24 日访问。

公平竞争的市场秩序提供了土壤，而电网企业追逐利润的本能为此播下了种子。如果不通过政府权力对电力行业进行严格监管，有效禁止滥用垄断优势破坏公平竞争的种子在电力行业垄断经营模式的土壤里生根发芽，那么，最终必然收获电力产业发展后继无力的恶果。在中国，由于国有资本的绝对控股，垄断企业滥用垄断优势的情形随处可见，其不仅表现为大型国有垄断电网企业迫使发电企业低价售电、用户高价用电导致的对电力行业内公平市场秩序的破坏，而且已经蔓延到了与电力行业相关的领域，导致了对其他行业的公平竞争的市场秩序的破坏。中国供电企业普遍为用户受电工程直接或间接指定设计单位、指定施工单位或指定设备材料供应单位的现象（简称“三指定”现象）即其典型的现实表现❶。

《电力监管条例》赋予电监会的职责主要有：制定电力市场运行规则，监管市场运行，维护公平竞争；根据市场情况，向政府价格主管部门提出调整电价建议；监督检查电力企业生产质量标准，颁发和管理电力业务许可证；处理电力市场纠纷；负责监督社会普遍服务政策的实施等。电监会与国家发改委在电价管理上存在职能交叉，有价格权属之争，该权属之争导致了《关于明确发展改革委与电监会有关职责分工的通知》（中央机构编制委员会办公室 2005 年颁布）的出台，依据该通知，电力建设项目的投资审批、核准、电力行业的定价等职能归属国家发改委；电监会对电力定价只享有提出调整、建议的权力。

电监会缺少电价监管权的权力配置格局，已经成为电监会监管无效的主要原因。现实中，我国电网企业凭借输电、供电的垄断优势，已经出现了为了企业利益侵害公众利益行为（如前文的电力企业“三指定”现象），尽管对这些现象的监管是电监会的主要职能之一，但是，缺乏电价监管职能的电监会，却不可能对这些现象进行行之有效的监管，电监会为打破垄断力推的一些根本性的市场化改革措施施行受阻的事实，即其直接的证明。例如，近年来，为了从根本上消除电网企业前述滥用优势地位，降低社会效率的不公平现象，电监会推出了大用户直接交易、跨省区电能交易等电力行业市场化的改革措施，建立大用户与发电企业直接交易的市场化平台，意图通过电价双向谈判机制的建立最终打破电网企业的买方垄断。但是，区域内发电企业和大用户直供电的试点却始终未能有效铺开，电网企业独家购电的格局也一直未能被打破。导致这种

❶ 电监会在 2011 年、2012 年开展了对“三指定”现象的专项治理工作，参见《关于深入开展供电企业用户受电工程“三指定”专项治理工作的通知》与《电监督会启动 2011 年“三指定”专项治理重点排查工作》，2012 年 1 月 19 日，http：//www.serc.gov.cn/。

结果的原因有三：一是实行大用户直购电模式减弱了政府对电价的主导作用，而政府的价格主管部门反对其职权被市场分离；二是电网企业仍垄断电力调度的权力，拒绝降低输配电价格，而电监会无权干预电网企业的定价；三是地方政府不愿煤炭资源外流，人为设置区域间的壁垒，阻挠跨省（区）交易的自由开展，而电监会因为没有电价定价权，无力对抗地方政府的这些行政垄断行为。由此可见，没有电价监管权的电监会，根本不可能消除这三个阻碍电力行业市场化改革进程的因素。

缺少电价监管权的电监会眼看着被监管对象恣意破坏电力行业的市场秩序却无力监管，与没有牙齿的老虎眼看着食物却不能撕咬的现象绝无两样，其最终命运必然因不能走出监管无效的困境而被合并。事实正是如此发展：2013年3月，国务院最新的机构改革方案撤销了电监会，将其职能并入了新组建的国家能源局。

新的国家能源局如果缺少电力行业的市场准入权和定价权，仍然会遭遇电监会的困境，那么，中国是应该维持现状，将电力行业的市场准入权和定价权配置给政府的宏观调控部门，还是应该继续深化改革，将该两权力配置给专业的电力监管机构？

（三）前述危机与困境隐含的法学问题

导致中国电力产业可持续发展动力匮乏危机的根本原因，在于我国电力行业的市场化改革不够深入。我国现行的电力交易通常需经三方才能完成，即发电企业——电网企业——用户，虽然发电企业和用户是多元化的，但是，电网企业垄断经营，在电力交易中既是唯一的买方（对多元的发电企业而言）又是唯一的卖方（对多元的用户而言）。在这种情形下，如果电网企业滥用市场支配地位谋求自身利益的内在动力不能得到市场机制的硬性遏制，必将泛滥成灾从而损害整个电力行业的效率性和公平性，危及电力产业发展的可持续性。因此，只有推进市场化改革，才能从根本上为中国电力产业的可持续发展提供基本动力。但是，中国现行电力监管权力配置不合理，导致电力监管深陷无效的困境，无力推进电力行业的市场化改革。从法学角度观察，以上危机和困境的结束，依赖于在法理和制度上解决如下问题：

（1）电力监管权力，在法理上到底是一种什么样的权力？

（2）是否应该授予政府监管电力行业的权力？或者，在什么样的条件下，才能够授予政府监管电力行业的权力？

（3）为什么要授予政府监管电力行业的权力？或者，授予政府电力监管权力，要达到何种目的？

(4) 应该怎样授予政府监管电力行业的权力，才能满足前述授权的条件并实现授权的目的？

尽管学界对中国电力产业已经逐渐陷入缺乏可持续发展动力的危机、电力监管处在监管无效之困境已经基本达成共识[1]，但是，学界对前述法学问题却鲜有思考，中国2013年电力监管机构设置的改革，国务院2015年《关于进一步深化电力体制改革若干问题的意见》将“进一步强化政府监管”作为深化电力体制改革的重点和路径之一，这样的现状为反思如何解决前述法学问题提供了新的契机。本书的选题正是缘于对前述法学问题的反思。

（四）本书研究范围的限定

“电力监管权力配置”一题，在逻辑上由“配置”、“权力配置”与“监管”、“电力监管”等多个概念构成。“配置”即“配备布置”[2]；“权力配置”即根据任务、目标等具体情况，将权力进行适当的布置和安排；“配置”不仅指授权（“置”），其同时还强调所授之权力的匹配性（“配”）。广义的“监管”有立法、行政和司法监管之分，狭义的“监管”仅指其中的“行政（政府）监管”。广义的“电力监管”亦包括立法、行政、司法机关对电力行业的监管；狭义的“电力监管”仅指其中的行政机关（政府）对电力行业的监管。由此，“电力监管权力配置”有广义与狭义之分：广义的“电力监管权力配置”，指将电力监管的立法权、行政权和司法权分别配置给立法机关、行政机关和司法机关；狭义的“电力监管权力配置”是将具体的电力监管职能，配置给政府部门。本书的“电力监管权力配置”，除特别说明或按上下文理解的意思外，属于狭义的范畴，只研究具体的电力监管权力（电力监管职能）在政府部门之间的配置问题。学界对应该将什么样的电力监管职能配置给哪一个政府监管机构存在争议，中国现行立法中也未能实现对电力监管职能的合理配置，正因如此，才导致了中国电力行业效率低下、公平性不足的问题，才使中国陷入了电力监管无效的困境。

由于法治国家政府部门之间的电力监管职能配置是通过立法完成的，“电力监管权力配置”在某种意义上可直接等同于“电力监管权力配置制度”。鉴于此，

---

[1] 2013年撤销电监会并将其职能转由新组建的国家能源局承担的机构改革，即是在该基本共识的推动下，改变中国电力监管权力不合理配置的举措之一。

[2] 关于“配置”的含义，参见“配置”，2012年9月30日访问，baike.baidu.com/view/132733.htm。

本书将以电力监管权力配置制度的内在理念和外在的制度体现为研究线索。

"基础设施产业政府监管权的配置主要涉及四个方面：政策部门与监管机构之间的权力配置；监管机构之间的权力配置；监管机构与反垄断机构之间的权力配置；中央监管机构与地方监管机构或者联邦监管机构与州监管机构之间的权力配置"❶，其中，前三对配置被称为监管权力的横向配置，即监管职权在同级但不同类的政府机构之间的权力配置；最后一对配置被称为监管权力的纵向配置，即监管职权在同类但不同级的政府机构之间的权力配置。由此类推，电力监管权力配置制度表现的主要内容，同样包括四对政府机构之间的权力配置：主管电力行业的政府部门与专门监管电力行业事务之专业电力监管机构之间的权力配置，专业电力监管机构与综合监管机构（如环境、安全等监管机构）之间的权力配置；专业电力监管机构与反垄断机构之间的权力配置；中央与地方专业电力监管机构之间的权力配置❷。限于篇幅，本书在研究电力监管权力配置的制度表现时，只研究了横向配置的三对关系，对于纵向配置的具体内容未予涉及。

二、立法渊源与研究现状述评

从总体上看，中国现有的电力监管方面的立法渊源和研究成果，尚无力为解决前述问题提供充足的制度及理论资源。

（一） 立法渊源述评

电力监管权力配置的立法渊源涵盖域外先进国家的与中国的两方面内容，是本书研究的基本对象之一。

1. 域外先进国家的立法渊源

英国的电力改革模式，因其所获得的巨大成就而为多国所效仿，对我国电力行业的市场化改革具有重要的启发意义❸。在撒切尔夫人执政期间，英国开始对国有部门实施私有化改革，电力行业在 1990 年被私有化，改革的主要路径是

---

❶ 周汉华．基础设施产业政府监管权的配置［J］．国家行政学院学报，2002（2）：52.

❷ 一些经济学文章所讨论的我国的电力监管权力配置，并不局限在这四对关系中，横向的监管机构还包括国家财政部、国务院国资委等。在市场经济体制下，国家干预经济的方式主要有两种，一是以私法主体身份（所有权人）进行的管理，二是以公法主体在市场失灵的状态下进行的干预，鉴于经济法学上的电力监管属于后一种干预方式，因此，本书将不讨论国家财政部、国务院国资委等国家机构以所有权主体（私权利主体）的身份对电力行业进行管理。

❸ 英国电力产业管制制度改革的内容，参见张春煌．英国电力产业的政府监管［J］．世界经济研究，2004（5）：21.

改革电力管理体制，实行私有化与国家垄断相结合，逐步减少政府干预，有限引入竞争机制。英国1989年颁布的《电力法》，为其电力监管体制改革确立了法律依据和程序准则。该法注重电力监管机构的独立性，使其不受《电力法》规定以外的其他国家机关的干预，只对议会负责，独立的监管保障了监管的有效性；在价格监管方面，实行国家宏观调控的调度定价与市场波动合同定价相结合，运用新的监管方式，通过促进竞争，优化电力资源的分配状态，提高了效率并降低了成本。

受英国电力行业市场化改革的影响，美国以“引入自由竞争，放松政府管制”的新思路，拉开了电力行业管制改革的序幕。美国电力监管的改革和发展遵循立法先行原则，重视法制基础的完善，其联邦一级的电力监管法规主要有：《公用事业持股公司法》、《联邦电力法》、《电力消费者保护法》、《国家能源法》（其中的《公用电力监管政策法》）和《国家能源政策法》等。美国的电力监管法规体系贯穿于其电力行业的整个发展史，为美国历次电力行业变革、有效监管电力行业做出了不可磨灭的贡献[1]。

2. 中国的立法渊源

中国电力行业的市场化改革及其相关的立法渊源，为本书提供了国内电力监管权力配置实然性的研究背景。在长期的计划经济体制下，我国对电力行业实行“政企合一、国家垄断经营”的体制，国务院的电力工业部兼具多重不同的身份：电力工业有关政策和规划的制定者、行业管理者，电力工业唯一的生产经营者、国有资产的经营管理者。这种政企不分的管理体制严重抑制了地方、企业等其他经济主体办电的积极性，造成了中国长期的、全国性的缺电的严重局面，严重制约了中国的经济发展和社会进步。为了缓解日益严重的缺电局面，调动各类经济主体办电的积极性，自1985年起，我国开始调整政府的监管政策，在发电市场引入了新的投资者，使发电市场主体多元化，但是原有的政企合一的管理体制、政府管理方式以及垂直一体化经营方式等体制性的缺陷并未改变，发电市场主体多元化导致的不公平竞争等新问题使原有的体制性矛盾进一步凸显。为了解决这些深层次矛盾，自1998年起，我国电力行业开始了政企分开、市场化改革的试点工作。通过这些改革，政企开始分开，电力供应严重短缺的局面得以扭转。但是，此时的政府管理体制，仍不能适应电力行业市场化的改革取向，存在着政监合一、监管机构缺乏独立性、监管规则不

[1] 美国电力产业管制制度改革的内容，参见任继勤、方春阳．国外电力改革的经验及启示［J］．北京交通大学学报，2004（2）：25－26.

清、监管职能过度分散、错位等多种电力监管权力配置上的缺陷性问题。

在立法方面，1996 年以前，我国关于电力行业的立法不多，如 1993 年生效的《电网调度管理条例》、1994 年生效的《电网调度管理条例实施办法》等。1996 年的《中华人民共和国电力法》（简称《电力法》），是全国人大制定的第一部专门规范电力行业的法律，共 75 条，涉及电力的生产运营、供应、使用等内容。关于电力行业的行政法规和部门规章还有《电力供应与使用条例》《电力设施保护条例》与《供用电监督管理办法》《供电营业规则》等。

2002 年出台的《电力体制改革方案》，为中国新一轮电力体制改革确立了“打破垄断、厂网分开、逐步建设可竞争的区域市场和完备的监管体系”的改革目标，不仅使我国逐步构建起的竞争性电力市场，在本质上不同于行政管理下的垂直一体化电力体制，也导致现行的 1996 年版《电力法》与这一体制的变革相冲突而必须予以修订。

我国电力行业的行政管理模式开始向现代政府监管模式转型的标志是《电力监管条例》的颁行（2005 年），该条例是我国第一部专门规范电力监管的行政法规，初步建构了我国的电力监管制度，是我国配置电力监管权力最重要的法律渊源。此后，电监会颁布的《电力市场监管办法》和《供用电监督管理办法》等规章，全国人大颁行的《价格法》、《环境保护法》和《大气污染防治法》等法律，同样也为规范电力监管权力的运行，提供了法律渊源。

3. 对立法渊源的简评

始于 20 世纪 70 年代，发端于美国、英国并影响世界范围内的电力行业管制改革及其导致的监管制度的改革，使电力监管权力配置有关的立法内容发生了巨大变化，英国、美国是域外电力行业管制改革最典型的代表，其关于电力行业管制改革的立法内容及其演变一直是研究电力监管最重要的对象，贯穿于美国电力行业的整个发展史，为美国实现对电力行业的有效监管做出了不可磨灭的贡献❶。英国的电力改革模式，因其所获得的巨大成就而为多国所效仿，对我国电力行业的市场化改革具有重要的启发意义❷。基于以上理由，美国、英国的前述立法渊源，成为了本书比较法意义上的研究对象。

在中国，随着电力行业市场化改革的逐步深入，先后颁行的数部专门的或

---

❶ 美国电力产业管制制度改革的内容，参见任继勤，方春阳．国外电力改革的经验及启示［J］．北京交通大学学报，2004（2）：25-26.

❷ 英国电力产业管制制度改革的内容，参见张春煌．英国电力产业的政府监管［J］．世界经济研究，2004（5）：21.

与电力行业监管相关的法律、法规、规章，虽已初步形成了电力行业监管法律体系，为电力行业的发展提供了基本的制度支撑，但是，就立法本身来看，《电力法》并没有对电力监管权力进行配置，已严重滞后于现今的电力监管体制改革，为了推进我国电力行业的健康发展，必须尽快修改[1]；《电力监管条例》虽对电力监管权力进行了初步的配置，但是，其不仅在法律位阶上有待由“条例”上升为“法律”，而且在内容上仍有许多需要弥补和完善的地方。因此，中国现行的与电力监管相关的立法内容，并不足以为解决前述与电力监管权力配置相关的法学问题提供制度上的支持。2013 年 3 月 14 日，国务院发布《国务院机构改革和职能转变方案》[2]，将现国家能源局、电监会的职责整合，重新组建国家能源局，由国家发改委管理，不再保留电监会。这次机构改革说明中国的电力监管权力配置仍在继续调整的过程中，因此，对中国怎样调整电力监管权力配置使之更趋向优化的理论研究，就具有了重大的现实意义。当然，该次电力监管权力的新配置格局，也将成为本书最新的研究对象。

（二） 研究现状述评

与本选题相关的现有研究成果，分属于经济学和法学两个领域，大致分为关于监管、自然垄断行业监管的一般性成果和关于电力行业监管的专门性成果两方面的内容，由于“监管”、“自然垄断行业监管”与“电力行业监管”三个概念，在逻辑外延上前者包含了后者，三者尤其是前两者，常常会成为同一文章的研究对象。

1. 关于监管、自然垄断行业监管的研究现状

域外的研究表明，监管现象最早溯源于古罗马时代，如戴克里先皇帝在灾荒等极端情况下，为可能会被不道德的卖者支配价格的几百种商品，制定了最高公平价格。这种情况下，政府虽然没有完全控制工商业，但是完全控制了社会重要物品和服务的价格[3]。监管问题不属于西方传统法学的研究对象，对监

[1] 朱维涛．论《电力法》的修改——“从行政管理法”到“现代意义上的经济法”［J］．中国电力企业管理，2006（5）：9.

[2] 《国务院机构改革和职能转变方案》（2013）之（六）重新组建国家能源局。为统筹推进能源发展和改革，加强能源监督管理，将现国家能源局、国家电力监管委员会的职责整合，重新组建国家能源局，由国家发改委管理。主要职责是，拟订并组织实施能源发展战略、规划和政策，研究提出能源体制改革建议，负责能源监督管理等。不再保留国家电力监管委员会。”http：//www.gov.cn/，2013 年 3 月 18 日访问。

[3] Hirsh Richard F. Power Loss：The Origins of Deregulation and Restructuring in the American Utility System［C］. Cambridge：MIT Press，1999：95.

管的研究起源于西方经济学，西方经济学在研究监管时，常与对自然垄断行业的监管相结合，侧重于分析公共规制之必要性与重要性。马歇尔在其所著的《经济学原理》（1890年）中提出了著名的“马歇尔冲突”：规模经济和垄断是“一个硬币的两面”，规模经济和竞争力活力属于两难抉择，规模经济能够提高效率，但是其导致的垄断必然导致市场缺乏竞争力而使经济运行失去动力。经济学早期的垄断行业监管机制研究，主要关注价格的监管。西方经济学界对管制自然垄断行业的研究成果颇多，形成了专门的规制经济学，对规制经济理论的研究先后有规制规范分析及规制实证分析两大学派，代表性成果如斯蒂格勒的《经济规制论》、丹尼斯·史普博的《管制与市场》、贾尔斯·伯吉斯的《管制与反垄断经济学》、卡恩的《管制经济学——原理与制度》等，这些研究成果较为全面地分析了政府监管的含义、特点和意义。在解释是否需要监管的问题上，先后出现了传统的经济监管理论、公共强制理论、法律完备理论等多种理论。尽管不同的理论对政府监管的必要性与重要性的看法不同，但对“市场经济国家应该通过制度依靠政府监管自然垄断行业”已达成共识。

我国经济学界的相关研究成果可大体分为两类，一是对国外规制经济学理论的研究，如：曹啸、计小青的《管制经济学的演进——从传统理论到比较制度分析》，梳理了管制经济学从传统理论到比较制度分析的演进逻辑，提出传统的管制理论采取的是把市场和政府对立起来的二分分析方法，而新的管制理论则采取了把市场和政府统一起来的分析方法，这种理论进展有助于我们更加深刻地认识现实世界中的管制制度。杨凤的《政府监管的一种规范分析——传统公共利益理论述评及其政策应用》提出，在规制经济学的理论体系中，作为一种规范分析框架下的主流派系，传统的公共利益理论解决了政府为什么要监管、应该如何监管的问题，是规制经济学体系形成过程中关于政府监管研究的一个理论起点；文章着重阐述了传统公共利益理论在西方政府监管实践中的政策应用及其影响，评述了其理论发展的合理性、现实性和局限性。二是对垄断行业的监管机制的研究，如：谢地的《从规制到规制放松》《我国政府规制体制改革及政策选择》《自然垄断行业国有经济改革与发展的路径选择》等系列文章，研究了规制的历史演进、垄断的本质，并结合中国的特殊国情，从不同的角度论述了国有企业的垄断和监管问题；肖兴志的《自然垄断产业规制改革模式研究》，提出对非自然垄断行业应进行反垄断监管，而对自然垄断行业应进行政府监管的策略。

作为一种法律现象，“监管”在中国出现较晚，国内法学界对“监管”的研究起步也较晚，主要集中在监管的概念、监管的正当性、监管权力的定位、监管机构的设置几个方面。从规范政府的监管权力，保护行政相对人的权益的角度看，政府监管制度在传统上应被归属于行政法学的范畴。从合理配置资源，限制垄断者的权利，追求实质公平的角度看，政府监管制度应该被纳入经济法的范畴。

比较而言，国内行政法学界的相关研究成果相对较多，而经济法学界的成果较少。前者如周汉华的《基础设施产业政府监管权的配置》《监管机构与反垄断机构的权力配置》《监管制度的法律基础》与马英娟的《政府监管机构研究》等。马英娟的《监管的语义辨析》提出在专业领域内“监管”有广义、狭义、最狭义三种类型的内涵和外延，我国应采用最狭义的监管概念；马英娟的《政府监管的正当性分析》提出，政府监管是在市场机制、法庭诉讼、国家所有制、行业自律等不能有效解决市场失灵问题的情况下产生的一种政府控制方式，在人员构成、权力配置和执法机制等方面优越于其他控制机制，是解决市场失灵不可替代的机制。宋慧宇的《行政监管权研究》提出，“公共利益理论、监管公共强制理论、法律不完备理论”论证了行政监管权力的正当性与必要性，监管私人利益理论证明了政府监管并非完美无缺，必须约束和限制行政监管权。法治的控权功能使法律成为规范行政监管权力运行的最重要的手段。为了干预自然垄断等市场失灵问题和维护公平，经法律的授权和控制，行政监管权力才得以设立和运行。我国行政监管效果不理想的深层原因在于“监管权力和监管制度在市场经济体制表面之下行计划经济管理体制之实，政府行政监管权力与市场主体权利关系颠倒，监管权力和监管制度在形式上也存在妥协与欠缺”。宋慧宇的《行政监管权的设立依据及法律特征分析》亦提出了与前述类似的观点。马英娟的《监管机构与行政组织法的发展——关于监管机构设立根据及建制理念的思考》一文提出，监管机构是市场经济体制下，政府为解决和矫正市场失灵问题而设立的一种特殊行政组织，其设立根据主要涉及两个方面：一是利用其专业性、技术性、灵活性减少决策成本；二是利用其独立性增强长期政策承诺的可信度，现代政府监管机构必须遵循独立性与可问责性并重的理念。马英娟的《监管与经济激励：中国行政法学面临的新课题》一文提出，建设市场经济与全球经济一体化进程及中国行政管理体制改革的不断深入，给行政法学研究带来了新的研究课题：行政法学科关注的重心不能仅停留在司法审查层面，还应关注监管政策形成实质层面的问题；

行政组织法的讨论也不能仅限于传统行政部门，还应对政府监管机构这一特殊行政组织做出回应；行政行为理论应更加重视经济激励型的监管形式；而行政程序理论则面临着从强调"形式合法性"向重视"实质合法性"转型的问题。

目前国内经济法学界缺乏对从经济法角度研究政府监管制度优于从行政法学角度研究的明确认识和理论阐述，尚无专门研究特殊行业监管法在整个经济法中所处地位的理论成果。李昌麒老师主编的法学本科教材《经济法学》，将行业监管法称为"经济监管法律制度"独立作为第五编，在该书的"编写说明"中，明确表示这是该书在安排上比较突出的特点，凸显了"经济监管法律制度"在整个经济法中的重要性。经济法学界研究自然垄断行业（公用企业）法律规制成果相对较多，如王金洲的《自然垄断产业规制的国际比较研究》，鲁篱的《公用企业垄断问题研究》，盛四化的《从结构主义和行为主义看对公用企业的反垄断规制》等。专门研究政府监管权力的如盛学军教授的《政府监管权的法律定位》提出，政府监管权作为一种直接限制市场主体的权利或增加其义务的公权力，区别于宏观调控权和资产管理权，是现代市场经济条件下政府职能重构的产物；监管制度以市场机制及其自身的问题存在为前提，只针对特定的问题、在一定的条件下产生并发挥绩效；即应该由一部立法确立一个特定的监管制度、赋予一个特定机构以监管权。监管制度的历史在一定程度上印证了"法律不完备性"理论的合理内核，从行政机关理性化的角度而言，其作出正确管制决策的机会比立法与司法机关更多；吴升华的《我国反垄断执法机构与行业监管机构权力配置研究》则从比较的角度讨论了反垄断执法机构与行业监管机构的权力配置问题；专门研究监管某个特殊产业的成果不多，如史际春、肖竹的《反公用事业垄断若干问题研究——以电信业和电力业的改革为例》等。

2. 关于电力监管的研究现状

域外经济学界关于电力监管的研究，侧重于对电力行业政府监管思路和方法的探讨，主要围绕以下几个问题进行：对高度市场化的电力行业，政府有无监管的必要？与其他行业（如交通运输、邮政、电信）监管相比，电力监管有何不同？电力监管的经验对政府监管其他行业有无借鉴意义？除市场准入监管、电价监管、产品与服务质量监管外，电力监管还应包括哪些内容？电力监管的内在要求与外在表现是什么？有哪些？电力监管是否达到了预定的监管效果（如维护消费者、电力行业投资者和政府的政策目标）？能源领域的监管是

否仅限于电力？研究者对这些问题的研究尚未达成一致，观点、结论不尽相同❶。可以预见，对这些问题的深入研究，将成为国外经济学界未来主要的研究趋势。

我国经济学界对电力监管进行的专门研究，主要涉及电力产业管制的国际比较及电力产业管制效果❷、中国电力产业的市场化改革、电力产业环境监管三个方面。

（1）涉及电力产业管制国际比较的文献较多，就基本问题已经形成了基本的共识❸。孙建国的《电力产业管制体制演变的国际比较研究》，通过实证分析得出了如下结论：垂直一体化的产业组织方式与非垂直一体化的产业组织方式这两种治理结构在效率上各有优点和缺点，任何一个国家的电力产业组织和管制制度都受本国的经济和政治因素的制约。唐松林、任玉珑的《电力行业政府监管体制改革：国外经验与中国对策》认为，市场化已经成为全球电力行业改革的重要趋势，如何在市场经济的条件下重构高效的电力监管体制是当前各国面临的一项重要任务。日益严重的环境污染和全球气候变暖问题给电力监管提出了新的挑战。中国已经启动电力行业市场化改革，但与之相适应的政府监管体系还未形成。为了实现电力行业的可持续发展，中国应将促进竞争、保护环境、保障能源安全及其他的社会性目标融入到一个统一的电力监管框架当中。在电力产业规制效果研究中，有学者提出，电力规制效果总的发展趋势是综合考虑经济性目标和社会性目标，以促进竞争为目的，并考虑温室气体等污染物排放的环境外部性问题。

（2）关于中国电力产业市场化改革方面的文章较多，也已经形成了基本的共识。如祁帅《我国电力产业存在的主要问题及对策研究》，通过比较国外电力行业市场化改革的多种模式各自的优缺点，提出我国电力行业体制改革在“体”方面已取得预期目标，但在“制”方面还有待建立，相关配套的法律、政策、措施和运行机制还有许多不完善的地方，如电价政策不完善，未建立市场化运行机制；电力监管机构的法律地位尚未确立，市场监管机制不健全等。

---

❶ 国外学者关于电力规制的基础研究及专门研究的现状，参见吴思珺．国内外电力行业政府监管研究述评［J］．湖北经济学院学报，2011（10）：62.

❷ 国内外相关研究成果参见谢理．电力产业规制效果的实证研究：综述与展望［J］．东方企业文化·天下智慧，2010（5）：252-253.

❸ 如国家经贸委电力司的《关于英国、西班牙电力市场规则与管制的考察报告》、马斌的《世界电力行业政府管制变革及启示》、王后根的《英国电力产业规制改革及启示》、宇燕的《监管型市场与政府管制：美国政府管制制度演变分析》等。

刘豪的《规制与竞争：中国电力改革的政策选择》论证了电力行业的自然垄断的不完全性，或者说电力行业只具有部分的自然垄断性，电力行业在更多的领域应是竞争的，打破垄断、促进竞争、强化监管是电力行业改革的必然趋势，我国应当对电力监管、法律、法规、电价、电力市场、需求侧管理、电力社会普遍服务等方面进行改革。

（3）关于电力产业环境监管方面的成果不多，现有研究结论基本相同。如朱慧杰的《我国电力产业环境监管的经济手段研究》提出，我国电力产业发电以煤电为主，是我国环境污染最严重的产业之一。彭昱的《我国电力产业环境效率评价》利用评价环境效率的DEA模型对中国30个省区2000～2007年的电力业环境效率进行了评价，证明我国电力业环境效率整体处于下降趋势。

国内法学界研究电力监管的成果多属于行政法学领域。如周汉华的《电力监管机构的行政程序研究》等，从行政法的角度讨论了电力监管体制的设置以及监管制度的安排等问题。李湘蓉的《善治视角下电力产业政府管制重构》，从善治的效能和民主价值两个层面提出了电力产业政府管制改革的建议；李湘蓉、陈葵的《电力产业政府管制的合法性分析》指出，当前我国电力产业政府管制欠缺合法性基础，必须从效能价值和民主价值两个层面来重塑电力管制的合法性基础。于伶的《电力监管法制化问题研究》提出，我国的电力监管的法律基础建设刚起步，政府如何正确地行使监管权力、规范市场主体的行为、如何运用电力监管促进电力产业的发展，正成为我国电力监管法制化研究的全新课题。

国内经济法学界对电力监管的研究，主要围绕监管的必要性、重要性，监管国际经验，监管存在的问题及解决对策进行，对一些基本的理论问题已经达成共识。如唐敏的《电力行业竞争法律机制研究》，主要研究在电力行业非垄断业务领域引入竞争后，如何在这些领域建立自由竞争的法律机制；黄晖、张世杰的《实现我国电力行业有效竞争的法律问题研究》，王祥薇的《我国电力行业规制与竞争的法律问题研究》，赵月高的《电力行业市场化法律问题研究》等，主要研究了如何建构具体的电力行业监管制度，如何完成对垄断业务领域的有效监管。吴思珺的《我国电力行业政府监管存在的问题及解决措施》，以及一些载于“中国电力网”的文章，如《国外监管制度的演变和中国的改革实践分析》《中国电力监管机构能力建设》《监管制度的法律基础》等，详细阐述和分析了监管制度发展的趋势、欧美日等发达国家监管的经验与不足，对中国电力监管改革的策略和目标等达成了基本共识。刘谦的《电力行业的监管及其

法律问题》提出了完善我国电力行业监管的六项措施（建立健全法规体系，破除垄断、政企分开，转变职能、依法监管，依法行政，司法介入监管及建立新的价格体制）；丁永怀的《略论西方国家电力监管立法及其借鉴意义》总结出的西方国家对中国进行电力监管立法可借鉴的经验（注意制定监管规则、保持监管之独立性，支持竞争、保持中立等）；周峰的《我国电力监管制度研究》指出，我国未通过《电力法》规定电力监管制度，电力监管存在职责不明，权责脱节等问题。

《电力法》应构成电力监管的根本性法律渊源，我国现行《电力法》不仅已经不适应当前电力行业市场化的基本体制，而且未涉及电力监管制度，因此，如何修改《电力法》，如何在其中合理配置我国的电力监管权力，应该构成经济法学界研究电力监管的一个重要的内容。尽管原国家电力公司在1999年就已提出《电力法》的修改稿，在2003年修改《电力法》也已被纳入了全国人大的立法计划，但是，经济法学界关于修改《电力法》的理论成果较少，现有成果多由实务界人士完成。如刘宇晖的《对我国电力法体系的构想——以构建和维护竞争性电力市场为价值目标》提出：由竞争性电力市场替代垂直一体化的电力行业模式是我国电力体制改革的目标，决定了现行《电力法》必须进行大的修改；未来《电力法》的体系应是以构建和维护竞争性电力市场为价值目标统辖的总则、发电、输电、配电和电力零售、电力交易规则、电力监管六部分。吴贵辉的《〈电力法〉的修改和完善》，朱维涛的《论〈电力法〉的修改——"从行政管理法"到"现代意义上的经济法"》等文章，对是否修改《电力法》并无争议，但是对《电力法》的修订是先于体制改革，成为体制改革的指导和保障，还是后于体制改革，成为体制改革的总结存在争议，在整体上缺乏理论深度，虽认识到了《电力法》应该由传统的行政管理法转变为现代意义上的经济法，但是，对于《电力法》作为传统的行政管理法与作为现代意义上的经济法的区别，缺乏理论上的甄别。

3. 对研究现状的简评

从经济学的研究现状来看，国内外关于监管、自然垄断行业监管、电力监管的成果比较多，已经为法学研究该问题提供了基本的理论前提，本书即建立在国内外经济学界的相关研究结论之上。国家对经济领域的监管，归根结底属于经济学的问题，法学对此的研究，应建立在经济学研究的基础之上。国外对电力监管的研究虽已较为具体，但对许多问题仍未达成共识，对这些问题的深入研究，将成为国外经济学界未来的研究趋势。国内经济学界研究垄断行业监

管机制的成果较多，对电力监管的研究较为具体，已经提出了中国电力监管体制方面所存在的法律问题，而该问题的解决，有赖于法学研究的接力。

就法学的研究现状而言，国内虽对监管、特殊行业监管、电力监管的一些基本理论问题有一定的研究，但是相关研究尚不成熟，尚局限在一些基本理论问题的层面，对具体问题的研究几乎尚未展开。比较而言，国内行政法学领域的相关成果较多，经济法学领域的则较少。我国经济法学界的研究成果在总体上呈明显的“一般强、特殊弱”[1] 的状态，基于经济法是维持自由竞争之法，反垄断法在经济法中处于核心地位的理论共识，我国经济法学界关于“经济法的一般法”的研究，在广度与深度上都已经达到了相当的水平。但是，学界对于“经济法的特别法”的研究，却颇为不足，连对该部分的称谓，到底是该用“经济监管法律制度”，还是该用“市场监管法律制度”或者是该用“行业监管法律制度”，都尚未统一认识。特殊的行业监管制度因被监管行业的特殊性而产生，不同的行业，其监管制度应各具特色。国内法学界对特殊监管的一般性理论有一定的研究成果，但是，现有成果，不仅数量不多，而且在内容上也多是从一般的角度泛泛论及，缺乏对具体的某特殊行业之专门监管制度的深入系统研究，特殊行业监管法理论研究因此显得缺乏支撑、不够深入。对“经济法的特别法”研究的不足，导致我国经济法学界的理论研究与现实相脱节，不能为现实中迫切需要的立法修改提供必要的理论支持。以政府监管电力行业的特别法为例，电力监管制度应该是《电力法》的核心制度之一，尽管全国人大早已经将我国《电力法》的修改列入了议事日程，实务界也一直有人在呼吁和推动，但是经济法学界目前对此缺少研究，对修改现行《电力法》，建构现代电力监管制度进行理论化论证的研究成果尚未出现。我们不得不承认，理论支撑的匮乏，是导致我国现行《电力法》修法进展缓慢的重要原因之一。

仅就电力监管而言，虽然国外经济学界对电力监管的研究比较成熟具体，但是国内法学界尚无电力监管方面的专著，关于政府对电力行业进行监管的专门研究成果并不多，对政府监管权力与传统行政权力、司法权力的差异性、不

---

[1] 按照日本学者丹宗昭信的观点，经济法包括“经济法的一般法”与“经济法的特别法”两类。在一般行业即竞争性行业中，依靠市场机制能够有效配置资源，国家为维持一般行业的自由竞争秩序而颁布的反垄断的经济法，如反垄断法，即“经济法的一般法”；在特殊行业即非竞争性行业中，由于市场失灵的存在，市场不能有效地配置资源，为了有效地配置资源，必须维持垄断的存在，国家因运用政府权力机制，处理特殊行业垄断经营中的各种社会关系而颁布的经济法规则，即“经济法的特别法”。

同的特殊行业监管权力之间的差异性等一些基本的理论问题的研究尚属空白；国内学界尚无直接以“电力监管权力的配置”为题目的期刊论文或硕士、博士论文或专著，对电力监管权力配置的正当性基础条件、价值目标、路径选择等基本法理问题，尚无专门的研究成果；尚无学者对中国应该如何优化电力监管权力配置的制度设计以摆脱监管无效的困境，进行专门的研究。

作为经济问题，不同国家的电力监管权力配置有共性，国内外经济学的相关研究对中国的电力监管权力配置自然极具启示，但是，作为法律问题，不同国家的电力监管权力配置也有个性，各国的电力监管权力配置必然受其本国的经济基础、社会背景、甚至历史传统的深刻影响，因此，只有依赖中国法学领域的专门研究才能揭示中国电力监管权力配置的法律个性。本书的研究将在国内外经济学和法学成果的基础上，构建衡量电力监管权力配置正当度的理论标准，推导并论证电力监管权力配置制度的内在理念和制度表现，反思中国已有电力监管权力配置中存在的问题，最终设计并论证优化中国电力监管权力配置制度的具体方案。因此，本选题不仅是对“政府有无必要监管电力行业？电力行业监管的内在要求是什么？外在表现有哪些？”等国外研究热点问题的继续，符合电力监管研究领域未来的发展趋势，而且是站在国内经济法学的角度研究中国电力监管之具体法律问题的尝试，能揭示中国电力监管权力配置的法律个性，能为深化我国电力监管体制的改革、促进现行《电力法》向现代经济法的历史性转变提供法理支持。

三、研究的目的与价值、路径与方法

（一） 研究的目的与价值

党的十八届三中全会指出，经济体制改革是全面深化改革的重点，其核心在于处理好政府和市场的关系；对国有控股自然垄断行业，要实行政府监管改革，进一步破除行政垄断，把权力关进制度的笼子。因此，怎样深化电力监管体制改革，通过立法优化现行电力监管权力配置以便为电力产业的可持续发展提供基本动力，已经成为我国当前亟待解决的重大现实问题之一。本书研究的目的在于为中国电力监管权力配置的优化提供法理基础及制度设计从而为前述问题的解决提供法学上的方案。为此，将以“中国应该怎样配置电力监管权力才能有更高的正当度”为重点研究的问题，旨在为衡量电力监管权力配置的优劣提供理论上的标准，从而确立优化的中国电力监管权力配置的制度设计。本书的研究具有如下理论和实际应用价值。

（1）为优化我国电力监管权力配置的立法提供基本的理论根据和创新的制

度设计。本书的研究将以经济学的研究成果为理论线索，结合电力产业的客观特征，从逻辑上推导出影响电力监管权力配置正当度的主要因素，为衡量电力监管权力配置正当度的高低提供基本的理论标准，以确定应然的电力监管权力配置的基本架构，从而为优化我国电力监管权力配置的立法提供理论根据；以此为衡量标准，本书将深入剖析实然的中国现行电力监管权力配置制度的弊端及成因，推导并论证应然的优化我国电力监管权力配置的制度内容，从而为优化我国电力监管权力配置的立法提供制度设计。

（2）为实现我国《电力法》的历史性蜕变夯实理论基础。电力监管权力配置是电力监管权力机制得以有效运行的逻辑起点，其构成电力监管制度的核心内容，通过电力法建构现代电力监管制度，是实现我国《电力法》由传统行政管理法蜕变为现代经济法的基本标志。现行电力监管权力配置制度不仅在形式上法律位阶低，而且在内容上还带着计划经济体制下行政管理模式的烙印。因此，本书的研究，在为现代电力监管制度核心内容的建构提供理论根据和制度设计的同时，也为实现我国《电力法》的历史性蜕变夯实了理论基础。

（3）为深化我国电力监管体制的改革提供法理上的支撑。我国电力行业是国有资本绝对控股的自然垄断行业，电力监管权力配置是电力监管体制得以形成的前提，划定政府权力机制与市场机制在电力行业配置资源不同领域的界限，是其核心内容之一。优化现行电力监管权力配置，是实行电力监管体制改革的基本内容，是把电力监管权力关进制度笼子、正确处理电力行业中政府与市场的关系，进一步破除行政垄断的前提。因此，本书对电力监管权力配置理论根据的研究，对当下电力监管权力配置的反思与重构，能够为建立高效的电力监管体制奠定理论基础，从而为深化我国电力监管体制改革提供法理上的支撑，有助于推动我国电力行业市场化改革的深入从而为电力产业可持续发展提供基本动力。

总之，本书将系统、深入地研究电力监管权力配置所涉及的基本理论问题，总结国外先进的实践经验，从立法角度提出优化我国电力监管权力配置的建议，从建构现代电力监管权力机制的角度对修改《电力法》的理论问题进行系统的研究和论证，对推动和保障我国电力行业市场化改革的深入和成功，提高电力行业可持续发展的能力，具有重要理论和实践价值。

（二） 研究的路径与方法

本研究将分四步走：

第一步，确立电力监管权力配置在理论上应然的正当状态，为中国电力监管权力配置的优化，即提高中国电力监管权力配置的正当度提供理论依据。电

力监管权力配置是通过制度化得以完成的，某种制度应然的正当状态，是由该制度得以产生和存在的原因及其应追求的价值目标决定的，其价值目标构成该制度的内在理念，同时，运用经济学、政治学的相关理论分析应该怎样构建该制度的理论结论，也能反映该制度本身的正当状态。因此，确立电力监管权力配置正当状态的理论依据有三个。

1. 电力监管权力配置的正当性基础条件

研究电力监管权力的正当性基础，意在回答“在什么样的条件下，才能够配置电力监管权力”这一前提性理论问题。电力监管权力的存在并不具有当然的正当性，只有在满足一定基本条件的情况下，才能运用它代替市场配置资源；只有在满足这些正当性基础条件的前提下，电力监管权力的存在才具有正当性。这些正当性基础条件从电力监管权力得以产生和存在的原因角度，为确立正当的电力监管权力配置状态提供了理论依据：电力监管权力配置，满足这些条件的程度越高，其正当度就越高。

2. 电力监管权力配置应追求的价值目标

研究政府监管电力行业应该追求的价值目标，将回答“授予政府监管电力行业的目的是什么”的问题。价值目标上的差异，是导致不同制度安排之间存在差异的根源之一。电力监管权力应该追求的价值目标，将决定并影响电力监管权力配置的正当状态。因此，电力监管权力的价值目标从电力监管权力存在的终极目的的角度，为确立正当的电力监管权力配置提供了又一理论依据：电力监管权力配置越有利于实现其应该追求的价值目标，该配置的正当度就越高。

3. 电力监管权力配置的具体路径

研究电力监管权力配置的具体路径，旨在回答“应该怎样具体授权政府监管电力行业的权力”的问题。以政治学的权力制衡理论、经济学的多委托代理理论、多重博弈协调理论为工具，分析电力监管权力配置的具体路径，可得出在理论上应该怎样配置电力监管权力的具体原则。电力监管权力的具体配置路径与这些具体原则越相符合，配置的正当度就越高。

第二步，确立域外先进国家电力监管权力配置制度的实然性内容和经验教训。从现实的角度看，某种制度运行后获得的效果越好，其存在的正当度越高。研究域外先进国家已有的电力监管权力配置制度的内在理念和外在表现方面的立法内容，总结其中的经验教训，不仅将为前述衡量电力监管权力配置正当度的理论标准提供实然性的证明，还将在理论上为中国解决“应该怎样具体配置电力监管权力”问题提供实然性的参照。

第三步，确立中国电力监管权力配置的实然状态，为优化中国电力监管权力的配置提供现实依据。某种制度的存在必然与其存在的具体环境相关，越能适应其所处具体环境的要求，其正当度就越高。中国电力监管权力配置的正当度必然要受到不同于西方国家的本国环境的影响，越能适应本国环境，其配置的正当度就越高。以电力监管权力配置的正当状态为理论标准，以域外先进国家在配置电力监管权力方面的立法得失为现实参照，厘清中国现行电力监管权力配置中存在的缺少正当性或正当度较低的问题，将为优化中国电力监管权力配置提供现实的根据。

第四步，得出优化中国电力监管权力配置制度的具体方案。以确定电力监管权力配置应然的正当状态为理论依据，以域外先进国家电力监管权力配置的经验和教训为参照，充分考量中国电力行业的本国特点，针对中国配置电力监管权力配置中存在的问题，设计出通过提高电力监管权力配置的正当度从而优化中国电力监管权力配置制度的具体方案。

在以上路径中，本研究借用了经济学的经典理论（传统的经济监管理论、公共强制理论、法律不完备理论、多委托代理理论与协调博弈理论）作为分析工具，主要采用了逻辑的、比较的和历史的三种研究方法。逻辑分析和推理方法是本研究所采用的最重要的研究方法，集中体现在全文三段论式的逻辑结构安排，对衡量电力监管权力配置正当度的理论标准的推理和分析上；比较的研究方法主要体现在对域外先进国家电力监管权力配置的立法内容及经验教训的总结上；历史的研究方法主要体现在对电力监管职能演变过程以及中国电力监管权力配置制度外在表现的演变上。

四、本书的逻辑结构

本书除绪论外，共计五章，采三段论式的逻辑结构，分大前提、小前提、结论三部分。其中，大前提部分包括前三章；小前提部分由第四章构成；结论部分由第五章构成。

作为大前提，前三章的内容解决的是“正当的电力监管权力配置应该是什么样的”问题，旨在为优化中国电力监管权力的配置提供理论上的基本衡量标准。作为小前提，第四章的内容解决的是“中国电力监管权力配置在事实上是什么样的”问题，旨在为优化中国电力监管权力的配置提供实践上的依据。作为结论，第五章的内容解决的是“应该怎样优化中国的电力监管权力配置”的问题，旨在为优化中国电力监管权力配置提供具体的设计方案。

大前提部分的内容中，第一章对电力监管权力配置涉及的“监管”“政府

监管权力”“电力监管权力配置”等基本概念进行法理上的界定，意在回答“电力监管权力配置制度应该是一种什么样制度”；第二章研究电力监管权力配置的理论根据，通过解决电力监管权力配置最基本的三个理论问题（“在什么样的条件下，才能够授权政府监管电力行业”“授予政府监管电力行业权力的目的是什么”“应该怎样具体配置电力监管权力，才具有更高的正当度”），意在为衡量电力监管权力配置的正当度，提供理论上的标准；第三章研究域外先进国家电力监管权力配置制度的内容及经验和教训，意在为中国的电力监管权力配置提供具有现实意义的参照标准。

大前提部分的内容可总括为“正当的电力监管权力配置应该遵循的内在理念和应该具备的制度表现”。现代法治社会中，政府是否享有某种公权力，或者拥有什么样的权力机制，依赖于立法机关通过一定的法律制度对其具体权力职能的配置。从这个意义上看，可以将“电力监管权力配置”等同于“电力监管权力配置制度”，是国家将电力监管权力的具体监管职能，授权给一定政府机构行使的制度安排。从逻辑上看，任何一项法律制度，均由决定该制度应该怎样表达的内在理念和该制度所表达的外在内容两部分构成，电力监管权力配置制度也同样如此。基于这样的考虑，本书大前提部分包括了两个方面的内容：一是电力监管权力配置制度应遵循的内在理念。做某事的原因和目标决定了做该事时应该遵循的基本理念，做某事的原因限定了做某事所要实现的目标，原因与目标之间属于实质与表象的逻辑关系。因此，对配置电力监管权力的原因和目标的研究，能够推导电力监管权力配置制度应该遵循的内在理念。电力监管权力配置的正当性基础，从原因（起点）的角度研究“因为什么原因要配置电力监管权力”，电力监管权力配置的价值目标，从目标（终点）角度研究“配置电力监管权力是为了实现什么目的”，对二者的研究，能够揭示配置电力监管权力的制度应当遵循的内在理念，这些内在理念构成隐含在配置电力监管权力之法律制度中的精神。二是电力监管权力配置制度的表现。电力监管权力配置制度的外在表现即电力监管权力配置制度的具体内容，其核心的问题是“怎样具体配置电力监管权力”，对电力监管权力配置路径的理论研究，将为选择正当的电力监管权力配置路径提供理论上的依据。对域外先进国家的研究，也是围绕着电力监管权力配置制度的内在理念和外在的制度表现来安排的。

五、本书的创新及需要说明的其他内容

从总体上看，本书的选题、研究的视角较新颖。本书以“电力监管权力配

置”为题，以监管垄断为研究角度，对应该怎样配置电力行业监管权力才更优的相关问题进行研究，目前法学界尚无相同或相似的选题。

分别而论，本书中可能具有创新性的内容主要有。

（1）从与传统行政权、传统司法权相比较的角度，对政府监管权力作为一种新型公权力之基本特征的论证，以及关于这些基本特征必将对政府监管制度之建构产生的法理影响的论述。

（2）借鉴经济学的研究方法，提出影响电力监管权力配置正当度的主要因素：电力监管权力配置正当度的高低，取决于满足“电力行业存在着市场失灵、电力监管以维护公共利益为目的，电力监管是应对电力行业市场失灵最优的公共控制策略、人们不得不承担政府监管电力行业的成本”这四个基础条件之程度的高低；取决于所配置的电力监管权力能够实现公平与效率的程度，即前者等于公平度与效率度的乘积；取决于分权制衡、沟通协调的程度，即前者等于分权制衡度与沟通协调度的乘积。这些结论性的判断将为人们确定电力监管权力配置的某种具体规则的合理性提供理论工具。

（3）推导出优化电力监管权力配置应遵循的基本原则：应确保影响电力监管权力配置正当度的各因素都得到满足；应尽量同步提高影响电力监管权力配置正当度之各因素的满足程度。

（4）全面、系统地提出并论证优化中国电力监管权力配置制度之内在理念和制度表现的方案。将电力监管权力配置的内在理念确定为兼顾效率与公平，按独立监管模式将直接监管电力行业的经济性监管职能全部配置给专业的电力监管机构，将电力行业的安全性监管职能配置给安全监管机构，按主导——制衡方式配置专业电力监管机构与反垄断执法机构之间的权力。

本书可能存在很多不足之处，如在构建激励各监管机构愿意协调到意向均衡的激励机制方面的研究不够，收集和翻译域外研究电力监管方面的外文资料不够丰富等。对电力监管权力配置与其他特殊行业之监管权力配置的共性与差异问题，作者有所思考和研究，但是限于选题和篇幅，本书未能涉及，笔者将以此为未来研究的方向，以期在中国特殊行业监管法学的建构上能有所贡献。在研究方法上，虽然注重运用经济学的理论作为解释经济法学理论问题的实证性论据，但是，本书仍以法学传统的价值分析和逻辑推理为主，属于传统意义上的法学研究方法。至于依据本书理论所获得的高正当度的电力监管权力配置，能在多大程度上提高电力行业效率，有待实证性的研究加以证实。

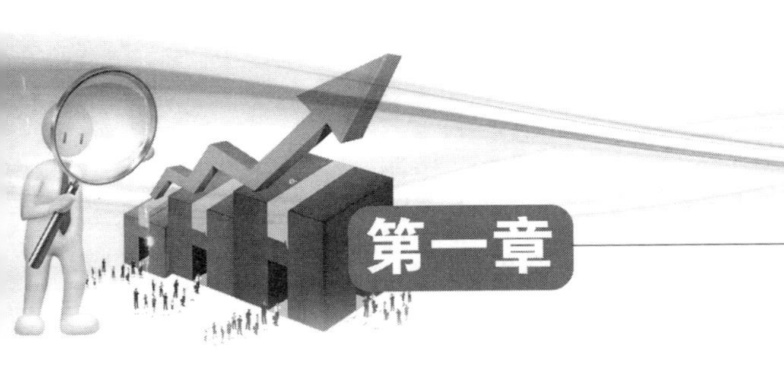

电力监管权力配置的基本界定

概念乃是解决法律问题所必不可少的工具，没有限定严格的专门概念，我们便不能清楚地和理性地思考法律问题[1]。“电力监管权力配置”涉及多个概念，其中的“监管”“政府监管权力”“电力监管权力配置”[2]等概念，构成本研究的逻辑基础，“政府监管权力”的本质特征，决定了电力监管权力配置制度在法理上应该具有的基本特征。

第一节　监　　管

英国学者卡罗尔·哈洛提出，“监管是一个难以捉摸的概念：由于该词具有多种含义，因而对其理解众说纷纭”[3]。有鉴于此，在开启具体研究之前，本书不得不先回溯人们对监管多种多样的理解，准确界定监管的概念，以期统一中国法学界对监管概念的基本界定。

中文的“监管”一词，由英文“regulation”翻译而来[4]。“regulaticn”的动词为“regulate”，“regulate”或“regulation”的中文译法有三种：管制、监管和规制[5]。

《牛津高阶英汉双解词典》所解释“regulate”的一般的、基本的含义是

[1] ［美］博登海默．法理学：法律哲学与法律方法［M］．邓正来，译．北京：中国政法大学出版社，1999：486.

[2] 电力监管权力配置属于规范监管权力的范畴，而对监管权力的规范，是一切监管制度的核心内容。基于此，本书未专门对“监管”与“监管权力”进行特殊的区分。

[3] ［英］卡罗尔·哈洛．法律与行政［M］．杨伟东，等译．上海：商务印书馆；2004：556.

[4] 张文显．法哲学范畴研究［M］．北京：中国政法大学出版社，2001：1－2.

[5] 我国学界关于“regulate”的这三种译法的争论，参见宋慧宇．行政监管权研究［D］．长春：吉林大学．2010：21.

“对某事物或现象（通过一定的规章、制度）进行调节、控制”[1]，因此，“regulate”即通过某种规则调控某种事物或现象，同时，调控者之所以对某事物或现象进行调控，是因为其想使该事物或现象的存在或发展符合调控者期望的状态，否则，调控者就没有必要去进行调控，“regulate”就失去了存在的意义。

在以上一般、基本含义的基础上，西方国家的研究者在经济学、法学与政治学等不同的专业领域对监管问题进行了广泛而深入的研究，“regulate”或“regulation”的含义也就带上了不同的专业领域的色彩，由于政府运用监管权力对电力行业进行监管，实质上是政府运用法律手段对经济进行的干预，主要涉及经济学与法学方面的问题，其在经济学上的含义构成法学上界定其内涵的基础，因此，本书着重考察中西方的经济学与法学中“regulate”或“regulation”的概念[2]。

一、西方“监管”的语义

西方经济学中的“regulate”或“regulation”的语义主要有三种[3]：一是宏观经济政策领域的“管制”，“按照凯恩斯主义的概念，管制是指通过一些反周期的预算或货币干预手段对宏观经济活动进行调节”；二是日常经济生活中的“管制”，“尤其在美国，指的是政府为控制企业的价格、销售和生产决策而采取的各种行动，政府公开宣布这些行动是要努力制止不充分重视‘社会利益’的私人决策”；三是针对公用事业的“监管”，“监管是对该种产业结构及其经济绩效的主要方面的直接政府规定，比如进行控制、价格决定、服务条件及质量的规定，以及在合理条件下服务所有的客户时应尽义务的规定”[4]。西方经济学界对“regulate”或“regulation”监管的本质有着较为一致的观点。例如，著名的经济学教授卡恩认为，“监管的本质是以政府命令作为一种基本的制度手段来代替市场的竞争机制，以期获得良好的经济绩效”[5]。依据该观

---

[1] 牛津大学出版社．牛津高阶英汉双解词典（第四版）[M]．商务印书馆，译．北京：商务印书馆，1997：1259.

[2] 前引宋慧宇《行政监管权研究》，第 23 页。

[3] [英] 约翰·伊特韦尔，等．经济学大辞典（第四卷）[M]．译者不详．北京：经济科学出版社，1996.135. 下文中“regulate”的第一、二种含义，来源于该词典采纳的经济学者的解释。

[4] Kahn Alfred E. “The Economics of Regulation：Principles and Institutions [M]．The MIT Press，1988.

[5] [英] 约翰·伊特韦尔．等．经济学大辞典（第四卷）．译者不详．北京：经济科学出版社，1996：135.

点，监管在本质上是一种政府命令，这种政府命令被基本制度化，这种被基本制度化的政府命令的作用是代替市场的竞争机制，目的在于获得良好的经济绩效。经济学家斯蒂格勒也认为“管制是产业所需并主要为其利益所设计和操作的”“是国家强制权力的运用”❶。依据该观点，监管因产业所需而设计和操作，目的在于保证产业的利益，是国家强制权力的运用。从以上分析可看出，二者的观点基本相同，就本质而言，监管解决的是政府与市场的关系问题，具有强制性、规则化及目的性特征。

西方法学界对“regulate”与“regulation”的语义理解与西方经济学界的理解并无本质的分歧，依据《牛津法律大辞典》❷《布莱克法律词典》❸的解释，“regulate”与“regulation”意味着规则，意味着以扶持和鼓励商业为目的，制定规则或条件并予以执行的权力。

二、中国“监管”的语义

但是，当“regulate”与“regulation”被翻译成中文，进入中国后，中国的经济学界与法学界对它语义的理解却发生了变化。

在中国的经济学中，“regulate”或“regulation”通常被翻译为中文“管制”一词❹，中国有的经济学者对“管制”的理解范围过窄，如中国“现在的管制不是因为市场失败，而是源自计划经济的惯性和本能”“要像戒毒一样戒除管制”❺，该“管制”的语义未将针对公用事业进行的“管制”涵盖在内。无论在计划经济体制下还是在市场经济体制之下，都存在政府对公用事业的“管制”，不可能被“戒除”。

在中国法学中，“regulate”或“regulation”翻译成中文时，主要译法有两种，即“监管”或“规制”❻。“监管”或“规制”这两个中文词语的核心含

---

❶ ［美］丹尼尔·F史普博．管制与市场．余晖，等译．上海：格致出版社等，2008：29.

❷ ［英］戴维·M. 沃克．牛津法律大辞典．李双元，等译．北京：法律出版社，2003：954.

❸ Henry Campbell Black. M. A. Black's Law Dictionary［M］. West Publishing，1891：1009.

❹ ［英］约翰·伊特韦尔，等．经济学大辞典（第四卷）［M］．译者不详．北京：经济科学出版社，1996. 135. 下文中“regulate”的第一、二种含义，来源于该词典采纳的经济学者的解释。使用“管制”一词所搜索出来的文章，通常属于经济学类的文章，具体的文章参见前文“研究现状”中有关经济学关于监管方面的文献。

❺ 张维迎．产权、政府与信誉．生活·读书·新知三联书店，2001. 134.

❻ 使用“规制”“监管”词语所搜索出来的文章，通常属于法学类的文章，具体的文章参见前文“研究现状”中有关法学关于监管方面的文献。也有人在法学中将其译成“管制”，但使用者相对较少，可能的原因是“管制”在法学上早已经被确定为中国刑罚的一种类型。

义虽大体一致，但仍存在着一定的差异。“规制”的具体含义是：“①规则；制度；②（建筑物的）规模形制”[1]，属于中性化的词语，多在一般的普遍的场合使用。“监管”可拆分为“监”与“管”两个动词，“监”的具体含义是“监视、督察”[2]；“管”的具体含义是“负责，经理”[3]，属于带强制性色彩的词语，多在有国家权力做强制性后盾的场合使用。

中国权威的经济法学本科教材[4]将“规制”与“监管”并列使用，用“市场秩序规制法律制度”与“经济监管法律制度”分别作为经济法学分论两个编的标题，前者主要以反垄断法为研究对象，讨论对一般市场主体进行一般反垄断规制的问题；后者主要以反垄断法之合法例外的特殊监管法为研究对象，讨论对公用事业等特殊市场主体进行特殊监管的问题。由于这种分类的标题并用了由同一个英文单词“regulate”或“regulation”翻译而成的不同中文词语，这种用法存在着逻辑上的混乱，容易使人在逻辑上误将“监管”与“规制”理解为完全不同的两个概念。

将“监管”的语义理解为传统行政管理方式“监督”和“管理”的简称[5]，曾经是中国法学界的主流观点，甚至在今天，这种简称仍是许多中国学者和官员对“监管”语义的习惯性反应。然而，以“监管”在西方经济学与法学中的本来语义为标准，这种主流观点存在着本质性的错误。政府“监管”市场，旨在维护基本的市场秩序、保证市场的有效运行，绝非传统行政管理方式在市场化条件下的集成和延伸，因此，这样的主流观点，既没理解到“监管”是对市场失灵的补充，也没理解到“监管”是政府机构按照规则对市场交易进行的干预[6]。

从以上考察可看出，“regulate”或“regulation”作为一种经济（管理）现象，源于西方经济学，作为一种法律现象，源于西方法学，因此，中国对“regulate”或“regulation”语义的理解，应该尊重其在西方经济学与法学中的本来含

---

[1] 中国社会科学院语言研究所词典编辑室．新编现代汉语词典［M］．上海：商务印书馆，2005：61.

[2] 夏征农，陈至立．辞海［M］．上海：上海辞书出版社，2010：5.

[3] 同前注。

[4] 李昌麒．经济法学［M］．北京：法律出版社，2008. 该书第三编及第五编的标题分别为“市场秩序规制法律制度”与“经济监管法律制度”。

[5] 前引李昌麒主编的《经济法学》，第 531 页。

[6] 参见电监会办公厅．国外监管制度的演变和中国的改革实践分析［J/OL］http：//www.chinapower.com.cn/article/1060/art1060672.asp，2012.7.31.

义。有鉴于此，笔者认为，中国法学应将“regulate”或“regulation”的中文译法统一为“监管”，将其含义统一为“监督、管束”，以便纠正人们对“监管”的误解，避免逻辑上的混乱。

三、“监管”概念的梳理

清楚界定“监管”概念的内涵和外延，是合理定位政府监管职能，科学建构监管制度的前提。国外学者关于监管概念的论述很多，如以英国学者劳拉·麦格雷格、托尼·普洛斯和夏洛特·维力尔斯为代表所提出的广义的监管概念，指国家立法机关、行政机关、司法机关等社会公共机构或其他的一些私人团体以法律或社会规范为依据和准则，以建立和维护正常的市场秩序为目的，对企业的经济活动进行干预和控制的活动[1]；以日本学者植草益、金泽良熊为代表所提出的狭义的监管概念，即“公的规制”：“是指以市场经济机制为基础的经济体制条件下，以矫正、改善市场机制内在问题为目的，政府干预和干涉经济主体活动的行为”[2]；而许成钢教授则从对比监管者与法庭的差别来定义监管：“法庭与监管者的不同在于，法庭的执法方式是被动式的，执法只有在上诉后才进行，监管是一种主动的执法方式，意味着在有害的行为还没有发生的时候，就可以采取行动，去阻止你采取有害行动。监管是政府行为，与法庭是不同的”[3]。

目前国内有关监管问题的论著对监管的概念都有所涉及，如“市场监管……是指有关行政机关依据法律的明确规定，利用公权力直接限制市场主体的权利或增加其义务的法律制度”[4]，但简单介绍或直接引用较多，尚未进行系统梳理和分析论证。尽管国内外学界对监管概念的界定存在着较大的分歧，有多种不同的观点，但是笔者认为这些界定依然存在着两点共性：一是在界定的内容上，各种界定都认可监管是在市场经济体制下，为了矫正市场失灵而通过法律规则等手段对市场主体的行为进行的干预；二是在界定方法上，各种界定都主要从监管主体、监管范围、监管依据三个方面来对“监管”进行界定。

---

[1] 于伶．电力监管法制化研究［D］．保定：河北大学，2009：5.

[2] ［日］植草益．微观规制经济学［M］．朱绍文，等译．北京：中国发展出版社，1992：19-20.

[3] 许成钢．法律、执法与金融监管——介绍“法律的不完备性”理论”［J］．经济社会体制比较，2001（5）：112.

[4] 盛学军．监管失灵与市场监管权的重构［J］．现代法学，2006（1）：37.

正是由于对这三个方面内容的界定存在不同程度的差异，导致了学界现有的关于“监管”概念的分歧。以对该三方面内容之限制的程度不同，可以将现有的“监管”概念分为四种。

1. 最广义的监管

最广义的监管，其监管主体、范围及依据在逻辑上基本没有限制。其监管主体包括政府（一切公权力机构）、非政府组织、企业、个人等，以主体为标准，其分为政府与非政府监管两类，前者包括一切公权力机构的监管，后者有个人的监管（如父母对子女的监管）与非政府组织的监管（如行业协会对其成员的监管）；其监管范围包括对政治、经济及社会生活全方位的监管；其监管依据包括法律、法规、社会性的道德规范、家庭、企业、团体等组织的内部规则等。

2. 广义的监管

广义监管的监管主体及依据与最广义监管的相同，但是，其监管范围受到了限制，仅限于经济活动，仅指社会公共机构或私人以形成和维护市场秩序为目的，基于法律或社会规范对经济活动进行干预和控制的活动❶。

3. 狭义的监管

与广义的监管概念相比较，狭义的监管中，监管的主体、范围与依据在逻辑上都受到了限制。其监管主体仅指政府，不包括非政府组织与个人，其“政府”指广义的“政府”，包括了国家的立法机关、司法机关、行政机关；监管范围限于经济活动领域，包括宏观与微观两个层面；监管依据限于国家的法律、法规。前引日本学者植草益、金泽良熊关于“公的规制”的定义，即为狭义的监管概念的代表。

4. 最狭义的监管

与狭义的监管概念比较，最狭义的监管概念中的监管主体、范围和依据在逻辑上受到了更进一步的限制。其监管主体仅限于政府行政机构，不包括立法机关和司法机关；监管范围仅限于微观经济领域内的市场失灵，不包括宏观经济领域的监管；其监管依据仅限于法律、法规。如“管制是由行政机构制定并执行的直接干预市场配置机制或间接改变企业和消费者的供需决策的一般规则或特殊行为”❷；其监管范围在传统上仅局限于经济性监管❸，随着社会的不断

❶ 马英娟．监管的语义辨析［J］．法学杂志，2005（5）：112.

❷ 前引丹尼尔·F·史普博著作，第45页。

❸ 前引植草益著作，第27页。

发展，最狭义监管的监管范围也被不断扩展，社会性监管逐渐纳入了其中，成为了最狭义监管的一部分。

四、本书对“监管”的界定

就词语的含义而言，本书“监管”的含义，等同于英文中的“regulate”或“regulation”的含义。笔者之所以选用“监管”而没有使用“规制”或“管制”的译法，是因为该三个词语存在着前文所述及的一些差异：虽然经济学中使用了“管制”一词，但是“管制”在法学中已经被专门用于指一种刑罚种类；“规制”主要属于普遍意义上的中性用法，而“监管”带强制性色彩，主要用于法学中。电力行业属于具有自然垄断性的公用事业范畴，本书的研究属于法学的范畴，因此，笔者采用了“监管”一词[1]。但是，文中所引用部分仍采原文的词语，其中的“管制”、“规制”与“监管”的含义基本相同。

1.“监管”的概念

如前所述，已有的“监管”概念具有多层性，那么，在中国经济法学中，究竟应该采用何种层面上的“监管”概念，才是最合适的呢？学界对此有着不同的看法，笔者认为：

（1）经济法学中的“监管”，不能采最广义的“监管”概念。“监管”由“regulate”或“regulation”翻译而成，其首先是一个经济学问题，然后才是一个经济法学问题，因此，西方经济学上“regulate”或“regulation”的内涵应当构成确认经济法学上“监管”之内涵的基础。鉴于前述经济学之“regulate”或“regulation”的基本内涵，经济法学中“监管”的主体、范围、依据都应该受到限制，并非一般意义上的最广义的“监管”概念。因此，经济法学中“监管”的概念也就不应当是前述最广义“监管”概念。

（2）经济法学中的“监管”，不能采广义的“监管”概念。在前述广义的“监管”概念下，其监管主体没有限制，但是经济法学之“监管”的主体应是国家的公权力机构。在通常情况下，经济学并不研究“私的监管”的领域[2]。在“监管”出现之前，私人之间通过合同来实现对彼此的约束，随着社会经济的不断发展，这种“私的约束”的有限性不断被暴露，正是由于这种“私的

[1] 赞同采用“监管”译法另外的理由与还与中国民众与官方的习惯有关，参见马英娟．监管的语义辨析［J］．法学杂志，2005（5）：111.

[2] 前引植草益著作，第1页。

约束”的有限性，才出现了经济学上由国家及其代理机构充当监管主体的公的“监管”，因此，“监管”的本质即意味着监管主体的地位应高于被监管主体的地位，二者皆为私人的状态时，无法满足“监管”之本质的要求。监管权力是国家干预经济的权力，是市场外部力量矫正市场失灵的表现，只有国家公权力机关才能享有并行使国家的公权力，其他任何个人或组织未经授权不得享有或行使公权力，因此，经济法学中“监管”的主体必须受到限制。

私人、企业是市场的主体，对于私人、企业内部的监管机构不能成为经济法上“监管”的主体，学界并无分歧。但是，有学者提出，行业自治组织（如行业协会）能成为经济法上“监管”主体[1]，认为经济法是解决市场失灵之法，当然应重视非政府组织（以行业自治组织为代表）在解决市场失灵问题中所起的作用，这种重视的典型表现就是赋予行业自治组织的市场监管主体地位。笔者认为，行业自治组织能否成为经济法上的“监管”主体，在目前的状态下，取决于是否获得了有关法律的授权[2]。未获得法律的授权，仅依据行业自治组织内部的章程对行业内部进行的监管，与凭借公权力依据法律对经济进行的监管有着本质的差异，并不属于经济法学上现有“监管”的研究范畴，对它的研究需要另外进行。

(3) 经济法学中的“监管”主体为国家公权力机关，而非仅限于行政机关，“监管”范围应限定在微观经济层面。

狭义与最狭义的“监管”，区别之一在于监管主体是否仅限于国家的行政机关。学界对于公的监管主体的争论，焦点在于监管主体到底是“国家”还是“行政机关”（政府）[3]。本书认为，虽然，监管更多地是由行政机关为主体实施的，但是，行政机关监管权力的配置和运行都离不开立法机关的立法和司法机关的司法，因此，在经济法学理论上以国家作为监管的主体，能够更全面地研究监管所涉及的法律问题。

监管是国家干预经济而非政府干预经济的一种方式，国家对经济的有效监管是通过享有不同性质之公权力的国家机关各司其职、相互制衡来实现的，立

---

[1] 如有学者认为证券业协会是政府证券监管权的监管主体之一。参见马洪雨．论政府证券监管权［D］．重庆：西南政法大学，2008：11.

[2] 即“对于监管主体并不适宜以组织类型来区分，而应以是否享有权力来划分”。参见宋慧宇．行政监管概念的界定与解析［J］．长春工业大学学报（社会科学版），2011（1）：21.

[3] 赞同监管主体包括立法、行政、司法三类国家机关的，如我国学者袁明圣教授及日本学者植草益先生的观点。赞同监管主体限定为行政机关即“政府”的，如我国学者盛学军教授与美国学者丹尼尔·F. 史普博先生的观点。

法机关通过制定法律从普遍的角度来间接监管经济，行政机关通过执行法律从具体的角度来直接监管经济，司法机关通过裁决个案争议从监督的角度来影响行政机关对经济的监管。因此，经济法学中将“监管”主体仅限于行政机关，不能全面反映经济法的本质，经济法是国家监管经济的法，行政机关虽然是监管经济的直接实施主体，但毕竟只是三种监管主体中的一种，经济法中“监管”的主体不能仅限于国家的行政机关。

狭义与最狭义的“监管”，区别之二在于监管范围是否包括了宏观经济层面，前述经济学之“管制”的内涵，涵盖了宏观经济政策领域的“管制”意义。宏观调控、微观监管与资产管理是政府介入和参与经济运行的主要方式。资产管理是政府以出资者的身份对参与国有资产进行的内部管理，属于民事主体的行为；而宏观调控和微观监管都是政府作为纯粹的公共机构以中立的立场对市场经济进行调节和干预。宏观调控和微观监管也存在着差异，前者干预各种市场主体之市场行为的方式是间接的引导，而后者干预市场主体之市场行为的方式则是直接的禁止和强制。这种差异决定了政府的这两种权力的运行机制存在巨大的差异。因此，在专业研究领域，应将微观监管作为监管的研究内容[1]。

基于以上分析，结合已有各观点在内容上的共性，本书将经济法学上的“监管”概念界定如下：所谓“监管”，是“市场监管”的简称，指在市场经济体制条件下，为了矫正、改善市场失灵，国家机关通过制定、执行法律、法规，干预市场主体活动的行为。其监管主体的范围包括国家的立法、行政与司法三机关，监管范围限于微观经济活动领域，既有传统的经济性监管，又有与经济活动相关的社会性监管；监管依据限于国家的法律、行政法规、行政规章等正式的法律制度。

2.“监管”的分类

依据前述界定及理由，本书中的“监管”按不同的标准，可进行如下的分类。

第一类，对一般产业的反垄断监管与对特殊产业的行业监管。以市场能否有效地配置被监管产业的资源为标准，可以将国家对市场的监管分为两种：一般产业的反垄断监管与特殊产业的行业监管。前者指对市场能够有效配置资源的一般产业所进行的反垄断监管，后者指对市场不能有效或不能完全有效地配

[1] 前引宋慧宇《行政监管概念的界定与解析》，第22页。

置资源的特殊产业所进行的特殊监管。

在能够依赖市场配置资源的一般产业中，只要维持自由竞争的格局，就能够减少、防止市场失灵的出现，市场就能有效地配置资源，产业就能获得有效的发展，因此，国家对该类产业的干预或监管只限于采取反垄断措施以减少、防止市场出现失灵现象。但是，在不能依赖或不能完全依赖市场配置资源的特殊产业中，由于没有客观存在的有效配置资源的手段，需要人为的手段去配置资源，才能使该类产业获得有效的发展，因此，国家对该类产业之干预或监管的广度或深度，都远远超过了就对一般产业的干预或监管，这也是人们常将“监管”直接等同于特殊“行业监管”的主要原因。

电力产业在传统上具有完全的自然垄断性，属于传统反垄断法一般豁免的对象，但是，随着自然垄断理论的演化，电力产业被分解为竞争性领域（发电和售电领域）与自然垄断领域（输电和配电领域），其原来完全的自然垄断性被演化为部分自然垄断性，随之，也由反垄断法一般豁免的对象演变为“一般适用，例外豁免”的对象[1]，由传统的政府对该行业的特殊监管转化为反垄断监管与政府特殊行业监管的并行适用，因此，电力行业要接受的监管，是反垄断监管与特殊监管的双重监管。

第二类，广义监管主体的监管与狭义监管主体的监管。如前所述，以监管主体的范围为标准，监管有广义与狭义之分，前者包括立法、行政、司法监管；后者仅指行政机关（政府）的监管。在现代法治国家中，国家权力由立法权、行政权和司法权三种不同性质的权力组成，法治国家应将其交给不同的国家机关行使，立法权即制定法律的权力，应交由代表公共意志的立法机关行使；行政权即执行法律的权力，应交由行政机关即政府行使；司法权即按照法律裁决社会争议的权力，应交由司法机关即法院来行使。据此，广义监管中的立法监管即立法机关通过制定监管法律来对经济行业进行的监管；行政监管即行政机关（政府）通过执行立法机关制定的监管法律来对经济行业进行的监管，在监管过程中，行政机关为执行立法机关的监管法律而颁布的行政法规或规章，也构成监管的依据；司法监管即司法机关通过裁决行政监管过程中出现的与监管相关的争议来对经济行业进行监管。

在现实的经济生活中，由于政府对经济的行政监管是国家监管经济最直接、具体的表现，因此，在许多情况下，人们直接将行政监管简称为“监管”，

---

[1] 史际春，杨子蛟．反垄断法适用除外制度的理论和实践依据［J］．学海，2006（1）：14.

即狭义的监管。立法监管权的行使主要体现为制定关于监管的框架性制度和原则，其对经济的监管具有抽象性、事前性；司法监管权的行使主要体现为裁断监管过程中的争议，其对经济的监管具有事后性，虽可能直接涉及某个具体的个人，但发生争议的毕竟属于个案，影响面相对较小。行政监管权的行使却直接体现为行政机关对某个具体市场主体之经济活动执行某个具体的监管制度，其对经济的监管具有具体性、事中性，直接、广泛地影响着人们的经济活动。这也许是人们将“监管”等同于狭义的监管（即行政监管、政府监管）的主要原因。基于同样的原因，本书中的“电力监管”，在没有特别说明的情况下，仅指政府对电力行业的监管。

第三类，横向的跨行业的专业事务的行政监管与纵向的同行业的全部事务的行政监管。以行政监管的范围局限在某个行业还是跨行业、监管对象为某种特殊事务还是多项事务为标准，可以将行政监管分为横向的跨行业的专业事务监管与纵向的同行业的全部事务的监管。前者即对多个行业的某个特殊事务进行监管，如反垄断监管，即反垄断监管机构对所有行业之市场主体涉及自由竞争方面的特殊事务进行的监管；物价监管，即物价监管部门对不同行业之市场主体涉及产品与服务的价格方面的特殊事务进行的监管。后者即对同一行业的多项事务进行的监管，如金融监管即国家金融监管机构对金融行业之市场主体多项事务进行的监管，电力监管即专业电力监管机构对电力行业之市场主体进行的多项事务的监管。

学界一般习惯将前者称为“综合性监管”，后者称为“专业性监管”，出于对习惯的尊重，笔者后面也将沿用“专业性监管”与“综合性监管”称谓。但是，笔者认为，这种习惯上的称谓上不够准确，容易使人误以为与“专业性监管”相对的“综合性监管”缺少专业性特征，事实上，跨行业的综合性监管仍是建立在所监管之某种特殊事项的专业性特征之上的，如环境监管，是以“环境”事务的专业性特征为基础的，因此综合性监管同样属于专业性监管。

这种分类的存在意味着，在同一个国家，对同一行业可能既有对某事项的综合性横向监管，又有对该行业整体的专业性纵向监管，如一国对电力行业的监管一般既有反垄断执法机构、环境监管机构等综合性监管，又有专业的电力监管机构的专业性监管，这种情况的出现使不同监管机构对该行业的监管权力出现重叠交叉而引发冲突成为可能。由此，如何避免不同监管机构监管权力的重叠交叉及冲突，成为了配置政府监管权力所必须面对和解决的

问题。

以上研究表明，“电力监管权力配置”中的“电力监管”，属于法学中的“监管”，是“对电力行业的市场监管”的简称，指在市场经济体制条件下，为了矫正、改善电力行业的市场失灵，国家机关通过制定、执行法律、法规，干预电力行业市场主体活动的行为，有广义与狭义之分。由此，从电力监管之应然的基本界定上看，广义的电力监管者，包括国家的立法机关、行政机关与司法机关，狭义的电力监管者，仅指行政机关（政府的电力监管机构）；电力监管的范围限于电力行业这一微观经济活动领域，既有传统的经济性监管，又有与电力行业相关的社会性监管；电力监管的依据限于国家的法律、行政法规、行政规章等正式的法律制度。

第二节 政府监管权力

在市场经济的现代法治社会中，政府以公权力主体身份干预经济的权力有宏观调控权[1]与微观监管权之分。对于监管权力的概念，虽然学界存在着争论，但是都赞同将监管权力定义为“监管主体为实现监管目标而利用各种监管手段对被监管者所采取的一种有意识的和主动的干预和控制活动”[2]。学界对“监管权力”概念的争论，根源于对“监管”概念的争论，争论的焦点在于监管权力的主体是否仅仅局限为行政机关。有学者在讨论行政监管权时，将监管权力直接定义为“根据特定法律、法规的授权，或者来源于权力机关或上级行政机关专门决议的授权”[3]，有学者在讨论政府监管权时，直接将监管权定义为“行政机关依法享有的直接限制市场主体的权利或者增加其义务的权力”。[4]

本书认为，结合权力、公权力、监管的概念，所谓监管权力，是指在市场经济体制条件下，为了矫正、改善市场失灵，国家机关通过制定、执行法律、法规，影响、控制、指导市场主体活动的社会现象。在该定义中，监管权力的

---

[1] 有关宏观调控权的研究，参见陶娜．宏观调控法基本范畴——宏观调控权研究［J］．法制与社会，2009（1）：255－256．杨三正．宏观调控权论［D］．重庆：西南政法大学，2006：110－113；张辉．宏观调控权法律控制研究［D］长沙：中南大学，2010：104－107．

[2] 赵锡军．论证券监管［M］．北京：中国人民大学出版社，2000：1－2．

[3] 宋慧宇．行政监管权的设立依据及法律特征分析［J］．经济与法，2011（3）：87．

[4] 盛学军．政府监管权的法律定位［J］．社会科学研究，2006（1）：101．

主体是国家机关，包括立法、行政与司法三机关；监管权力的具体权能包括制定法律、执行法律与依据法律进行裁判。

以享有监管权力的国家机关为标准，监管权力分为立法监管权、行政（政府）监管权与司法监管权三种。政府监管权力是国家监管权力的一种，指在市场经济体制下，为了矫正、改善市场失灵，国家的行政机关（政府）通过执行立法机关的法律、法规，影响、控制市场主体活动的社会现象。行政机关通过法定的程序将自己享有的监管权力授权给非行政机关行使，后者依据该授权所行使的监管权力，仍应属于政府监管权力的范畴。学界之所以将监管权力直接等同于行政（政府）监管权，是因为在以上三种监管权力中，行政监管权力对市场主体的权利与义务影响最为直接和具体。为此，本书同样将监管权力的概念依据监管权力主体范围的大小区分为广义与狭义两种，广义的监管权力包括所有国家机关享有的监管权力，狭义的监管权力等同于行政机关享有的监管权力。

在社会现实中，作为一种有别于传统行政权和司法权的新型权力，政府监管权不仅已经广泛存在，而且已经发挥着越来越重要的作用，“本世纪监管型国家（regulatory state）的出现是发展现代工业化文明必不可少的一步……监管帮助政府在保护广泛的经济和社会价值方面获得了巨大的收益”❶。

在我国，随着银行、证券、保险、电力等政府监管制度的建立，政府监管权力的运行已经逐渐成为经济与社会发展中不可或缺的重要力量，但是，我国法学界尚未对政府监管权的基本理论进行深入的研究，在许多基本理论问题的认识上存在着误解。例如，很多人都认为政府监管权实质就是行政权，这种理论上的误解导致了中国现行政府监管制度的建构与规范传统行政权之制度的建构趋同，存在着“定位模糊、设立缺乏合理考量、配置分散、监管者非专业性”❷ 等诸多制度设计上的缺陷。我国法学界对政府监管权的基本理论问题有一定的研究❸，但是，截至目前，我国法学界尚未对“政府监管权与传统行政权、司法权到底有何异同”或者“政府监管权到底有何特征”“这些特征会在法理上对现代政府监管制度的建构产生怎样的影响”等基本法理问题进行深

❶ OECD. Regulatory Policies in OECD Countries. 2002.

❷ 有关我国政府监管权的制度设计缺陷，参见前引盛学军《监管失灵与市场监管权的重构》，第 37 页。

❸ 例如，有学者提出，按照公权力的基本分类标准，监管权自当归属行政权，但是，从学理上看，政府监管权与传统意义上政府拥有的经济管理权大相径庭，在既有的行政权的形式归类中也找不到与其对应的行政权，参见前引盛学军《监管失灵与市场监管权的重构》，第 37 页。

入、系统的研究。本书将基于与传统行政权、司法权相比较的视角，对政府监管权力与传统行政权、司法权在本质上的相同及相异的特征及其对政府监管制度的建构在法理上的决定性影响进行分析，以期为完善中国现行的政府监管制度提供理论基础。

本书认为，作为一种新型的公权力，政府监管权之所以能够独立出来，根源于其比传统的行政权和司法权更能有效地应对现代社会复杂现实的需要；其之所以能更有效地应对现代社会复杂现实的需要，是因为其兼具传统行政权的主动性与集合性，司法权的独立性、专业性与非政治化的本质特征。政府监管权这种兼容性的本质特征必然会对规范政府监管权的政府监管制度产生决定性的影响，使其具有区别于传统行政制度和司法制度的法理特征。

一、政府监管权与传统行政权及司法权的共性

公权力是权力的一种。权力的概念及本质，是哲学、政治学、法学等人文学科研究的重要对象，不同时代、不同领域、不同传统的学者们对其的论断存在着较大的分歧[1]。在总结具有代表性的学术观点的基础上，有学者提出，“所谓权力，是指在社会行动中，一方为了实现某种预期效果，利用各种资源或手段，影响、强制、控制、操纵、指导与支配他人的一种社会关系现象。”[2]以权力行使的稳定性为标准，权力分为制度化的权力与非制度化的权力[3]；以拥有权力的主体为标准，权力分为公权力与私权力[4]。

政府监管权与传统行政权、司法权一样，都是国家机关享有的公权力，因此，政府监管权具有所有公权力共同的如下特征。

（1）政府监管权力应该集中体现社会的公共利益。公权力的本质是社会公共意志的集中体现[5]，其存在的目的是为了制止个体在追求自身利益的过程中超过必要的限度。生存资源的稀缺性，人们在精神、物质、生理方面的利益需求的差异性使得人们必然存在着对立和斗争，但是，人是社会的动物，人与人之间必须相互依存和合作才能生存，因此，谋求共同的生存和发展，是人类的

---

[1] 例如，关于权力的概念，就有多种学说，如罗马人的“能力说”，霍布斯的“因果关系说”，韦伯的“可能说”，伯特兰·罗素的“结果说”，萨托利的“力量说”以及迪韦尔热的“影响说”等。

[2] 杨占营，黄健荣．论权力的内涵、形式与度量［J］．广东行政学院学报，2011（4）：35.

[3] 周永坤．规范权力——权力的法理研究［M］．北京：法律出版社，2006：134.

[4] 张春禄：试论权力及其特征与分类［J］．法学研究，2011（3）：108－109.

[5] 许小牙．论权力的本质及其发展规律［J］．现代法学，2000（6）：95.

共同利益，该共同利益的客观存在，要求个体追求利益的行为不能超过必要的限度，为了保证个体不超过该必要的限度，必须要有一种强有力的力量来制止个体之过限行为。公共意志是全体社会成员的个体意志相互作用过程中汇聚而成，代表了每一个社会成员的利益，只有它才构成这种现实的而又强大的力量。这个力量的社会表现形式就是“权力”[1]。

（2）现代国家的公权力应该通过制度化而受到限制。西方宪政实践的历史就是限制国家公权力的历史，制度化是使国家权力保持稳定并得以限制的最有效的手段。中国传统社会的历史虽然是以君权为代表的国家权力膨胀的历史，但是早在春秋战国时期，儒家及其他学术流派的思想家们已经在思考怎样限制国家的权力，尤其是君主的权力。例如，孟子对这个问题进行了很多的讨论，他把君臣关系视为对等的关系[2]，区别一个人的官职和这个人本身，主张国际的力量也可以用于国内民本主义的建设，一旦君主沦为独夫民贼，为臣子者讨伐和废黜他是完全正当的。

二、政府监管权与传统司法权相同、与传统行政权相异的个性

按照法律不完备性理论，政府监管权是传统司法权的替代品，因此，政府监管权具有与传统司法权相同、与传统行政权相异的特征——准司法性。司法权的本质是判断权，具有独立性、中立性、统一性、专业性、被动性、权威性等[3]特征，政府监管权具有一般行政权之主动性的典型特征，该特征使其与司法权的被动性特征相区别。同为执法依据，与司法权相比较，政府监管权力具有准司法性特征，即类似于司法权的特征，主要表现在政府监管权力所具有的独立性、专业性、非政治化三个方面。

政府监管权与传统司法权相同、与传统行政权相异的准司法性特征主要表现在其具有的独立性、专业性、非政治化三个方面。

（1）政府监管权力具有独立性。在不同级别的行权机构之间，行政权力讲究领导与被领导、服从与被服从的上下级关系，因此行政机关的设置是垂直一体化的方式，实行首长负责制，行政机关本身不具有独立性；然而，独立性正

---

[1] 同前注。

[2] 如“孟子告齐宣王曰：‘君之视臣如手足，则臣视君如腹心；君之视臣如犬马，则臣视君如国人；君之视臣如土芥，则臣视君如寇仇。”参见《孟子·离娄下》。

[3] 从中美司法制度比较看司法权特点［DB/OL］.［2012－04－02］. http：//wenku. baidu. com/view/d9557a3667ec102de2bd8909. html.

是司法权力的典型特征，即司法机关的设置讲究独立性，上下级法院是监督与被监督的关系而非直接的领导与被领导关系，法官仅依据法律行使裁判权，不受其他国家机关、组织或个人的干涉，非经法定的程序，上级法院不能改变下级法院的判决。与传统的行政权力相比，政府监管权更具类似于司法权的独立性特征。作为行政权力，政府监管权力与其他行政权力一样，都要受到立法机关与司法机关的控制，但是政府监管权力却具有更高的独立性，即政府监管机构依照法律授权独立行使监管权，不受其他公民、法人和其他组织的干涉。“独立性是监管机构作为市场公平竞争秩序和公众利益维护者角色的决定性因素”[1]。

（2）政府监管权力具有专业性。近现代以来，由于强调“依法行政”，虽要求行政人员学法、懂法、执法，但司法人员的专业性[2]要求远比行政人员的专业性要求高，行使司法权的主体必须具备相应的法律专业技术，取得相应的资格，未经专业训练的人员不得充任法官。与传统的行政权相比，政府监管权更具类似于司法权的专业性。政府监管权针对经济领域中的特殊事项或特定行业，监管过程复杂多变，监管事项具有高度的技术性、专业性。因此，与其他行政权相比，政府监管权更具专业性，对行使政府监管权力的主体在知识的专业化方面要求更高，传统行政部门缺乏监管的专业知识和能力，无法达到监管专业化的目标。

（3）政府监管权力具有非政治化的特征。传统的行政权力在行权者的产生上具有典型的政治化特征，行政官员通常由选民直接选举产生，对选民负责，因此，行政政策通常会被建立在短期的竞选目标上，要受到政治因素的左右；而司法权在行权者的产生上具有典型的非政治化特征，法官通常不由选民直接选举产生，不对选民而只对法律负责，法律是司法权唯一的“上帝”，司法权是社会纷争的裁决者，必须超脱于纷争（包括政治纷争）之外才能进行客观中立的判断。与传统的行政权力相比，政府监管权更具类似于司法权的非政治化，政府监管权力的非政治化特征，能够增加政府有利于市场的承诺及公正监管承诺的可信度，从而吸引投资者，保持监管政策的稳定性，减少政治上的不确定性。

---

[1] 马英娟．监管机构与行政组织法的发展——关于监管机构设立根据及建制理念的思考［J］．浙江学刊，2007（2）：16.

[2] 关于司法权的定义，参见孙笑侠．司法权的本质是判断权——司法权与行政权的十大区别［J］．法学，1998（8）：35.

三、政府监管权与传统行政权相同、与传统司法权相异的个性

从表面上看，由于经济职能天然属于行政职能的范畴，政府监管权与行政权存在着重叠和交叉，在主体、职能运作等方面都具有相似性，政府监管权具有行政权的一般特征，包括国家意志性、法律性、执行性、强制性、不可处分性、优益性等[1]。但是，政府监管权与传统行政权在产生的时间和条件上存在着差异："行政有着与国家、甚至与人类社会同样长远的历史"[2]，有国家的存在，就有了行政权的存在；而政府监管权是一种新型的权力，是现代市场经济下的特有产物，没有市场经济存在与发展，就没有政府监管，也就没有政府监管权。

按照法律不完备性理论[3]，政府监管权之所以能够产生并成为传统司法权的替代品，是因为其比被动的、单一的传统司法权更能有效地应对现代社会复杂现实的需要，而之所以更为有效，是因为其在行权方式与职能内容上，具有传统行政权力的主动性和集合性特征。正是由于具有区别于传统的司法权的主动性、集合性特征，在不完备的法律越来越不能应对复杂现实需要的现代社会中，政府监管权才得以产生和发展。政府监管权力的主动性、集合性特征，使政府能够主动建立事先的预防机制，通过事先制定的规则和标准有效地防止损害行为的发生，并快速、有效地惩罚正在进行的损害行为，弥补了法庭诉讼依靠个案判决无法持续维护市场秩序的缺陷。

1. 政府监管权力具有主动性

即政府监管权力的主体在行权方式上，有权积极、主动地行使法律赋予其的监管权力，而不必像传统的司法权一样，需要遵循"不告不理"的被动行使原则。

2. 政府监管权力具有集合性

即政府监管权在职能内容上具有准立法权、行政（执法）权与准司法权的集合性，虽然有学者试图论证政府监管权中的准立法权和准司法权与传统行政

---

[1] 江赛民．论对行政权的重新界定［J］．石家庄法商职业学院教学与研究，2006（4）：26.

[2] 姜明安．行政法与行政诉讼法［M］．北京：北京大学出版社、高等教育出版社，1999.

[3] 关于法律不完备理论的主要内容，参见许成钢．法律、执法与金融监管——介绍'法律的不完备性'理论［J］．经济社会体制比较，2001（5）：112；［美］卡塔琳娜·皮斯托、许成钢．不完备法律［J］．汪辉敏，译．比较．2002（3）．

权中的准立法权和准司法权的差异[1]，但是，笔者认为，政府监管权力在内容上的集合性与传统行政权在内容上的集合性并无本质的差异。政府监管机构所享有的准立法权，如美国独立控制委员会所享有的制定行政法规权、制定（具体的执行）标准权，与其他行政机构所享有的准立法权一样，要以遵守国会制定的法律或普遍性标准为前提；政府监管机构所享有的准司法权，如美国独立控制委员会对其管辖的对象是否违反法律，不仅享有追诉的（行政）权力，而且享有裁决的（司法）权力，虽并非所有行政机构都能够享有的权力，但是，“尽管有三权分立的迂腐教条，向行政机关授予审判权却一直没有中断过。复杂的现代社会需要行政机关具有司法职权，使这种授权不可避免”[2]。

我国学界对于政府监管权之内容的归纳并不一致，有学者提出，“从权力形式来看，实现上述监管行为的监管权可以表现为规章制定权（行政立法权）、许可权、检查权、处罚权、强制执行权、行政追诉权等”[3]；也有学者提出，“政府监管权的内容一般包括法规政策制定权、核准审批权、日常监督管理权、调查处罚权和采取强制措施的权力”[4]。但是，学界对于政府监管权在内容上集准立法权、行政（执法）权与准司法权于一体并无争议。

（1）政府监管权中的准立法权，属于行政立法权的范畴，即享有监管权力的政府机关依法制定、发布规范性文件的权力，其主体为实施监管权的政府机关；其所立之“法”专门用于调整所监管领域事项；其“立法”的最终目的是为了更好地实现监管目标。“从实践的角度看，行政立法权主要用来指称特定的国家行政机关依法制定、发布规范性文件的权力”[5]，我国行政立法所立之“法”，包括行政法规、部门规章、地方政府规章及其他行政规范性文件，如解释性文件、指导性文件。我国典型的政府监管机构——如证监会、银监会，其法律地位属于国务院的直属单位，其主要的立法活动表现为发布部门规章，发布对法律、法规和规章进行解释的具体的、细则性的规范性文件，

---

[1] 如有学者提出“有些传统行政部门后来也被授予了准立法权和准司法权”，“相对而言，监管机构获得的授权独立性、自主性较强。以准立法权为例，传统行政部门的立法多为执行性、补充性立法，而监管机构多享有自主性立法权，以弥补立法机关专业人员和专业知识的不足。”参见前引马英娟《监管机构与行政组织法的发展——关于监管机构设立根据及建制理念的思考》第 17 页。

[2] [美] 伯纳德施瓦茨．行政法 [M]．徐炳，译．北京：群众出版社，1986：55.

[3] 前引盛学军《政府监管权的法律定位》，第 101 页。

[4] 前引马洪雨博士论文，第 4 页。

[5] 袁明圣．行政立法权扩张的现实之批判 [J]．法商研究，2006（2）：49.

除非以国务院的名义或者获得国务院的特别授权，政府监管机构通常不能制定行政法规。

（2）政府监管权中的行政权，属于行政执法权的范畴，主要表现为许可、检查、处罚和强制执行权。政府监管权中的许可权[1]是指监管权主体对相对人的申请，在一定条件下将法律禁止的事项给予“解禁”，打开一扇门允许符合一定条件的主体“通行”的权力；政府监管权中的检查权[2]指监管主体对被监管人的相关行为是否符合规范的要求进行的定期或不定期的检验、抽查的权力；政府监管权中的处罚权[3]即指监管主体对违反有关监管的法律法规但未构成刑事犯罪的相对人依法所进行的人身、财产、名誉等形式的法律制裁的权力。政府监管权中的强制执行权[4]，是指为了保障监管目标的顺利实现，监管权主体依法对被监管主体采取的强制的手段迫使其履行相应的义务的权力。

---

[1] 学界关于行政许可的定义不统一，主要观点有：“其一，行政许可是行政机关根据相对人申请，作出决定允许相对人做某事、行使某种特权、获得某种资格和能力的行为。其二，行政许可通常指行政机关根据当事人的申请，在一定条件下解除禁止，准许个人或组织从事某种活动的一种行政行为。其三，行政许可是国家行政机关及法律授权组织根据相对人申请，依照法律、法规和规章规定，通过颁发证照或批准、登记、认可等方式，允许相对人从事某种活动、行使某种权利、获得某种资格或能力，非经允许从事该活动、行使该特权即为违法的具体行政行为。其四，行政许可是由法律、法规设定一般性禁止的制度，是行政机关依据公民、法人或者其他组织的申请准予其从事法律、法规作一般性禁止的事项或活动的行政行为，是行政机关依法对公民、法人或者其他组织的行为进行法律控制的行政法律手段。”参见杨解君．行政许可的概念与性质略谈——与郭道晖先生共同探讨［J］．南京大学学报（哲学·人文科学·社会科学），2000（3）：135.

[2] 学界对行政检查的理解有争议，如：1. 行政检查，也有称行政监督检查，是指具有行政监督检查职能的行政主体，依据法定的监督检查职权，对一定范围的行政相对人是否遵守法律、法规和规章，以及是否执行有关行政决定、命令等情况，进行能够影响相对人权益的检查了解的行为。2. 行政检查是指行政主体，依法对行政相对人是否遵守国家的法律、法规、行政规章的情况，作单方强制了解的行政行为。3. 行政监督检查是指行政机关为了实现行政管理职能，对个人、组织是否遵守法律和具体行政处理决定所进行的监督检查。4. 行政监督，又称行政监督检查或行政检查，是指行政主体基于行政职权，依法对行政相对人是否遵守行政法规范和行行政决定等情况所作出的事实行为。5. 行政监督检查是指行政主体为实现行政管理职能，对相对人是否守法和是否履行行政法义务的情况，进行单方面强制性了解、督促和疏导的具体行政行为。参见孙志勇．试论我国行政检查制度的完善［D］．上海：上海交通大学．2010（5）：4.

[3] 关于行政处罚的定义，参见前引宋向杰、赖永良．我国行政立法之反思［J］．红河学院学报，2011（1）：24.

[4] 关于行政强制的定义，参见莫于川．行政法学原理与案例教程［M］．北京：中国人民大学出版社，2007.

（3）政府监管权中的准司法权[1]，属于行政准司法权的范畴，即政府监管机构作为独立的第三方，就与所监管事项密切相关的争议进行居中裁判的权力，是对争议双方的是非曲直进行判断的权力，其具体表现为调查权，裁判权。查明争议的事实，是对争议进行居中裁判的前提，是对争议双方的是非曲直进行判断的基础，因此，政府监管权的准司法权，首先表现为查明与所监管事项密切相关的争议之事实的调查权。如中国电监会在“三指定”案件的监管中，对有关文件、资料予以封存的权力，其本质即为电监会所享有的调查权[2]。查明争议事实的目的，在于为政府监管机构运用法律对争议双方的是非曲直进行判断奠定基础，裁判权是政府监管权之司法权的主要表现，如中国电监会在“三指定”案件的监管中，对被监管企业是否存在“三指定行为”的认定权。

四、政府监管权之本质特征决定的政府监管制度的法理特征

通过以上考察，可将政府监管权与传统行政权、传统司法权之间在本质特征上的共性和个性做简单概括，见表1－1。

表1－1　传统行政权、政府监管权、传统司法权的共性与个性

项目＼名称	传统行政权力	政府监管权力	传统司法权力
权力属性	公权力		
职能内容	立法、执法、司法三位一体（集合性）		司法（单一性）
行权方式	主动性		被动性
不同行权主体之间的关系	上级领导下级，下级服从上级（不独立性）	相互独立（独立性）	
行权者的产生与素质要求	政治化，非专业化	非政治化，专业化	

如表1－1所示，在权力属性上，政府监管权与传统的行政权、司法权一样，都属于国家机关享有的公权力，但是，政府监管权是一种随着市场经济的不断发展和成熟而产生并存在的新型的公权力，作为传统司法权的替代品，在

[1] 关于司法权的定义，参见前引孙笑侠文章，第35页。

[2] 当然，行使调查权的程序、强度，必须由法律予以明确规定，以避免监管机构滥用权力，损害当事人的合法权益。

不同行权主体之间的关系与行权者的产生于素质的要求上，具有与传统司法权相同（与传统行政权相异）的独立性、专业性、非政治化特征；其之所以能够替代传统的司法权，是因为其在职能内容与行权方式上具有与传统行政权相同（与传统司法权相异）的主动性、集合性特征，使其能更有效地应对现代社会复杂现实的需要。政府监管权所具有的这些本质特征，不仅使其成为了与传统行政权、司法权既有相同性又有差异性的新型公权力，还将从法理上对政府监管制度的建构产生决定性影响，其决定了政府监管制度必然具有与传统的行政制度和司法制度既有相似性又有差异性的法理特征。

1. 政府监管权的公权力性决定了政府监管的目的性和有限性

政府监管权的公权力性决定了政府监管权的本质应当是社会公共意志的集中体现，其存在的目的是为了制止市场主体在追求自身利益的过程中超过必要的限度，以谋求社会成员共同的生存和发展；政府监管权力应该通过制度化加以限制。政府监管权作为社会公共意志的集中体现，决定了所有的政府监管制度必须体现“社会公共意志”，应该通过制止强势的市场主体在追求自身利益的过程中超过必要的限度，保障弱势相对人利益，实现谋求社会成员的共同生存和发展的根本目标；政府监管权应该通过制度化加以限制的特征，决定了限制政府的监管权力，是政府监管制度的主要内容。

曾经出现的某地方政府设立“馒头办”的现象，反映出我国“市场监管制度的确立缺乏合理而科学的考量，监管权存在滥设的趋向”[1]，这种缺陷的存在充分证明人们对政府监管权作为公权力的目的性和有限性的认识不到位。政府监管权的设立必须符合特定的条件并经过严格的立法程序，通过制度加以限制。滥设政府监管权，不仅无助于实现社会公共利益，反而会为滥用监管权力扭曲市场机制、损害社会公共利益提供合法的机会。

2. 政府监管权的准司法性决定了监管机构的产生、地位、设置等，应与法院类似

政府监管权的准司法性特征将对监管机构的法律地位、内部设置及监管人员的配置产生决定性的影响。首先，政府监管权力的独立性，决定了合理的政府监管制度必须保证监管机构的外部独立性与监管机构内部职能的分离性。

[1] 前引盛学军《监管失灵与市场监管权的重构》，第 38 页。河南郑州在前几年成立的“馒头办”（全称为“馒头生产销售管理办公室”），被认为是政府滥设监管机构、滥用监管权最具典型的代表现象。详情参见李子旸：“‘馒头办’进驻中央”，2010 年 1 月 7 日访问，http://www.21cbh.com/HTML/2010-1-7/161013.html。

（1）监管机构的外部独立性意味着监管机构独立于政府其他行政部门，不受政府其他行政部门的影响。以美国为例，无论是设立于政府内部的监管机构，还是设立于政府行政系统之外的独立监管机构，虽不能完全摆脱行政首长的影响，但是法律都赋予其很大的独立权力。通过法律授予监管机构独立的法律地位，保证监管机构的人事独立、职权独立、经费来源独立，是确保监管机构独立于政府的其他行政部门的重要措施。

（2）监管机构的外部独立性意味着监管机构独立于被监管对象，不受被监管对象的影响。设立监管机构的目的在于矫正市场失灵，促进公共利益，平衡各利害关系人的利益，而处于强势地位的被监管对象，有实力影响监管政策的制定和执行，为防止监管机构仅代表某一特殊利益集团而非一般公众的利益，一方面必须使监管机构与被监管者及其利益集团保持距离，另一方面必须让政府监管机构与享有资产管理权的行政机构相分离，后者代表国家管理国有资产，而持有国有资产的企业属于被监管的对象。

（3）监管机构内部职能的分离性，即“在监管机构内部，决策、执行和裁决必须进行分解，由不同的部门或者人员行使，并保持相对独立性，以实现相互制衡”❶。

其次，政府监管权的专业性决定了合理的政府监管制度应该确保政府监管人员必须具备相应的专业知识。一般而言，政府监管人员不仅应具备所监管行业的技术、经济、管理知识，同时还必须具备相应的法律知识和法理思维。政府监管中的裁判权，首先要对某种专业事项进行事实上的判断，然后再依照相应的实体法律标准和程序法规则进行法律上的评价，不具备所判断专业事项领域的专业技术知识，不懂得评价该事实的法律标准和程序，缺少必要的法理思维能力，就不能进行裁判，也就无法实现政府监管的目标。

最后，政府监管权的非政治化决定了合理的政府监管制度应该确保政府监管机构的非政治化。政府监管机构应为“非多数主义的机构”（non－majoritarian institutions），既不由选民直接选举产生，也不受选举官员的直接控制，不受日常的政治影响及选举控制；其通常情况下不直接承担政治或民主责任，而只就监管是否合法、是否科学承担法律责任和技术责任。

3．政府监管权的主动性与集合性决定了应该对政府监管权力进行制衡

随着社会经济的迅猛发展，人类事务的日益复杂化和利益的多元化，客观

---

❶ 周利华．中国电力产业改革绩效测评［D］．山东：山东大学，2012：138.

上要求国家更积极主动地介入经济生活。和传统行政权一样，政府监管权的主动性、集合性特征使其成为国家介入经济生活越来越重要的手段。正是由于政府监管权具有主动性与集合性特征，其才得以产生并存在。因此，政府监管制度的建构，应该保证政府监管权的主动性和集合性，不能像传统的司法制度约束传统司法权一样约束政府监管权。然而，如同行政权应该受到制衡一样，政府监管权具有与传统行政权力类似的主动性与集合性特征，同时也决定了合理的政府监管制度应该对政府监管权力进行制衡。

首先，政府监管权的主动性特征使政府监管权力的运行具有了一定的灵活度和弹性，这决定了政府监管权易于因其灵活度及弹性而被滥用。因此，合理的政府监管制度的建构中，应该使政府监管权力保持传统行政权力的非终局性特征，通过行政诉讼的方式，依靠传统司法权力对政府监管权力进行制衡。

其次，政府监管权的集合性特征意味着政府监管权与分权制衡理论之下产生的传统单一的立法权、司法权和行政权相比较，政府监管权的权能更为集中，也就更易于异化，当然就应受到更严格的制衡。正如孟德斯鸠所断言❶，当立法权和行政权集中在同一个人或同一机关之手，自由就不存在了；若司法权与立法权或行政权合二为一，则将对公民的生命和自由施行专断的权力，法官将握有压迫者的力量；若这三种权力由同一人或同一机构行使，则一切便都完了。为了防止政府监管权力的异化，避免孟德斯鸠前述名言所说的因为权力的集中而给自由带来的损害，合理的政府监管制度的建构中，应该建立通过权力和权利制衡政府监管权力的机制，不仅应通过分权配置政府监管权力，使不同的政府监管机构相互制衡，还应建立约束政府监管权力之行使的程序机制和监管人员的责任追究机制，避免政府监管权力的滥用。

以上研究表明，“电力监管权力配置”中的“电力监管权力”，属于政府监管权力的一种。政府的电力监管权力是随着市场经济的不断发展和成熟，现代社会为了应对电力行业复杂现实的需要而产生的替代性的新型权力，这种新型权力与传统的行政权力、司法权力一样，属于公权力的一种，在职能内容、行权方式上与传统的行政权力相同而与传统司法权相异，在行权机构之间的关系、行权主体的素质要求上，与传统司法权相同而与传统行政权相异，这样的法理特征，决定了政府监管制度的建构，必然存在与传统行政、司法制度相区别的法理特征。以此类推，电力监管权力配置制度在法理上应该具备的基本特

❶ 孟德斯鸠．论法的精神［M］．张雁深，译．北京：商务印书馆，1982：156－157.

征有：应该确保电力监管权力的公共利益目的性和有限性；应确保电力监管机构外部法律地位的独立性、内部机构设置的分离性、监管人员产生上的非政治化及其知识上的专业性；应该通过电力监管机构内部分权配置，以实现相互制衡；电力监管权力还应该受到司法权力的外部制衡。是否满足这些特征，是衡量某种具体电力监管权力配置制度之正当度高低的标准之一。

第三节　电力监管权力配置的逻辑构成要素

从逻辑上看，对“电力监管权力配置”的界定，必须回答四个问题，即“由谁来配置”“配置什么”“配置给谁”“配置来干什么”，该四问题的答案即为电力监管权力配置的逻辑构成要素。狭义的“电力监管权力配置”是立法机关将监管电力行业的具体电力监管职能，授予一定的政府监管机构行使的制度安排。在法治国家的语境下，“政府的电力监管权力应由立法机关进行配置”是不言而喻的，学界对此并无争议。本书认为，狭义的电力监管权力配置所配置的是政府的电力监管职能，这些职能被配置给了政府的电力监管机构，用来监管电力行业的市场主体的行为，以摆脱电力产业客观的经济与技术特征对电力行业市场主体行为的负面影响。

一、电力监管的主要职能

狭义的“电力监管权力配置”是将电力监管职能分配给政府监管机构的过程，因此，“电力监管职能”是狭义的“电力监管权力配置”的具体对象，对电力监管职能主要内容的研究，将回答“配置什么”的问题。

在现代社会中，电力监管职能分为经济性监管职能与社会性监管职能两大类，对于这两大类职能的主要内容，国内现有的多数文章尚局限于粗浅的介绍[1]，并未深入讨论。国外有学者如黑夫兰提出监管包括经济性监管、社会性监管和辅助性监管，经济性监管涉及产业行为的市场方面（费率、服务的质量和数量、竞争行为等）；社会性监管用以纠正不安全或不健康的产品以及生产过程中的有害副产品；辅助性监管泛指与执行各类社会福利计划（如社会保险、公费医疗、药品、食品标签、老兵福利计划等）有关的措施[2]。

---

[1] 王禾．西方电力产业监管制度的特征分析与借鉴［J］．科技创业月刊，2005（12）：100.

[2] Florence A. Heffron. The Administrative Regulatory Process［M］. New York：Longman，1983，P. 349－358.

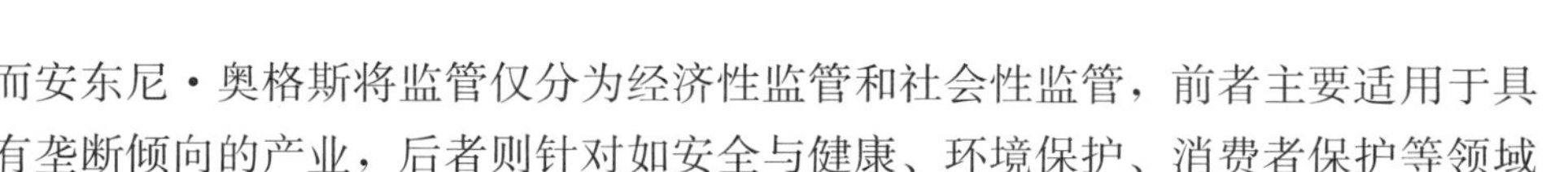

而安东尼·奥格斯将监管仅分为经济性监管和社会性监管，前者主要适用于具有垄断倾向的产业，后者则针对如安全与健康、环境保护、消费者保护等领域的监管❶。我国有学者赞同安东尼·奥格斯的分类❷。

1. 经济性监管职能的主要内容

经济性监管职能，即通过监管，干预电力行业市场主体及其投资人做出决策的经济性因素，如对电力行业的进入、产品与服务的价格、交易和竞争等方面制定规则并保证规则的执行，以改变电力企业及其投资人的决策及具体行为，从而实现政府监管电力行业的目的。经济性监管职能主要包括市场准入监管、价格监管、竞争和交易监管等内容。

（1）市场准入监管。即电力监管部门对欲进入电力市场从事经营活动的主体进行资质审查，对符合条件者，或授予电力经营特许权，或颁发电力经营许可证，允许其进入电力市场从事经营活动❸。如美国联邦和各州的电力及能源法对电力市场的准入所做的规定：任何个人或机构建设新的电站或扩建老电站，新建、扩建、改造电网项目，都必须得到监管机构的批准。

（2）价格监管。即为了保证电力市场交易之弱势方的利益，限制电力垄断企业谋求超额垄断价格，监管机构对电力市场之产品及服务的价格所进行的控制。如美国联邦和各州的电力及能源法规定，电力产品及服务的收费标准必须经过监管机构的审批。

（3）竞争和交易监管。即为了维护电力市场的竞争及交易秩序，监管机构对电力市场主体与竞争及交易相关的行为所进行的控制。如美国联邦和各州的电力及能源法规定，除非监管机构批准，任何电力企业不得兼并、重组和发行证券，发电厂与公用电力公司不得签订长期购电合同。

2. 社会性监管职能的主要内容

社会性监管职能，即通过监管干预电力行业从业主体及其投资人做出决策的社会性因素，如对保护环境，保障安全、保障产品及服务质量等制定标准或规则并保证这些标准和规则的执行等，主要包括环境保护监管、安全保障监管及普遍服务义务监管等内容。

---

❶ ［英］安东尼·奥格斯．规制：法律形式与经济学理论［M］．骆梅英，译．北京：中国人民大学出版社，2008：4－5．

❷ 前引宋慧宇《行政监管概念的界定与解析》，第30页。

❸ 丁永怀．略论西方国家电力监管立法及其借鉴意义［J］．淮海工学院学报（社会科学版），2005（2）：24．

（1）环境保护的监管。即为了减少、消除电力行业损害环境的负外部性，监管机构对电力行业市场主体的投资、生产经营行为所进行的控制。

（2）安全保障的监管。即为了减少、消除电力行业从业主体在生产、经营过程中对他人人身及财产安全所造成的损害，监管机构对电力行业从业主体的生产经营行为所进行的控制。如关于电力设施的存在状态所必须符合的安全技术标准❶，电力行业从业主体对有关电力产业安全方面的信息资料的披露义务等。

（3）普遍服务义务的监管。即监管机构对电力行业从业主体履行电力普遍服务义务所进行的控制。电力企业普遍服务义务来源于公用事业（电力）普遍服务原则，即“政府通过制定政策和采取措施，确保一国范围内的任何用户都能以合理的价格通过某种可行的方式享有到具有一定质量保证的非歧视性的基本电力服务”❷。为了实现电力普遍服务原则，必须通过法律赋予电力行业从业主体提供电力普遍服务的义务，包括提供空间上、时间上、消费群体和基本产品或基本服务种类上的普遍服务义务❸。

比较二者的职能内容，经济性监管职能与社会性监管职能的多数内容虽有显著区别，但是少数内容却存在交叉和重叠，并不能绝对地分开。以监管机构对电力行业从业主体所提供的电力产品及服务的质量所进行的控制——对产品及服务质量的监管为例，一方面，由于产品及服务的质量可能影响到消费者人身及财产的安全，对产品及服务质量的监管可归属于安全保障的监管（即社会性监管）中；另一方面，对产品及服务质量的监管，通常与价格监管（即经济性监管）相联系，电力行业的产品及服务质量问题，绝非简单的平等交易主体之间的法律问题，而是必然涉及垄断企业滥用市场支配地位损害弱势的相对人的合法权益的问题，仅由民法依（行使）平等原则加以调整，无力解决其必然导致的实质不公平问题，只有依靠经济法，按倾斜性保护原则加以调整，才能实现实质公平价值。由此可见，经济性监管职能与社会性监管职能不过是对监管职能的简单、大致的分类，并非泾渭分明的逻辑分类。

---

❶ 该类技术标准如中国的《架空线路技术规程》附录 A“线路导线对地距离及交叉跨域”，详细规定了在不同线路电压及地区类别的情况下，导线对地的，从技术上能够确保安全的最小距离的标准。

❷ 李创军．电力服务普遍服务监管：本源、任务与方法［J/OL］．［2008－07－08］．http：//business. sohu. com/20080708/n258020721. shtml。

❸ 关于普遍服务义务在空间、时间、消费群体和基本产品或基本服务种类四个方面的具体内容，参见蔡炳煌、王巍程．公用事业普遍服务原则的法理基础分析［J］．经济法论坛，第 8 卷。

二、电力监管的主体

对电力监管主体的研究，将回答电力监管职能“配置给谁”的问题。按前面的界定，电力监管职能将被配置给政府监管机构用来监管电力行业的市场主体。由此可看出，电力监管的主体有监管者与被监管者之别，前者是电力监管职能的权力主体，后者是电力监管职能的义务主体，即电力监管职能将被配置给电力监管的监管者，并由监管者用来影响、控制被监管者的行为和决策。

1. 电力监管的监管者

电力监管权力配置，是将电力监管职能授权给一定的政府机构行使的过程，接受授权的政府机构，即电力监管的监管者，又称电力监管机构，其依据法定的电力监管权力配置，享有并行使电力监管权力。

根据国际能源机构（IEA）有关文件的定义，电力监管机构指对电力行业和电力市场拥有实际监管权力的政府部委、独立监管机构和竞争管理部门，以及虽然没有正式的“最终”监管权力但是具有潜在重要作用的其他组织，包括政府部委所属机构和独立的咨询实体[1]。我国目前尚无独立咨询实体之类的电力监管机构，电力监管机构仅指对电力行业和电力市场拥有实际监管权力的政府行业监管部门及竞争管理部门。随着计划经济体制朝市场经济体制的逐渐演变，我国电力监管权力配置的格局也发生了多次变化，因此，在不同的时期，我国电力监管机构的种类并不完全相同，具体的内容将在后面进行研究。

2. 电力监管的被监管者

学界对有关电力监管之被监管者的相关问题的研究尚未深入，缺乏共识。

(1) 监管“电力行业”，还是“电力产业”? 配置电力监管权力，旨在通过电力监管机构运行其所获得的电力监管职能，影响电力行业之市场主体的行为，实现矫正电力行业市场失灵的目标，因此，电力监管的被监管者，是电力行业的市场主体，即进入各级电力市场进行销售电量和购买电量的发电、输电、配电、供电等电力企业。但是，对于“电力监管”到底是监管“电力行业”还是监管“电力产业”的简称，在现有研究成果中并不明确，经济学领域的文章多用“电力产业”，法学领域的文章多用“电力行业”，还有同一文章中

[1] 周凤翱，许婷．外国电力监管机构的设置模式［J］．中国电力教育，2005（3）：18.

既用“电力产业”，又用“电力行业”的情况。在立法上，《电力监管条例》笼统地称之为“电力监管”，亦未明确到底是对“电力产业”的监管，还是对“电力行业”的监管，由此有人在研究中就笼统地直接使用了“电力监管”❶。笔者认为，在法学中，电力监管之被监管者的称谓，简称为“电力行业”，比简称为“电力产业”更合适些。

“行业”有多种含义：① trade：工业、商业的类别，即按生产同类产品或具有相同工艺过程或提供同类劳动服务划分的经济活动类别，如饮食行业、服装行业等；② profession：泛指职业；③ 德行功业，操行学业；④ 佛教指恪守戒律的操行。有人提出：“所谓行业，是反映以生产要素组合为特征的各类经济活动……行业是根据人类经济活动的技术特点划分的，即按反映生产力三要素（劳动者、劳动对象、劳动资料）不同排列组合的各类经济活动的特点划分的。”可见，行业划分是基于生产力之技术特点的微观领域❷。

“产业”有两种含义：① property，estate：私有财产，指家产，如土地、工厂等被主体所占有的财产；② industry：积聚财产的事业，有时专指工业，如产业革命；有时泛指一切生产物质产品和提供劳务活动的集合体，包括农业、工业、交通运输业、邮电通信业、商业饮食服务业、文教卫生业等部门。有人提出，“所谓产业，是指对各类行业在社会生产力布局中发挥不同作用的称谓”，因此，产业划分是基于生产力布局的宏观领域，是对不同行业按其在生产力布局中的作用的归类❸。目前，三次产业划分思路被各国普遍采用，即按照人类生产发展的历史顺序，将产业分为农业（第一产业）、加工制造业（第二产业）、服务业（第三产业）。我国也采用了这种产业划分思路，第一产业的农业，包括林业、牧业、渔业等，第二产业的工业，包括采掘业、制造业、自来水、电力、蒸汽、煤气和建筑业，第三产业包括第一、二产业以外的各行业。

可见，“产业”与“行业”两个概念既有相通之处，又有一定的差异，二者之间存在着紧密的联系。二者的相通之处在于都有“按生产同类产品或具有相同工艺过程或提供同类劳动服务划分的经济活动类别”的含义，这是学界不

---

❶ 所谓电力监管，“是指在市场经济环境下，为了促进电力市场的良性运行和保证市场的公平竞争，由电力监管主体在法律框架下，对电力经济活动中的主体实施的直接或者间接的行政干预。”参见苏浩．中国电力监管制度研究［D］．重庆：重庆大学，2011：5.

❷❸ 行业与产业的区别［J/OL］．［2013－05－07］．http：//carefreely2004.blog.163.com/blog/static/44155272201010077289385/.

区分“电力产业”与“电力行业”监管的根本原因。二者的差异在于：“产业”所指范畴属宏观或中观领域；属于经济学上的专业用语，重点指积聚财产之事业本身，经济学领域“管制”的含义包括了宏观调控，其管制对象的重点在于该积聚财产之事业本身，经济学上用“电力产业管制”，既能包括对电力产业整体上的宏观的、间接的干预，又能包括对某个从事电力产业之市场主体的具体的、直接的干预，在逻辑上没有任何问题。而“行业”所指范畴属微观领域，是“产业”的下位概念，属于使用更为广泛的一般性用语，行业的“职业”含义使“行业”的重点指向了从事该行业的主体而非行业本身。

基于以上原因，本书同意法学领域之多数研究者的用法，将电力监管的被监管者的称谓，简化为“电力行业”。经济法学领域的“监管”，立足于从微观的角度直接干预市场主体的具体行为，并不包括对宏观经济层面的间接干预，其监管的对象是从事该行业的市场主体而非该产业本身，因此，在经济法学上使用“电力行业监管”这个称谓，更能表达对从事电力行业市场主体的行为之直接、微观干预的监管本质。当然，在本书的引注中，笔者尊重原文的用词及作者所表达的本来含义。

（2）电力行业市场主体到底有哪些？电力监管主要的被监管者是电力行业的市场主体，其具体范围的确定，依赖于对“电力行业”的准确界定。虽然法学领域广泛使用“电力行业”这个概念，但是，到目前为止，对电力行业的概念尚无准确的界定[1]。结合“电力”与“行业”的含义，笔者认为，所谓“电力行业”，是指生产、提供电能的工业部门，其以电能为商品，所有电力行业的市场主体，都与同一种商品——“电能”的生产、输送、销售相关。电能的生产、销售依赖于电力系统的运行，电力系统是由发电、输电、变电、配电和用电等环节组成的电力生产与消费系统，电力行业链大致可以分为发电、输电、配电和售电四个环节。发电环节将自然界的一次能源通过发电动力装置转化成电力，涉及的市场主体主要是发电企业；输电环节将发电环节已经转化成的电力通过输电系统输送到配电地点，输电系统是由变压器和输电线组成的一个规模巨大的物理网络，先用变压器将从发电部门接收的电流转化为高压电流，然后再输送到配电部门，涉及的市场主体主要有负责输电网络运行与安全的输电企业；配电环节将已经输送到配电地点的电力通过配电系统输送到终端

[1] 有人根据辞海先定义“电力工业”（指生产、运输和分配电能的工业部门），然后提出了电力行业所涵盖的主体。笔者认为这算不上电力行业的定义。参见赵月高．电力行业市场化法律问题研究［D］．太原：山西大学，2007：2.

用户地点，配电系统是一个规模相对较小的物理网络，先用变压器将从电网中接收的高压电流转换成中压和低压电流，然后再输送给用户，属于城市建设的基础设施，涉及的市场主体主要是负责配电网络的运行与安全的供电企业等；售电环节将已经输送到终端用户地点的电力出售给终端用户，包括电能的批发（趸售）和零售，涉及的市场主体包括供电商及终端用户。在整个电力系统的运行中，虽然售电环节构成前面三个环节存在的目的，但是，终端用户要用电，必须以前面三个环节的存在为基础，没有发电，就无电力的供给，没有输电与配电的电网，就无法将电力的供给和电力的需求相衔接。

因此，电力行业市场主体的范围，包括从事电力行业投资或发电、输电、配电与售电业务的供电企业及其相对人——用户，这些市场主体是电力行业之被监管的具体对象。有人提出电力行业所涵盖的主体——广义上包含电力行业管理者、行业内企业及消费者；狭义上仅指行业管理者及行业内企业，行业内企业包括发电、输电、配电、售电及附属的设计、水电施工等企业单位[1]。本书认为，电力行业的所涵盖的主体与电力行业的市场主体是两个有区别的概念，后者仅指电力监管的被监管对象，前者的范围比后者要宽泛得多。电力行业的管理者，并非都属于电力行业的市场主体，其是否属于电力行业的被监管者，取决于其行使的管理权的性质：行使国有资产管理权的电力行业管理者，即使具有国家机关的身份，与其他市场主体自身内部管理者的地位并无本质差异，仍属电力行业被监管者；而行使宏观调控或市场监管权力的电力行业管理者，并非电力行业被监管者。电力企业的设计、施工企业，尽管可能会受到监管，但其并非电力监管主要的被监管对象。

三、电力产业的经济与技术特征

与重点强调从业主体的“电力行业”不同，“电力产业”重点强调电力行业的客体本身，是一切生产电力产品和提供电力服务活动的集合体。之所以要配置电力监管权力对电力行业市场主体的行为进行特殊的监管，是因为电力产业自身具有不同于其他产业的经济与技术特征，这些客观的经济与技术特征从根本上影响了电力行业市场主体的行为，而配置电力监管权力的根本目的，就是用来使电力行业的市场主体摆脱其中的负面影响。

经济学研究成果表明，产业本身的特征必然会影响从事该产业之主体的行

---

[1] 参见前引赵月高硕士论文，第 2 页。

为。在市场经济体制下，实现不同的产业部门之间以及同一产业内部的不同部门之间的资源配置的最优手段是市场，但是，市场并非总是配置资源的最优手段，市场同样存在着局限性——对于某些产业，市场不能成为最有效配置资源的手段。电力产业属于市场不能有效配置资源的特殊产业，与一般的产业及其他特殊产业相比较，具有如下主要的经济与技术特征，这些特征将直接影响电力行业主要的市场主体——电力监管之被监管者的行为，为政府对电力行业进行特殊监管的正当性，提供了客观事实上的根据。

1. 电力产业兼具自然垄断性和竞争性

依据传统的自然垄断理论，自然垄断性指一个企业能以低于两个或者更多企业的成本为整个市场供给一种物品或者劳务，其生产函数呈规模报酬递增（成本递减）的状态，即生产规模越大，单位产品的成本就越小[1]。自然垄断产业的固定成本通常具有投资大、时间长、专用性强的特点，一旦投入往往就沉淀在该产业中，形成较大的沉淀成本。规模经济是自然垄断的充分必要条件，固定成本沉淀性是自然垄断得以维持并稳定存在的条件。

按此理论，电力产业遵循生产规模越大，单位产品的成本就越小的成本递减规律。电力产品成本中相当一部分为输电网络成本，电网输电能力的最大值是一定的，电力用户数量越少或用户用电量越低即与电网输电能力最大值的差距越大，其单位成本也就越大；在电网输电能力达到最大值之前，其具有显著的非竞争性特征，即增加电力负荷不会影响原用户的用电或额外增加的单位成本很小[2]。因此，电力产品被认为是典型的自然垄断产品，整个电力产业属于典型的自然垄断产业。经济学的研究成果进一步证明，电力产业的技术与运行上的特征（发电和输电部门之间在投资、运行和成本上具有互补性特征，电网具有外部性特征，电网与电能具有公共产品特征）决定了电力产业生产组织方式的自然垄断特征，水平、垂直的一体化垄断经营模式[3]，是电力产业最有效率的生产组织方式[4]。正因如此，在传统上，各国几乎对整个电力产业都实行垄断经营。

但是，现代经济学更新了传统的自然垄断理论，认为自然垄断是指由于市

[1] 张帆．对自然垄断的管制［M］．北京：商务印书馆，1996.

[2] 唐敏．普遍服务的法理基础与制度建构——以电力产业为例［J］．电力需求侧管理，2010（13）：30.

[3] 所谓电力产业的垂直一体化垄断经营模式，即电力产业的发电、输电、配电和售电四个环节都由同一家公司内部承担的经营模式，所谓电力产业的水平一体化垄断经营模式，即在一定区域内，电力产业的发电、输电、配电和售电环节由同一家公司内部承担的经营模式。

[4] 孙建国．电力产业管制体制演变的国际比较研究［D］．厦门：厦门大学，2003：8－34.

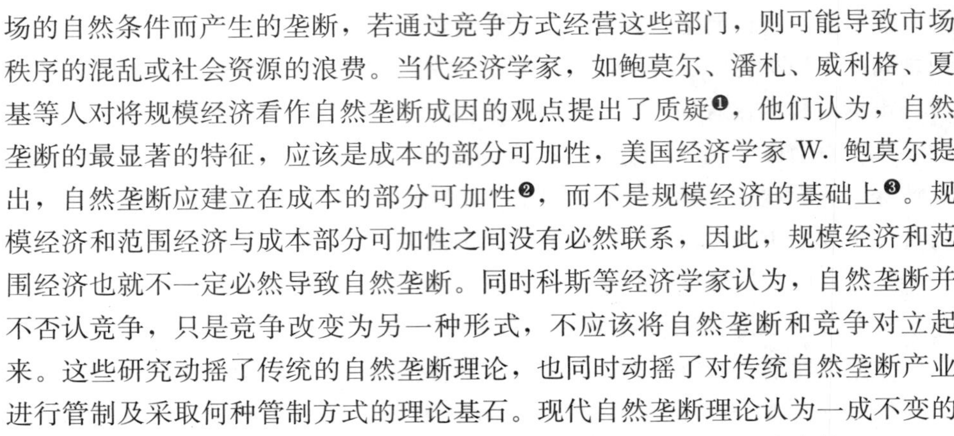

场的自然条件而产生的垄断，若通过竞争方式经营这些部门，则可能导致市场秩序的混乱或社会资源的浪费。当代经济学家，如鲍莫尔、潘札、威利格、夏基等人对将规模经济看作自然垄断成因的观点提出了质疑[1]，他们认为，自然垄断的最显著的特征，应该是成本的部分可加性，美国经济学家 W. 鲍莫尔提出，自然垄断应建立在成本的部分可加性[2]，而不是规模经济的基础上[3]。规模经济和范围经济与成本部分可加性之间没有必然联系，因此，规模经济和范围经济也就不一定必然导致自然垄断。同时科斯等经济学家认为，自然垄断并不否认竞争，只是竞争改变为另一种形式，不应该将自然垄断和竞争对立起来。这些研究动摇了传统的自然垄断理论，也同时动摇了对传统自然垄断产业进行管制及采取何种管制方式的理论基石。现代自然垄断理论认为一成不变的自然垄断产业是不存在的，某种产业的自然垄断具有相对性和动态性。

按此更新后的理论，电力产业并非全部都具有自然垄断性，其发电环节与售电环节不具有自然垄断性而具有竞争性，市场是发电与售电环节最有效的配置资源的手段；输电环节仍具有极强的自然垄断性，最有效率的组织生产的方式是实行全国范围内的水平一体化垄断经营模式；配电环节具有相对较弱的自然垄断性，最有效的组织生产的方式是实行一定区域内的水平一体化垄断经营模式[4]。在该认识的基础上，各国相继进行了电力改革，在发电与售电环节引入竞争，通过自由竞争的生产组织方式以追求更高的经济效率。随着经济学的不断发展，“自然垄断行业应由一家企业经营，多家经营会造成社会财产的浪费”的观点受到了挑战，一些经济学家主张应放开市场准入，引入竞争机制[5]。一些国家开始了在电力行业的输电、配电领域引入竞争机制，不再由一家企业经营的市场化改革。如今，电力行业在许多发达国家中，已经是非自然垄断产业[6]。

但是，受经济发展水平、人们需求变化等因素的影响，电力产业在发展中

---

[1] 这些经济学家对传统自然垄断理论的质疑，参见刘豪．规制与竞争：中国电力产业改革的政策选择［D］．大连：东北财经大学，2004 年 12 月，第 7 页。

[2] 所谓成本的部分可加性，即指一起生产各种不同产品比分别地生产它们所花成本更低。

[3] Baumol W J. On the proper cost tests for natural monopoly in a multiproduct industry［J］. American Economic Review，1977：809－822.

[4] 关于输电、配电领域的自然垄断特征的详细的经济学分析，参见刘阳平、叶元煦．电力产业的自然垄断特征分析［J］．哈尔滨工程大学学报，1999（10）：96.

[5] 有关文献，参见常欣．规模型竞争论中国基础部竞争问题［M］．北京：社会科学文献出版社，2003.

[6] 黄超．中国自然垄断行业的行政法规制研究［D］．长沙：中南大学，2011：35.

国家仍被视为自然垄断产业，其兼具自然垄断性与竞争性的特征，仍是政府对电力产业进行一般的反垄断监管与特殊的行业监管的客观依据。输、配电环节的自然垄断属性，导致在输电、配电环节实行垄断经营仍是最主要的生产组织方式，然而，在这种垄断方式下，“单靠市场机制的作用无法使生产效率和分配效率达到最优水平，因此需要政府对自然垄断企业实施价格管制来减少由于定价不合理而造成社会净福利损失”❶。发电、售电环节的自由竞争性，导致发电、售电环节实行自由竞争的生产组织方式，成为最有利于实现生产效率的生产方式，而自由竞争必然导致垄断，因此，需要市场的外部力量——政府通过反垄断监管来减少垄断造成的经济效率的下降。

2. 电力产业兼具公用性和不可替代性

电力产业的公用性是指电力产业所提供的电力产品对每一个社会成员而言都具有使用价值，是每一个社会成员生活所必需的公用产品。有些学者提出电力产业具有“公共产品特征”，所谓公共产品一般是针对私人产品而言的，是指具有消费或使用上的非竞争性和受益上的非排他性的产品❷，但是电力产业并非纯正的公共产品，应属于准公共产品的范畴。公用性与公共产品性有联系但存在着明显的区别：前者强调产品用途的广泛适用性和必需性，具有一定的竞争性，而后者则相对于私人产品而言，讨论的是产品使用不具有排他性，产品的获得不具有竞争性。电力产业不完全符合公共产品的特征，但是却符合在使用上具有普遍、必需性质的公用性特征。

所谓电力产业的不可替代性是指电力产业在整个国民经济的稳定运行与健康发展中具有不可替代的基础性地位，在目前的技术条件下，电力产业是绝大多数其他产业存在和发展的根基。电力的发明与应用被誉为伟大的科技革命，掀开了人类历史上第二次工业化浪潮，改变了人类的生产与生活方式，小到为人的日常生活提供照明，使用各种各样的家用电器，大到为工业、农业生产提供动力，现代社会中的人类生活与生产离开了电力已经无法正常地存在和有序地运行。电能已经全方位覆盖了人类的生活与生产，电力产业已经成为关系到国计民生方方面面的基础行业，电力供应的匮乏成为制约落后地区经济发展、

❶ 前引孙建国博士论文，第 35 页。

❷ 根据是否具有排他性和竞争性可将物品分为四类：一是既具有排他性而又具有竞争性的私人物品；二是既无排他性又无竞争性的公共物品；三是有竞争性但没有排他性的公有资源；四是具有排他性但没有竞争性的自然垄断商品。参见［英］曼昆．经济学原理（上册）［M］．梁小民，译．北京：机械工业出版社，2006：188－189.

社会进步之瓶颈的事实，已经为电力产业的不可替代性地位提供了充分的证明。

电力产业兼具公用性与不可替代性特点使政府监管电力产业具有了必要性。电力产业的公用性特征决定了电力产品的供给需要采用市场和政府共同分担的原则。既然电力已经成为每个社会成员生活所必需的能源，能否获得电力产品，所获得的电力产品的价格如何，都将对每个社会成员尤其是低收入成员的日常生活产生重要影响；既然电力已经成为其他产业存在和发展不可替代的前提，在某个地理区域能否获得电力产品，所获得之电力产品价格的高低，将成为决定绝大多数产业在该区域能否存在或者发展的主要因素。因此，电力行业怎样进行电力产品的生产，怎样出售电力产品，不仅关系到电力行业部门的利益，而且关系到每个社会成员的利益，关系到整个社会的公共利益。

然而，在自然垄断的经营模式下，市场无法有效地发挥作用，如果没有代表公共利益的政府进行的有效监管，电力行业部门不仅会只追求自身的利益而忽视公共利益，还会滥用其垄断产生的市场优势地位损害相对人的合法利益，无法合理并有效地为社会提供电力产品。因此，电力产业的公用性与不可替代性特征，使政府监管电力行业具有了必要性。

3. 电力产业兼具正、负外部性

外部性（externality）概念是由马歇尔和庇古在20世纪初提出的，指一个经济主体的经济活动对另一主体所产生的有害或有益的影响。庇古在其所著《福利经济学》中指出“经济外部性的存在，是因为当甲对乙提供劳务时，往往使其他人获得利益或受到损害，可是甲并未从受益者那里取得报酬，也不必向受损害者支付任何补偿”[1]。外部性有正外部性（positive externality）和负外部性（negative externality）之分，是一种经济力量对另一种经济力量“非市场性”的附带影响，其导致社会脱离最有效的生产状态，使市场机制不能实现其优化资源配置的基本功能[2]。外部性理论解释了环境污染问题的成因，也为人类寻找消除环境污染的方法提供了依据。

电力产业的外部性也有正、负外部性。就正外部性而言，电力产业是最重要的公用事业之一，为各行业提供动力支持，保障供给。就负外部性而言，传

---

[1] Pigou A C. the Eeonomies of welfare. 4thEdition. London：Maemillan，1920.

[2] http：//baike. baidu. com/link? url = xAEvOZExDmWJ90Rcq86dkDNapFlXZKc3KKHhSiHM7lEZ90z76QUcyLLg0P2j2wk_，2013年2月17日访问。

统的电力产业，排放污染物非常严重。世界上普遍使用的火力发电，需要有大量的能源作为电力转化的支撑，会加速能源的枯竭，在热能转化为电能的燃烧过程中，必然释放的大量的二氧化碳和燃烧的残余物，会对自然环境造成严重的破坏。以中国为例，据统计，仅 2008 年电力产业二氧化硫排放量就达到了 1195 万吨，占全国总排放量的二分之一，而二氧化硫正是形成酸雨的主要气体之一；华能、国电、大唐三大电力集团 2008 年二氧化碳的排放量超过了整个英国的排放水平[1]。水力发电被誉为清洁能源，但是，水力发电、输电设施的建设，同样将改变所在区域原来的自然环境，从而对原来的生态环境造成破坏；核电被誉为高科技的清洁能源，但是，2011 年日本海啸造成的核电厂核泄露事件已经为人类敲响了核电污染的警钟。电力产业的负外部性，即在电力产业的运行中会对其他经济主体施加“非市场性”附加影响（尤其是负面影响），这种非市场性的（负面）影响当然无法依靠市场来消除，没有第三方力量（如政府）的强制干预、引导，电力行业部门不会自行减少、消除其运行所带来的环境污染等负外部性问题。因此，电力产业的负外部性特征，使政府监管电力行业具有了必要性，是政府将对电力行业的经济性监管扩展到社会性监管的根本原因。

4. 电力产业兼具统一性与脆弱性

所谓电力产业的统一性，是指电力产业的发电、输电、配电和售电四环节存在“垂直链条关系”，这种链条关系共同组成了完整的产业流程。为了保证电力“链条关系”的稳定运行，就必然要求每个环节都要健康稳定，否则就会造成整体的低效率，甚至瘫痪。电力系统的连续平衡性和负荷相差性之间的矛盾导致了电力产业的脆弱性。电力系统的连续平衡性指在现有技术条件下，电力还不能被大规模储藏，这要求电力的供求必须随时保持平衡，发电、输电、配电和供电的各环节都要随时紧密衔接，协调运作，否则，就会引起系统的不稳定，导致一系列严重后果；电力系统负荷的相差性指电力系统的负荷在不同的时间及不同的地区存在着较大的差异性。可见，连续平衡性与负荷相差性之间存在着冲突，这种冲突的存在使整个电力产业非常脆弱，如果不能有效协调电力系统的连续平衡性与负荷相差性之间的矛盾，就不能保证充足、稳定、有效地供电。

电力产业兼具统一性与脆弱性的特征，使电力产业整体的稳定和效率建立

[1] 朱慧杰．我国电力产业环境监管的经济手段研究［D］．长春：长春理工大学，2010：1.

在每个环节的健康稳定之上，这要求整个电力行业在生产组织、决策方式上最好能保持一致。政府对电力行业进行统一的监管，恰好能满足电力产业该特征的要求，因此，电力产业兼具统一性与脆弱性的特征，为政府监管电力行业提供了客观上的基础。

由上观之，从构成要素角度上看，电力监管权力配置即国家立法机关将电力监管职能配置给政府的电力监管机构用来监管电力行业（市场主体）之行为的立法内容，其目的在于摆脱电力产业特殊的经济与技术特征对电力行业市场主体行为所产生的负面影响。

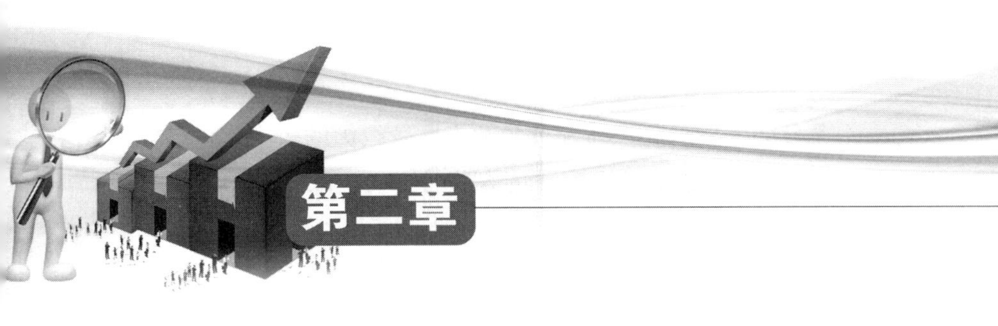

电力监管权力配置的理据

对于电力监管权力配置的理论根据，学界尚无直接的研究成果。笔者认为，作为电力监管权力配置的理论根据，必须回答三个最基本的问题：①是否应该给政府配置电力监管权力？②如果应该，那么，给政府配置电力监管权力所要实现的价值目标应该是什么？③应该怎样配置电力监管权力？

第一节　电力监管权力配置的正当性基础

建立在市场经济基础之上的法治国家，市场是配置资源最基本的手段，私法是解决社会冲突的主要方式，并不当然允许公权力直接限制市场主体的权利，政府监管（权力）[1] 不过是市场失灵时代替市场配置资源的手段[2]。因此，只有在满足一定的基本条件的前提下，政府才能运用权力通过限制市场主体的权利代替市场配置资源，这些基本条件即政府监管权力得以产生并存在的正当性[3]基

[1] 由于政府监管的实质即政府享有监管权力，除非特别说明或由上下文的意思所确定，本书“电力监管”与“电力监管权力”两个概念可以互换。

[2] 前引韩兆柱文章，第7页。

[3] 法学界目前对“正当性”的理解已经趋于一致，如“权力的正当性在西方传统政治哲学中又称权力的合法性和合理性”（陈义平、陈力．权力的正当性——马基雅弗利政治哲学的基石”[J]．江苏行政学院学报，2001（4）：84-86．“现代民主法治下的正当性有两个关键性的内容，一是合法，二是合民意”（赵心树．选举的困境——民选制度及宪政改革批判［M］．成都：四川人民出版社，2008：111.）。这两种观点在实质上是并无差异，都将正当性理解为“形式上的合法性”（合法性、合法）与“实质上的合理性”（即合理性、合民意）。本章中的“正当性”只讨论了“实质的合理性”，未涉及形式的合法性问题。法学界对判断权力具有“实质合理性”的标准有不同的看法，笔者认为，权力具有实质合理性，意味着权力的存在不仅符合道德（或民意），而且符合逻辑，因此，判断权力是否具有实质上的合理性，不仅应考察其是否满足相应的道德（民意）条件，而且应考察是否满足相应的逻辑条件。

础，满足这些基本条件的程度越高，所配置的政府监管权力的正当度越高❶。

基于以上前提，“应不应该给政府配置电力监管权力”或“应不应该授予政府特殊监管电力行业的权力”，是笔者在开始本研究时遇到的最直接的疑问，由于讨论应否配置的重点一般不在于“是否配置”，而在于“在什么样的条件下，才能配置”，因此，前述疑问可被演化为“在什么样的正当性基础条件上，才能够给政府配置电力监管权力?”

我国经济法学界研究电力监管制度之法理问题的成果不多，国内外学界尚无成果专门论证电力监管之存在具有正当性的相关问题❷。国外经济学界研究政府监管之正当性问题的理论主要有经济监管理论、公共强制理论和法律不完备性理论，这些理论逐步深化，全面揭示了正当的政府监管在道德上和在逻辑上应当满足的基本条件。但是，它们只研究了一般的政府监管的正当性基础，要揭示政府对电力行业之特殊监管的正当性基础，还必须以电力产业独有的经济与技术特征为特殊意义上的事实根据。电力产业属于市场不能有效配置资源的特殊产业，兼具自然垄断性与竞争性、公用性与不可替代性，正、负外部性、统一性与脆弱性❸，电力监管权力的产生、发展和演变与这些特征密切相关❹。学界尚无专门研究电力监管的正当性基础的成果，本书将依据这些理论和特征，论证具有实质合理性的电力监管权力配置必须满足的基本条件，这些条件的内容，将决定电力监管权力配置应具备的内在理念。

一、政府监管之正当性基础的主要理论及内容

电力监管权力，属于政府监管权力的一种，因此，有关政府监管的正当性

---

❶ 在人们的思维中，“正当性”一词是个简便思维的突截性概念，其把某种制度的正当性简化为“有”或“无”两极，但是，如同“冷热”并不能精确描述气温一样，“有或无”两极也不能精确描述某种制度的正当性，因为在“有”与“无”两极之间，存在着多种不同的情况。因此，用“正当度”这个概念更能准确表达正当的渐续性。现实中任何一种制度都不可能绝对地的正当或不正当，在绝对的正当与绝对的不正当之间，必然是无级变化着的“正当度”。(详细论述参见前注引赵心树著作，第 111 页)。

❷ 早在 2002 年，修改《电力法》就已进入了全国人大立法的议事日程。十多年过去了，《电力法》的修改却仍无任何实质性的进展。这种状况与经济法学界未能提供足够的理论研究成果的支持有密切的关系。

❸ 学界有文章对电力产业的特征做了研究，如杨可．中国电力行业监管机制的法经济学分析［D］．长春：吉林大学，2010：46. 本书所归纳的电力产业的四大经济与技术特征与已有的研究存在着显著的差异。

❹ 李虹．基础设施产业监管理论研究：以电力行业为例［J］．工业经济技术，2004（12）：2.

理论，能够用于证明政府监管电力行业之存在具有正当性。国外经济学界关于政府监管之正当性基础的理论，主要有传统的经济监管理论、公共强制理论和法律不完备性理论。国内经济法学界在论证政府干预（包含监管）经济的正当性的已有成果中，主要借鉴了传统的经济监管理论[1]，行政法学界对政府监管经济的正当性分析，不仅借鉴了已有的这几种理论，甚至还有所超越[2]。但是，已有成果多局限在对这些理论的介绍上，对于这些理论能对我国政府监管制度的建构产生何种具体的启示，国内学界尚无人进行抽象和总结。

1. 传统的经济监管理论

传统的经济监管理论属于规制经济学（又叫管制经济学、制度经济学）的研究范畴，包括在 20 世纪 90 年代新规制经济学出现之前所形成的公共利益理论[3]及与之相对立的利益集团理论。

20 世纪初，随着社会生产力水平的不断发展，亚当・斯密所倡导的自由放任经济逐渐遇到强烈冲击，市场经济逐渐面临严峻挑战，自由资本主义制度越来越不能适应经济结构的变化，导致了诸多社会矛盾，为解决这些社会矛盾，经济学界出现了以庇古、斯蒂格利茨和凯恩为代表的公共利益理论。该理论认为，由于市场机制的不完善及市场失灵的客观存在，为了确保有效配置资源和保证公共利益不受损害，政府应该对企业的活动进行规制。庇古在《福利经济学》（1932 年）中提出，各种市场失灵会减损社会福利，要纠正市场失灵，就需要政府的管制。斯蒂格利茨提出，现实世界中，不受管制的市场并不能因个人自由追求各自的利益而使整个社会的福利最大化，相反，因为市场主体不能获得充分的信息，市场功能就不完善，常会给人们的利益带来损害，所以政府必须干预市场，以使市场正常运作。凯恩在其《管制经济学——原理与制度》（1971 年）中，主要强调了对公用事业的规制及费率的决定。之后，又有许多规制经济学家分别从不同角度对规制理论进行了深入的研究，其范围逐渐扩大到解释政府监管的理由、探讨经济性规制方法在监管政策中的应用以及

---

[1] 如李昌麒教授所创立的“国家干预论”，主张“市场失灵干预市场，政府失灵干预政府”，采纳并融合了公共利益理论和利益集团理论的主张。

[2] 马英娟．政府监管的正当性分析［J］甘肃行政学院学报，2008（3）：47．马英娟在此文中不仅依据以上几种经济学上的理论分析了政府监管的正当性，而且还加入了“自律组织”这种公共控制策略与政府监管进行比较。但是，在公共强制理论中，并未将“自律组织”作为公共控制策略的一种方式。

[3] 杨凤．政府监管的一种规范分析——传统公共利益理论述评及其政策应用［J］．经济纵横（创新版），2007（12）：78．

社会性规制等更为广泛的内容。

传统的公共利益理论从规范分析的角度回答了政府为什么以及应该如何监管的问题，其以“市场失灵”（包括自然垄断、外部效应等）为前提，提出了政府监管经济的理论依据，其“假定政府是理想状态的政府，政府的目标是通过管制提高资源配置效率，以增进社会福利，管制者会专一地追求这一目标，并假定在这一过程中，管制者可以代表社会公众对市场做出理性的计算，使得管制结果符合帕累托最优原则”[1]。

由于市场机制无力应对西方1929年出现的经济危机，公共利益理论逐渐登上了指导人类社会实践的历史舞台，已经深刻地影响了西方政府监管政策的形成与应用，具有特定的历史与现实意义[2]。1933年的“罗斯福新政”，就是践行该理论的典型代表，其促进了美国经济的复苏和发展。人类社会已有的实践表明，适当的政府监管能够带来经济发展与政治稳定，政府对自然垄断行业的监管也已经获得经济学界的普遍支持。

但是，公共利益理论在提出应依靠监管解决市场失灵和外部性问题的同时，却不能解释为什么不能依靠私法（合同法、侵权法）解决这些问题[3]，存在着明显缺陷。首先，其以“市场失灵”作为需要政府干预从而解释监管得以产生的原因的推理，在逻辑上存在漏洞。市场失灵并不必然导致对监管的需要，它的存在只不过是需要政府监管在逻辑上的必要条件而非充分条件，因为，除了政府监管外，还可能有其他手段能有效代替市场机制配置资源。例如，大量的市场失灵问题可以通过立法控制得以解决；其次，该理论将真实的市场与理想的监管相比较，未将比较建立在同样的行为假设和约束条件的基础上；再次，其关于“理想状态之政府”的假定与现实中的政府明显冲突，这为利益集团理论否定该理论提供了主要的依据；最后，其缺乏将公共利益转化为立法行动的机制。

到20世纪60年代末期，政府监管在许多国家开始逐渐出现了重大失败，先进技术的出现也给某些监管行业提出了竞争性要求，这引发了对政府监管效率问题的重新思考。人们关注的重点由市场失灵转向了政府监管的低效率与失灵，重新反思规制本身的必要性。于是，在批判公共利益理论的基础上兴起了

---

[1] 曹啸、计小青．管制经济学的演进——从传统理论到比较制度分析［J］．财经研究，2006（10）：71.

[2] 详细内容参见前引杨凤文章，第78页。

[3] 格莱泽，施莱弗．监管型政府的崛起［M］．杨松．译．北京：中信出版社，2002.52.

以斯蒂格勒等为主要代表人物的利益集团理论，该理论通过对数据的实证分析提出：政府监管的目的是为维护个别集团的利益而非保护公共利益，监管与是否有必要监管、监管的实际效果是两个问题。“政府的管制只能导致市场效率的扭曲，而不具有任何增进效率的含义。公平和效率最终都是由市场过程所决定的，市场是完美的、理想的市场”[1]。

“利润最大化是企业的追求，效用最大化是个人的追求，社会利益最大化则是政府的追求”这一正统经济学的基本假设，是传统公共利益理论赖以存在的最基本依据，然而，该假设明显存在漏洞。现实中，政府并不是抽象的存在，而是由官僚集团等构成的实体，每个成员都有独立的利益，因此，政府并非完全是无私的、没有自己独立利益的“社会人”。以布坎南为代表的公共选择学派以上述假设为突破点，重新审视了政府的性质与作用，政府也追求某种特殊的部门利益而非所谓的公共利益。这一结论解释了当时已经大量出现的政府监管失败的现象，对公共利益理论之政府监管经济的公共利益动机提出了强有力的质疑。在公共选择学派的理论基础上，斯蒂格勒提出，管制并不是为公共利益服务的，而是利益集团为了增进其私人利益所寻求的，管制者是有自己私利的集团，政府是现实的政府，现实的政府总是难以避免寻租和腐败；规制过程中，由于立法者和规制机构也追求自身利益的最大化，因而某些特殊利益集团能通过“俘获”立法者和规制机构，而使其提供有利于被规制者的管制行为。斯蒂格勒在《规制者能规制什么》一文中提出了一个根本的问题：规制者能够规制什么？该文实证分析了电力供给部门的规制效率，证明了“规制可以改善社会福利与效率”“能够体现保护公共利益的目标”等传统观点的谬误，之所以如此，该文认为是因为单个公用企业并无长期垄断市场的力量，其要受到来自替代品生产者的竞争压力。这一解释对公共利益理论的立论前提“自然垄断领域中存在市场失灵”，提出了有力挑战。

利益集团理论从实证分析的角度使得“监管是为了且能够保护公共利益”的命题受到学术界的公开质疑。“过桥收费理论”、“铁三角理论”和“旋转门理论”进一步丰富和发展了利益集团理论[2]。贯穿这些理论的主线是：监管制度为少数人谋求利益，最终不过是少数利益集团获利的政治与经济交易的无效制度或低效制度，其中的管制者不再是公正的化身，而是有私利的集团，难以

---

[1] 前引曹啸、计小青文章，第 73 页。

[2] 关于该三种理论的具体内容，参见席涛．美国管制：从命令控制到成本收益分析［D］．北京：中国社会科学院研究生院，2003：6.

避免寻租和腐败，因此，政府管制并不能增进效率。

但是，该理论同样存在缺陷：首先，其以“市场会自发地实现资源的有效配置”为立论前提，而这样理想状态的万能市场在现实中是不存在的，正是由于市场与法庭被动执法无法解决市场失灵问题，才产生了政府监管，因此，该理论无法解释在建立之初备受被监管行业反对的监管的起源，更无法解释愈来愈多的维护处于劣势的消费者及雇工利益的社会性监管；其次，该理论无法解释政府监管的正面作用，在现实生活当中，越发达、富裕的国家，其监管制度越严格；最后，该理论无法解释现实中为什么同样的监管制度在同一国家的不同历史时期或在不同的国家所产生的效果会截然不同。正是由于利益集团理论存在以上诸多缺陷，“政府失灵”论从产生起就备受争议，美国著名学者孙斯坦提出，政府监管有多项功能，不仅在于解决市场失灵，其大部分目标具有非经济性的价值，利益集团理论恰恰不能对此作出解释❶。近年来，由始发于华尔街的金融危机等一系列破坏市场运行规则的事件所引发的讨论和关于金融监管制度的建设，使人们不得不承认政府监管在现代市场经济发展中的正面作用，没有政府的监管，市场无法有效运作。

作为传统的经济监管理论，公共利益理论强调政府干预经济的正当性，而利益集团理论则反对政府干预市场，二者在价值取向上根本对立。“在市场和政府对于一个国家长期经济增长的作用这个问题上，两种管制理论采取了非此即彼的极端观点，即市场和政府之间的关系是此消彼长和不可共存的”❷，这种对立的二分法的缺陷使二者都只能解释监管在某个国家的某个特定时期的作用和意义，却无法说明在某个国家的较长历史时期内出现监管或放松监管的交替过程的原因，既不能恰当说明政府监管对转轨国家所具有的重要意义，更不能为其如何在加强政府监管的同时避免监管带来的寻租和腐败行为提供可行的政策建议❸。

2. 公共强制理论

公共强制理论是美国的一些经济学家以社会控制论为基础，运用其所建立的比较经济制度的理论框架系统分析政府监管成因的理论，其较好地解释了监管为什么能长期被视为最合理的解决市场失灵问题之选择的原因。该理论提

---

❶ Sunstein Cass，After the Rights Revolution：Reconceiving the Regulatory State. Harvard University Press，1990.

❷ 前引曹啸、计小青文章，第 73 页。

❸ 同前注，第 74 页。

出，最优的制度设计必须在控制无序与专制这两个冲突目标之间进行权衡并做出选择，解决市场失灵问题的公共控制策略主要有私人诉讼、监管式的公共强制与计划经济（国有制）三种方案，其中，监管式的公共强制——政府监管，优于其他两种公共控制策略。

首先，政府监管比私人诉讼成本更低。同为解决市场问题的方法，私人诉讼所产生的社会成本高于政府监管的社会成本。从单个原告的角度看，其提起诉讼的成本可能大大高于其所受到的损害；而以公法为主导的政府监管，诉讼成本较低[1]。法律的执行有规模经济性，监管使政府能将个人的申诉汇集起来，对违法者施以赔偿性处罚；能预先防止不安全产品带来的危害，因此，政府监管比要等大量违法行为发生后才能提出的侵权赔偿诉讼的成本更低。其次，在防止无序方面，政府监管具有独到的优势。与法官不同，政府监管机构的官员拥有专业知识，在特定领域拥有追求社会公共利益的动力，因此，他们可能比无此特殊动力的法官更难以被利益集团所操纵[2]。第三，由政府全面控制的计划经济（国有制）存在固有的无法克服的弊端。人类已有的历史实践已经证明，由政府全面控制的计划经济（国有制），必然使企业产品的成本更高而且质量更低，政府再怎么聪明，也不可能准确预测生产技术和消费者品位的变化，不可能控制经济系统的各种不确定性。当然，政府监管存在着缺陷，但是其缺陷可以通过在这几种不同的公共控制策略之中维持一个合理的结构得以避免。

对出现市场失灵如何选择矫正机制，斯蒂格利茨认为，由于市场失灵现象在新兴与转轨国家更为普遍的存在，政府监管经济的力度要比富有国家更大[3]；施赖弗提出，只有私人秩序甚至法院都不能有效控制严重的无序状态的情况下，政府才有必要加以监管，交易参与者之间“武器对比”不平衡的情况越严重，政府监管的必要性越高[4]。

公共强制理论通过分析不同公共控制策略的特点，较有力地解释了监管产生的原因——与其他公共控制方式相比较所具有的优势，超越了纯粹的经济学分析框架。在该理论的指引下，发端于美国的政府监管制度为其经济的繁荣奠定了基础，其监管机构在其经济运行和社会发展中的作用逐渐增强，监管范围

---

[1] 前引丹尼尔·F. 史普博著作，第 33－34 页。

[2] ［美］安德烈·施莱弗．理解监管［J］比较，2002（6）．

[3] Stiglitz，George E. Wither Socialism［M］. Cambridge：MIT Press，1989.

[4] 前引安德烈·施莱弗文章。

也逐渐扩大。但是，公共强制理论毕竟属于规制经济学的范畴，其将法律作为一个常数，并未关注法律系统本身，该理论虽力图解释为什么合同法和侵权法不能成功解决市场失灵和外部性问题，但是并未深入法律系统内部去分析其中的根本原因。

3．法律不完备性理论

法律不完备性理论由卡塔琳娜·皮斯托教授与许成钢教授提出，其以法律的不完备为前提，通过研究剩余立法权在立法机关、法庭以及监管者之间达成最优分配的条件，证明了监管的必要性和优势及其生成原理。

该理论认为，市场秩序和规则要依赖于法律，在市场经济的发展中，法律及良好的执法制度具有决定性的作用。在法治社会下，立法是由立法机关完成的，法庭则是中立的、被动的执法机构。已有的关于是否需要监管者的理论都隐含了一个基本假设——法律是完备的，即对任何案件，法官都能按法律明确推断出何谓犯法、犯法将遭受何种惩罚[1]。但是，由于现实社会是不断变化的，立法者不可能预料将来要发生的全部事情，因此，任何法律都是不完备的。在此情况下，必须依靠法庭执法来解决问题，但是，法庭执法却可能产生阻吓不足或阻吓过度的结果，其皆会对市场经济产生不利影响。

当法律不完备时，为了改进执法效果，可引入主动的执法方式。法律不完备是因为人们的知识不完备，引入监管机构的主动式执法，由于执法者能在执法过程中获知立法者制定法律时并不完全知悉的情况，因而能改变执法效果。法庭的中立性决定了法庭不能成为主动执法者，因此需要有一个与法庭相分离的机构，这个机构即为“监管者”——政府。在有害事件发生前，法庭执法的被动性使其不可能有所作为，而主动式执法却可以主动采取措施，甚至直接要求停止某一行为以防止有害事件的发生。由于法律的不完备，需要分配给监管者剩余立法权，使其通过剩余立法权（“解释现有法律，适应环境变化，并把它扩大适用于新案例的权力”[2]）来理解法律的含义，从而实现法律对社会生活的规范作用，并借由执法功能强制性保证立法得到迅速实施。完善法律是监管者最基本的功能，由于法律本质性的不完备，正规立法的变化要求很高，而监管者制定的法规与立法机构的立法有许多差别，在适用时间上一般较短，适用范围也较窄，其折中了不完备的法律与复杂的现实之间的差异。当然，监管

[1] 前引许成钢文章，第 112 页。

[2] 前引卡塔琳娜·皮斯托、许成钢文章，第 113 页。

者的主动权力并非是无限的，而是具有相对性，其目的仅在于应对法律不完备可能会给社会带来的灾难。监管机构既制定规则又执行规则，兼备立法及执法权使监管者的立法活动能直接从其执法活动获得益处❶。

对出现市场失灵，如何选择矫正机制，法律不完备理论认为，若法律高度不完备，损害行为能被标准化，并且该行为的继续存在将导致大量负外部性，则监管机构优于法庭；否则，由法庭拥有的立法及执法权是最优的❷。监管的成本性决定了建立监管制度的条件，只有当法律特别不完备时或者有害行为足够大，大到人不得不支付监管加给其的成本时，才能建立监管制度。

法律不完备性理论主要用来解释执法制度，但其影响的不止是执法问题，还是分析许多基本社会制度的理论，其强调的是执法和立法之间的交互作用，并认为这是监管者关键性的作用。法律不完备性理论深入到法律系统内部，讨论了为什么需要监管和监管者这一本质问题——合同法和侵权法之所以不能解决市场失灵和外部性问题，是因为法律（立法）本身的不完备，而正是因为法律的不完备性，所以需要监管和监管者。

二、前述理论的主要启示

以上研究表明，从传统的经济学监管理论到公共强制理论，再到法律不完备性理论，三者之间的基本内核一致，在对政府监管正当性的论证上逐渐递进、完善并不断趋向精致化。以上各理论对处于转轨时期的中国的政府监管权力配置有重要的启示意义。

1. 传统经济监管理论的启示

公共利益理论告诉我们，市场不是万能的，市场失灵是必然出现的社会现象，因此，在市场失灵时，必须寻找市场机制的替代机制，以便对资源进行有效配置。政府权力机制是市场机制的替代机制之一，作为替代机制，其以维护公共利益为价值目标，通过政府监管提高资源配置效率。利益集团理论告诉我们，政府并非没有自己利益的集团，在监管经济的过程中，政府必然会因为追求自己的利益而损害公共利益，进行权力寻租和腐败，因此，必须加强对监管者的监管，加强对政府监管有效性的考察，避免政府监管失灵。

传统经济监管理论之市场与政府绝对对立的缺陷告诉我们，就促进国家经

❶ 同前注引文章，第 125 页。

❷ 同前注引文章，第 112 页。

济长期增长的作用而言，市场与政府并非此消彼长、不可共存的对立关系。在现实社会中，市场失灵与政府失灵都是客观的、必然存在的社会现象，既没有理想的市场，也没有理想的政府，应该合理搭配、协调运用市场机制与政府监管权力机制解决市场失灵问题。因此，对于转轨时期的中国而言，在配置政府监管权力时，应正确处理政府与市场之间的关系，既不能迷信市场，也不能迷信政府，而应协调二者之间的关系，交叉运用市场机制和政府权力机制以提高资源配置的效率。处理市场机制与政府权力机制的关系时，应遵循如下原则：能够通过市场机制解决的问题，应尽量由市场机制解决；只有在市场机制（包括法庭诉讼）不能有效解决时，才能运用政府权力机制加以应对，不能人为地扩大政府监管的范围，抑制市场的竞争活力。

2. 公共强制理论的启示

公共强制理论告诉我们，就解决市场失灵的替代机制而言，尽管有多种公共控制策略可供选择，但是，政府监管由于其固有的特点而具有其他公共控制策略所不可替代的优势，是市场失灵时替代市场机制最合理最有效的机制，因此，处在转轨时期的国家，应该重视政府监管制度的建设，努力朝监管型国家（政府）迈进。尽管在解决市场失灵问题时政府监管是最优的替代机制，但是监管本身也存在缺陷，因此，应当注重政府监管与其他公共控制策略相互之间的配合与平衡，从而使其缺陷得以弥补。在立法给定市场框架的前提下，私人诉讼和政府监管在解决市场失灵问题中都不可或缺，二者的权重则取决于该国的具体国情。

对处于转轨时期的中国而言，市场失灵的现象大量存在，市场无序的程度很高，私人秩序甚至法庭都不能加以有效的控制[1]，这些基本的国情使政府监管在我国不仅不可或缺，而且政府监管经济的力度应重于西方发达国家。因此，为了使我国顺利由计划经济体制朝市场经济体制成功转轨，我们必须清楚地认识到我国给政府配置监管权力的重要性。

3. 法律不完备性理论的启示

法律不完备理论告诉我们，由于合同法、侵权法等传统法律本身的不完备，无法成功解决市场失灵问题，因此，形成并发展能够回应复杂经济现实的需要、更具灵活性、以追求实质正义为核心的现代法律如经济法，是当今人类

[1] 如中国近些年来波及全国的危害食品、药品安全的案件的不断发生，本书第一章所引的电网企业“三指定”行为的普遍存在，既表明了市场失灵现象的普遍性，也反映了私人秩序及法庭控制这些现象的无效性。

社会应对传统法律之有限性的必然选择。选择具有主动性、灵活性、相机性特点的主动执法方式——政府监管替代被动的法庭执法方式，正是应对法律不完备客观现象的最有效的手段之一。法律不完备性理论对政府监管制度的建构主要有如下的启示：

首先，政府的监管权与法庭的司法权除存在主动性与被动性的差异外，二者更具同质性的特征，即政府监管权具有准司法性特征，包括独立性、专业性等，因此，合理的政府监管权力的配置，应该也必然会充分体现、保障政府监管权的这些准司法性特征。尽管政府主动监管是法庭被动执法的替代方式，但是政府监管权毕竟属于行政权，其必然要受到司法权的制约。因此，在配置给政府监管权力的同时，必然包含着针对政府监管行为的司法救济。

其次，政府监管的成本性意味着在有些情况下，即使法律不完备，也并不必然需要给政府配置监管权力，只有当法律不完备，并且人们愿意承担监管成本时，才能给政府配置监管权力。因此，政府监管的对象必然具备相当的重要性，损害监管对象所产生的结果对全社会的危害必然非常巨大，为了避免该危害的出现，人们才有可能不得不承担对该对象设立政府监管而产生的成本，只有在这样的情况下，才能够通过立法给政府配置监管权力。

最后，私人诉讼和政府监管在解决市场失灵问题中都不可或缺，二者的权重取决于具体争端的特点。因此，在给政府配置某种监管权力之前，应当先弄清被监管对象所属领域中法律不完备的程度及性质、对致害行为进行标准化的可能性与该行为产生的预期损害的负外部性的大小。只有调整被监管对象领域的法律高度不完备，致害行为能被标准化，并且该行为的继续存在将导致大量负外部性的前提下，建立政府监管制度才是最好的选择。

三、电力监管权力配置的正当性基础条件的内容

以前述经济学界关于政府监管之存在具有正当性的理论为线索，结合电力产业所具有的客观的经济与技术特征，笔者认为，要给政府配置电力监管权力，应当建立在以下四个条件成立的基础上，任何一个条件存在瑕疵，都将降低电力监管权力配置的正当度。

1.“电力行业存在市场失灵”

作为市场机制的必然产物，市场失灵的出现和存在，为运用政府监管权力机制代替市场机制配置资源提供了客观上的可能性。电力产业自身所具有的经

济与技术特征决定了电力行业市场失灵之存在的必然性，而“电力行业存在市场失灵”，是电力监管权力配置具有正当性必须满足的逻辑条件。电力行业所存在的市场失灵问题，主要表现为输电与配电领域的自然垄断特征、整个电力产业的负外部性特征及与社会公正有关的市场失灵问题。

在一定的范围内，电网企业的平均成本随产量的增加而降低，在市场需求规模不变的情况下，单个电网企业能以更低的成本为市场供应电力。“任何一个地区只有一套输电线路为之服务才是最经济的，由于占地与市容的原因，一条街道，一条公路上，只允许架设一套线路，才是最具有规模效应的”[1]。因此，任由市场机制自由配置电力行业的资源而不加限制，会使过多的企业进入电力行业，而过多企业的进入状态不仅会因基础设施的重复投资导致社会资源的浪费，而且会使每家企业不能充分利用其网络系统而效率低下。为了避免自由竞争带来的这些弊端，提高效率，电力行业在历史上一直被各国视为传统的自然垄断行业而被排除在自由竞争行业之外，实行合法的垄断经营模式，即使按照经济学新的自然垄断标准，电力行业的输、配电环节仍具有自然垄断的典型特征。实行合法垄断经营的自然垄断领域，由于只有单一的经营主体，不存在真正的竞争市场，垄断企业的定价等行为不会受到市场的约束，如果没有以政府为代表的市场外部力量的控制和约束，为了攫取更多的利润，垄断企业必然会滥用其垄断地位，通过抬高价格等不合理方式损害相对方的利益，其所确定的产品与服务的价格无法反映该产品与服务的真正价值，势必降低资源配置的有效性。因此，在承认自然垄断领域中垄断经营模式的合法性的同时，必须通过以政府为代表的市场外部力量的控制和约束，才能实现电力行业资源的有效配置。

电力产业是最基础的公用事业之一，但是，电力产业通过燃烧把煤等一次能源转化为电能，而煤等不仅属于不可再生的公共资源，而且在燃烧过程中必然会污染环境；利用核能发电，对环境也存在潜在的威胁；利用水力发电，必须依赖于江河水流，江河水流同样属于公共资源。电力行业在整个生产、输送电能的过程中，必然伴随巨大的负外部效应的产生，在自由的市场机制下，受追求利润最大化目标的驱使，如果不加约束，电力企业最好的选择必然是不处理这些负外部效应，并掠夺式使用其作为能源的煤、江河水流等公共资源。因此，只有配置给以政府为代表的外在力量

---

[1] ［美］萨利·亨特．电力市场竞争［M］．北京：中信出版社，2004（185）．

的干预权力，才能为电力行业产生减少环境污染等负外部效应、适度使用公共资源提供动力。

电力市场主要的交易双方主体——供电企业与广大用户之间，谈判力量完全不对等，二者的经济实力无法相提并论，电能对用户的不可替代性，使用户在谈判中始终处于劣势，电力产业的专业性使用户不可能掌握与供电人相对称的关于电能的价格等方面的基本信息，二者无法就电能的价格等问题进行平等谈判；用于发电的公共资源稀少、有限，必须合理分配才能提升资源使用的效率。因此，电能对社会成员所具有的公用性和不可替代性，使政府在保障社会成员有电可用的问题上，应当扮演“守护人”的角色。只有配置给政府监管电力行业的权力，才能促使电力行业公开其关于电能价格等的基本信息，确保在电力用户与电力企业之间实现社会公正，保障社会成员能够有电可用、有电能用。

总之，电力行业以上市场失灵现象的客观存在表明，仅仅依赖市场机制，并不能有效地配置电力行业的资源，实现社会公正，因此，在电力行业，必须使用市场机制的替代机制。电力行业市场失灵现象的客观存在，为电力行业选择政府监管权力机制替代市场机制以实现有效配置资源之目的，提供了客观上的必要条件。

2.“电力监管应该以维护公共利益为目的”

“以维护公共利益为目的”，是政府对电力行业进行特殊监管在道德上必须满足的社会性条件。依据公共利益理论，在市场失灵时，以政府权力机制作为市场机制的替代机制时，应该以维护公共利益为目的，通过政府监管实现对市场失灵领域资源的有效配置。依据利益集团理论，政府并非总是公共利益的代言人，政府是有自己利益的集团，在监管中，政府会因为追求自己的利益而损害公共利益。当政府在监管的过程中为追求自己的利益而损害公共利益时，其监管即构成政府失灵，不具有存在的正当性。政府失灵论的提出以及政府失灵现象在各监管国家普遍存在的事实，虽否认了政府会当然地以维护公共利益为监管目的，但并不能否认政府监管应该以维护公共利益为目的。只有将政府监管的目的限定为维护公共利益，才能使非以公共利益为目的的政府监管（政府失灵）因不具备道德上的正当性条件而被否定。因此，利益集团理论从否定的立场为正当的政府监管提出了一个必要的道德限制，只有以维护公共利益为目的的电力监管，才具有实质的合理性，任何非以公共利益为目的的监管，都是非正当的监管。

政府失灵[1]指“由于行为能力和其他客观因素制约，政府干预经济没有达到预定目标，未能有效克服市场失灵，阻碍和限制了市场功能的正常发挥，从而导致经济关系扭曲、市场缺陷和混乱加重，以致社会资源最优配置难以实现；或虽然达到预定目标，但效率低下、成本过高或带来未曾预料到的副作用”[2]。导致政府失灵的原因是多方面的[3]，电力监管中，同样存在着政府失灵的情形。斯蒂格勒对 1912 年到 1937 年间美国电力部门的价格监管效果的实证研究表明，就监管对电费的平均水平、用电结构或股东权益而言，“未能发现规制对电力公用事业有任何显著效果”“规制仅有微小的导致价格下降的效应，并不像公共利益理论所宣称的那样对价格具有较大的下降作用”[4]。该研究结论被认为是对政府监管电力行业失灵的典型证据。

但是，政府监管电力行业的功能具有多重性，不仅包括斯蒂格勒所实证分析的电力价格，而且包括为公共利益而进行水力等发电资源的再分配；实现全体公民安全、充足用电的期望；通过保护弱势方——消费者群体的利益，保障偏远、不发达地区用电的权利从而减少社会等级差距，使社会的发展能够相对均衡化；通过事前规划保护环境和资源，防止对下一代造成不可挽回的损害性结果等目标。因此，不能因为“规制仅有微小的导致价格下降的效应”，就否认政府监管电力行业的正当性，没有政府以公共利益为目的对电力行业进行监管，这些非经济性的价值目标就无法实现。当然，任何非以公共利益为目的的电力监管，都构成电力监管的政府失灵，都属于非正当的电力监管。

3.“电力监管优于其他应对市场失灵的公共控制策略”

在电力行业市场失灵的情况下，即使以公共利益为目的，也并不意味着政府必然应该对电力行业进行特殊监管，因为人类应对市场失灵，有多种公共控制策略可供选择，如立法控制、法庭诉讼、政府监管、国家所有制、自律监管

[1] 政府失灵理论的主要内容，参见张建东、高建奕．西方政府失灵理论综述［J］．云南行政学院学报，2006（5）：82.

[2] 西方有关政府失灵的研究主要是由公共选择和公共政策学者做出的，我国学界对政府失灵的概念在表述上虽有差异，但是，对政府失灵概念的理解基本上是一致的。参见蔡声霞．政府经济学［M］．天津：南开大学出版社，2009（75）.

[3] 如有西方学者认为政府失灵的根源在于直接民主制、代议制政府、官僚主义供给及分权制度所固有的问题（参见戴维·L. 韦默，艾丹·R. 维宁．政策分析———理论与实践［M］．戴星翼，等译．上海：上海译文出版社，2003：180－181）；而萨缪尔森、斯蒂格利及公共选择学派则各自从不同的立场提出了关于政府失灵原因的理论，这些理论的主要内容参见前引张建东、高建奕文章，第 82 页。

[4] 前引杨凤文章，第 80 页。

等。依据公共强制理论，人们之所以选择了政府监管作为应对某领域市场失灵的公共控制策略，是因为这种策略优于其他应对方式，因此，“作为应对市场失灵的方式，电力监管优于其他公共控制策略”是选择政府对电力行业进行特殊监管应该满足的第二个逻辑条件。换言之，同为应对电力行业市场失灵的方式，如果其他公共控制策略优于电力监管，即使在电力行业有市场失灵，电力监管以维护公共利益为目的的条件下，电力监管的存在也不具有实质上的合理性。

其一，立法控制等其他四种应对市场失灵之公共控制策略的局限性

首先，立法机关的立法控制不足以应对电力行业复杂的现实需要。“自由市场的存在依赖于其在法律上的存在”[1]，即合同法、侵权法的控制，是市场经济国家规范市场运行、防范市场失灵的基本手段，其在交易较为简单的市场经济初期，能有效地应对社会现实的需要。但是，随着社会分工的不断细化和交易的不断复杂化，立法控制已经越来越无法满足复杂现实的需要。电力行业从产生即具有鲜明的自然垄断性与专业技术性，通过立法机关的立法控制来监管电力行业存在以下弊端。

(1) 传统的合同法与侵权法，无法满足规范具有自然垄断属性的电力行业的需要。作为形成和维护市场的基础法律，传统的合同法、侵权法建立在自由、平等的基础上，鼓励自由竞争，而垄断是自由竞争的反面，通过全面改造合同法、侵权法来规制垄断，必将动摇这些法律赖以存在的根基。

(2) 法律的稳定性加上立法程序的烦琐性，使立法机关无法适应不断调整的电力行业监管实践的立法需求。

(3) 立法机关承担具体立法任务的人员存在电力行业专业性知识的欠缺，所立之法不能满足监管电力行业的专业性、技术性要求。如果完全通过立法机关对电力行业进行立法控制，则必然会导致无法可依，无法处理某些有害行为的尴尬，也就无法实现法律对有害行为的阻吓作用。因此，立法机关只能进行原则性的立法，只有将执行这些原则性的立法的剩余立法权授予给一个有效的执法机构——电力监管机构，才能更好地应对电力行业的市场失灵。

其次，通过法庭诉讼策略控制电力行业，存在着弊端。以科斯为代表的传统自由主义理论认为，在竞争和私人秩序不能成功解决市场失灵的少数情况

---

[1] ［美］凯斯·R. 孙斯坦. 自由市场与社会正义［M］. 金朝武，等译，北京：中国政法大学出版社，2002：4.

下，可以由公正的法院来强制执行合同和法律，制止侵权行为❶。法庭诉讼因法庭的中立性而具有许多优点，但是，通过法庭诉讼应对市场失灵，却存在多方面的影响效果的因素❷。采用法庭诉讼策略解决电力行业市场失灵问题，存在以下弊端。

(1) 法庭诉讼不能有效防止和制裁电网企业的侵权行为，无法持续维护市场秩序。以现实中常见的电网企业滥用垄断地位，损害消费者利益的现象为例，法庭执法的被动性意味着没有消费者的起诉就没有法庭的介入，作为受害方的分散的消费者，分别对侵权人提起诉讼效率低下；许多消费者往往会在衡量诉讼成本（经济利益、个人精力）与因诉讼获偿的产出后，放弃起诉而接受不公平的条件；单个原告"搭便车"的心理可能导致集团诉讼的无法提出。这些情形显然不利于防止和制裁电网企业的侵权行为。此外，法庭诉讼的事后性解决机制意味着法庭无法预先禁止或防范电网企业正在发生的侵害行为及损害后果。

(2) 法庭个案式纠纷解决机制不能形成持续的力量来应对电力行业的市场失灵问题。如中国电网企业"三指定"现象，该现象不仅可能直接影响交易相对人（用电方）的利益，而且必然损害其他未被指定的竞争者的利益，严重破坏市场自由竞争的秩序。即使某个受电工程的用户将电网企业的"指定行为"起诉到了法庭，法庭受理并解决了该个案❸，也不能消除电网企业"三指定"行为给市场自由竞争秩序带来的负面影响，不能形成持续、系统的法律规范来应对市场失灵问题。

(3) 法官的知识结构无法适应市场监管所需要的专业性。为了应对不同行业的市场失灵，要求执法者不仅应具备一定的法学修养，更应该具备所对应行业的专业知识。电力行业具有鲜明的专业技术性特征，不具备一定的电力行业的专业性知识，就无法胜任对该行业的监管工作，因此，法官单一的法学知识结构无法满足有效监管电力行业的现实需要。

再次，采用国家所有制应对电力行业的市场失灵，存在着效率低下、权力腐败的弊端。电力行业实行国家所有制，作为国有电力企业的投资者，要实现

---

❶ Coase Ronald. The Problem of Social Cost [J]. Journal of Law and Economics, 1960: 1-44.

❷ 前引马英娟《政府监管的正当性分析》，第45页。

❸ 由于电网企业"三指定"行为并不必然会造成对交易的直接相对人——用户的损害后果，用户很可能不会向法庭起诉，法庭也就对电网企业具有明显违法性的"三指定"行为就更加无能为力了。

其政策目标，政府不需要对其进行行业监管或者反垄断等外部干预，只需直接通过对电力公司的内部控制即可，这必然导致国有电力企业的低效率和政府权力的滥用。

中外历史上国有电力企业效率低下的经营纪录，是电力行业国家所有制局限性的最好证明。中国在 20 世纪 80 年代以前，电力企业完全属于国有企业，整个电力行业效率低下，电力供应严重不足，电力的匮乏（“电荒”）成为当时制约经济发展的瓶颈；英国“二战”后电力行业国有化的经历也证明了国家所有制带来的低效率与权力腐败。正是为了革除这些弊端，在 20 世纪 80 年代才开启了以英国为代表的市场经济国家对电力行业的民营化改革，以中国为代表的非市场经济国家对电力行业的市场化改革。因此，国家所有制并不能带来电力行业的高效率，非到万不得已，不能采用国家所有制的形式应对电力行业的市场失灵问题。

最后，电力行业的自律监管存在着局限性。虽然在有些领域，自律监管相对于政府监管有不少优势[1]，但是，自律监管因其属于自身行业内部的监管，存在着无法克服的局限：电力行业自律组织是由电力企业组成的，代表强大的电力企业利益集团的意志是其固有的角色定位，这种角色定位使其无法站在弱势的消费者的立场，充分代表消费者的利益，使其放弃企业的赢利而保护公共利益的可能性几乎为零，而对电价的监管要求监管者站在保护公共利益的立场。电力行业自律监管存在的诸多局限，决定了其不能取代强有力的政府监管。

其二，政府监管作为解决电力行业市场失灵问题之主要方式的优势

鉴于前述几种公共控制策略皆有局限，人们不得不寻求更加适宜的方式，政府监管成为各主要国家的首选。在解决电力行业市场失灵问题上，政府监管有如下优势：

(1) 政府监管权力的专业性特征，弥补了立法控制与法庭诉讼的专业性不足的缺陷。政府监管机构由具有电力行业之专业知识的专家组成，拥有对电力行业进行监管的知识和信息。作为专家的电力行业监管人员，所制定的操作性、过渡性的细则更能满足监管电力行业的专业性、技术性要求，更有能力发现电力行业被监管者的有害行为并采取相应措施解决和矫正电力行业的市场失灵问题。此外，还有人提出，在有些情况下，高级法官将大量时间用来处理专

[1] 前引马英娟《政府监管的正当性分析》，第 47 页。

门的技术问题，并不可取[1]。

（2）政府监管权力的主动性特征，弥补了法庭诉讼不能有效防止有害行为发生的缺陷，弥补了法庭个案判决的持续性不足与立法机构立法灵活性不足的缺陷，有利于持续、灵活、有针对性地维护市场秩序。主动性特征使政府监管能够建立事先的预防机制，通过事先制定的规则和标准有效地防止损害行为的发生，并快速、有效地惩罚正在进行的损害，弥补了法庭诉讼依靠个案判决[2]无法持续维护市场秩序的缺陷。政府监管机构还可以根据执法过程中观察到的社会经济或技术的变革对所立之法进行及时、灵活地修改，弥补了立法机关立法程序复杂、无法及时针对社会现实的快速变化修改立法的不足。同时，监管机构既是规则制定者，又是执行者，近水楼台先得月的优势，使监管机构所立之法比立法机构所立之法更具有针对性。

同样以我国电网企业“三指定”案件为例，即使没有消费者的申诉，电力行业监管机构也可以主动采取措施，主动制定规则和标准约束电网企业的行为，采取措施主动监管电网企业的各种行为并禁止或惩罚其有害行为，而不必像法庭诉讼那样必须等待损害实际发生后再加以救济。电监会通过主动制定一系列规则和标准，约束电网企业的行为，禁止电网企业的“三指定”行为，主动采取措施调查并惩罚已经发生的“三指定”行为，预防了“三指定”行为的继续发生乃至蔓延，有效地制裁了已经发生的“三指定”行为，保护了用户的合法权益。同时，随着这些规则和标准的普遍施行，市场自由竞争的秩序必能得到持续性的维护，其他未被指定的竞争者的合法权益必能受到长期的维护。

（3）政府监管电力行业的效率，高于通过法庭诉讼解决电力行业市场失灵问题的效率。电力产业的公用性特征决定了电力行业相对人数量大、分布较分散，这意味着电力企业对相对人的侵害虽是同质性的，却又总是大量的、分散的，诉讼法对原告资格的限定意味着只有具有原告资格的人才有资格提起诉讼，他人未经授权不得提起诉讼，虽有集团诉讼，但是部分原告“搭便车”的心理可能导致集团诉讼的无法提出。这些客观存在的状况意味着这些分别被电力企业侵害的大量用户常常需要分别对电力企业提起诉讼，而法院也必须分别

[1] Baldwin，Robert and Christopher，Mc .rudden. Regulation and Public Law. London：George Weidenfeld and Nicolson Ltd，1987：54.

[2] 在判例法系国家，法院的个案判决可以成为有约束力的新立法，从而起到一定的应对法律不完备的作用，但是，在法典法系国家，由于个案判决没有拘束力，因此，法庭应对法律不完备的手段就更为匮乏。

进行庭审调查、判决。这不仅要花费每个提起诉讼的消费者大量的成本，而且逐一解决大量的同质性问题的方式，也使法庭诉讼的效率十分低下。

在这种受害人量大并且分散的情况下，采用政府监管比采用法庭诉讼，对违法行为的防治更有效率。仍以中国电网企业“三指定”案件为例，作为实际的或潜在的受害者的代表，电力监管机构能够汇集个体的申诉并依据个体的申诉，对违法者进行惩罚，与法庭诉讼个案式的应对方式相比，其在防范和治理“三指定”之类的违法行为上因为规模经济性显然更有效率。由于电力行业监管部门事先已经主动制定了规则和标准约束电网企业的行为，其能够预先防止电网企业再出现新的“三指定”行为带来的危害；而法庭诉讼的事后性特征决定了只有等待“三指定”违法行为发生后，通过损害诉讼进行处理。二者相比，显然前者的成本更低。

(4) 政府电力监管的特殊制度安排，保证了监管机构不易被违法者所捕获。政府监管权力的独立性特征，要求政府监管电力行业的监管机构必须具有独立性，即监管机构独立于政府其他行政部门，独立于被监管对象，监管机构内部的职能分离。政府监管权力的专业性特征，要求电力行业的监管人员不仅是法律专家，同时更应是电力领域的专家。因此，政府电力行业监管机构属于由相关领域之专家组成的专业性机构，独立于政府的政策部门和被监管的对象，专司监管职能，能够避免监管过程中的政治压力。由于政府监管机构同时享有立法权、执法权和司法权，为了避免监管机构滥用权力，各国都通过法律确定电力监管权力的民主决策机制和运行程序控制监管权力的运行，如对专业电力监管机构多采用委员会制形式，适用公开、透明的决策程序、监管影响评估程序等审慎性民主程序，这些特殊的控制性制度使得政府监管相对于法庭诉讼更不易被违法者捕获。

4.“人们不得不承担政府监管电力行业的成本”

依据法律不完备理论，监管具有成本性，这决定了建立监管制度的条件之一是“有害行为足够大，大到使得人愿意支付监管加给其的成本时”[1]。电力行业的重要地位和电力行业组织上的统一性特征，决定了人们不得不支付政府监管电力行业所产生的成本，“人们不得不支付政府监管电力行业的成本”是选择政府特殊监管电力行业的第三个逻辑条件。换言之，即使在电力行业有市场失灵，电力监管以维护公共利益为目的并优于其他应对市场失灵之方式的条

---

[1] 前引许成钢文章，第112页。

件下，如果人们不愿支付因此产生的成本，电力监管的存在也不具有实质的合理性。

“有害行为”之“有害”可以理解为某行为对某行业的直接危害及其导致的对整个社会的间接危害，对某行业的直接危害而导致的对整个社会的间接危害是否足够大，取决于该行业本身的经济技术特征及该行业在整个社会中所处的地位。

首先，电力行业的重要地位，决定了人们不得不为政府监管该行业支付必要的成本。电力产业的公用性与不可替代性特征决定了电力行业在整个社会中的重要地位。电力产品关涉到每一个社会成员的日常生活，电力行业在整个国民经济的稳定运行与健康发展中具有不可替代的基础性地位，任何对电力行业的直接危害，都必将对社会成员的生活与工作造成巨大的危害，为了防止这种危害的出现，人们不得不为政府监管电力行业支付必要的成本。

其次，电力行业组织上的统一性特征，也使人们不得不支付对该行业的监管成本。电力产业发电、输电、配电、供电四环节的统一性以及由电力系统的连续平衡性与负荷相差性之间矛盾引起的电力产业脆弱性，决定了电力行业只有在组织上保持统一性，才能最有效地保持电力行业整体的稳定和效率。但是，依赖市场机制组织的电力行业，其市场主体必然是多元化的，多元化的市场主体几乎无法实现电力行业在组织上的统一性要求。如果没有统一的政府监管权力机制的介入，势必导致电力行业处于混乱无序的状态，这种状态是任何理性的社会成员都无法接受的现实。因此，为了实现电力行业基本技术特征所要求的组织上的统一性，人们不得不支付政府统一监管电力行业的成本。

最后，电力行业侵权行为易于标准化、电力行业侵权行为导致的损害结果具有很大的负外部性等特点，也为人们认同电力监管所产生的成本提供了客观上的依据。

第二节　电力监管权力配置的价值目标

前述关于电力监管权力配置的正当性基础的研究，从电力监管权力配置的逻辑起点，探寻了给政府配置电力监管权力的原因，接下来需要解决的问题是：给政府配置电力监管权力的目的——价值目标，应该是什么？做某事的价

值目标决定了应该怎样做某事，配置电力监管权力的价值目标，决定了应该怎样配置电力监管权力。因此，电力监管权力配置的价值目标，将从配置电力监管权力的逻辑终点，寻找“应该怎样配置”这一理论问题的答案。一方面，正当的电力监管权力赖以存在的基础条件，限定了配置电力监管权力应追求的价值目标，从而决定了配置电力监管权力的法律制度应该遵循的内在理念；另一方面，所确立的电力监管权力应追求的价值目标，将成为配置电力监管权力的法律制度的内在理念的直接表达，从而直接回答“应该怎样配置”这一基本理论问题。

配置电力监管权力所应追求的价值目标，也就是配置电力监管权力之法律制度的价值目标。法律价值[1]的内容有多种，不同的学者对其有不同的归纳，如有人认为法律具有“正义、人权、幸福和秩序”四种价值[2]。虽然不同部门法所追求的价值因其法律本位不同而各有差异，但是，对于公平与效率构成法律价值的内容，学界并无争议[3]。经济法学界研究经济法价值的成果较多[4]。以反垄断法为例，从历史的角度看，公平价值在反垄断法中的重要地位似乎是确定无疑的，但自芝加哥学派走上历史舞台后，公平价值的地位受到挑战，伯克、波斯纳等学者提出，反托拉斯法（反垄断法）的主要目标是通过提高配置效率以增进消费者福利或经济学意义上的效率[5]。这种观点受到了中国经济法学界的反对[6]，有学者提出，“在现代反垄断法中，实质公平可以填补配置效率价值功能的不足，配置效率辅之以实质公平，可以保证在两价值目标的互动与适当张力中实现市场机制和政府规制、经济目标和社会目标的平衡与和谐发展。”[7]

法学界尚无专门研究特殊监管法之价值方面的成果，有少量成果在研究中

---

[1] 关于法律价值的概念，参见付子堂．法理学进阶［M］．北京：法律出版社，2010：68.

[2] 详细内容参见前注引书中的《法律价值论》，第 68－70 页。

[3] 强世功．法理学视野中的公平与效率［J］．中国法学，1994（4）：46 页．

[4] 万光侠，韩慧．效率与公平：市场经济的法律价值分析［J］．河北大学学报（哲学社会科学版，2000（10）：45.

[5] 具体论述参见 Bork Robert H. Legislative Intent and the Policy of Sherman Act［J］. Journal of Law and Economics. Vo. l9. Oct，1966，PP. 7，16.；［美］理查德·A. 波斯纳；反托拉斯法［M］．孙秋宁，译，北京：中国政法大学出版社，2003：2、32.

[6] 相关文章如：饶琴、李志明．论社会公平是经济法的核心价值——以反垄断法为视角［J］．法制与社会，2008（3）：47；陈慧．反垄断法视角下的公平与效率——对《反垄断法》立法目的的思考［J］．高等函授学报（哲学社会科学版），2008（6）：12.

[7] 叶卫平．论反垄断法上的公平价值［J］．北方法学，2007（4）：90.

涉及了电力监管的价值，如有人介绍了西方国家电力监管立法的价值❶；有人对我国电力监管的价值进行了总结，提出电力监管的价值目标是“实现电力市场良性运行，保障电力系统安全稳定运行”❷；还有人提出，电力监管有四个目标：确保行业持续、稳定发展，提高行业投资和调度效率，促进全国统一电力市场建设，以及保证公平等社会目标的实现❸。那么，电力监管的价值目标，到底有哪些呢？

一、电力监管权力配置之价值目标的内容

能否将某种价值确定为某种法律制度的价值目标，在逻辑上应该符合两个基本条件：一是将这种价值确定为该种法律制度的价值，应该有先于这种法律制度之存在的事实根据；二是如果这种法律制度已经存在，那么所确定的这种价值应该已经对该种法律制度产生了全面的影响，贯穿该种法律制度始终。以此为标准，本书认为，效率和公平能够被确定为电力监管权力配置的价值目标，即任何电力监管权力的配置，都必须以实现效率和公平为运行该权力的终极性价值目标。当然，以效率和公平为电力监管权力配置的终极性价值目标，并不否认现实中某种具体的电力监管权力可能有某种特殊的监管目标，但是这些特殊的监管目标最终都必须有助于效率和公平价值目标的实现而不是相反。本章将只论证将效率和公平作为电力监管权力配置之价值目标的事实根据，关于效率和公平价值对已有的电力监管权力配置制度所产生的全面影响，参见下一章中的相关论述。

电力产品的公用性和不可替代性决定了保障社会成员“有电能用”是政府的义务，而电力产业市场失灵现象的客观存在，决定了仅依赖市场机制无法实现“有电能用”，因此，政府必须依赖电力监管权力有效配置电力行业的资源，才能实现“有电可供”，从而保障社会成员“有电能用”。可见，电力监管权力配置最根本的意义在于使政府能够通过运行电力监管权力实现其保障社会成员“有电能用”的义务。从逻辑上看，体现效率价值的“有电可供”，是体现公平价值的“有电能用”的基础，无电可供，则无电可用，当

---

❶ 电力监管权力配置制度是电力监管制度的核心内容，电力监管制度的价值亦构成电力监管权力配置的价值。关于西方国家电力监管立法的价值参见丁永怀．略论西方国家电力监管立法及其借鉴意义［J］．淮海工学院学报（社会科学版），2005（2）：22.

❷ 周峰．我国电力监管制度研究［D］．重庆大学，2011：5－6.

❸ 李虹．基础设施产业监管理论研究：以电力行业为例［J］．工业技术经济，2004（12）：22.

然就谈不上"有电能用";同时,在"有电可供"的前提下,若因电价太高而使社会成员"有电不能用",那么,政府就未能完成其应该履行的义务,电力监管权力配置也就失去了存在的意义。因此,电力监管权力配置应在确保供电方"有电可供"(效率价值目标)的基础上,最终确保社会成员"有电能用"(公平价值目标)。

依据公共利益理论,维护公共利益是政府监管的价值目标。所谓公共利益,"具体到政府监管领域,大致可细化为两个方面的价值:提高市场效率和维护社会公正"❶。在基本认可这种观点的同时,本书认为,将"公共利益"细化为"提高效率、维护公平"更为恰当,"效率"包括了"市场效率"但绝不限于"市场效率",而"公平"也并不完全等于"公正"。

1. 效率的含义

效率是经济学研究的中心问题,指投入与产出或成本与收益之间的对比关系,意味着不浪费。资源的稀缺性和机会成本的客观存在,决定了人类必然要努力追求资源配置的效率,并将其作为行为选择的标准之一。效率是基本的价值范畴❷,不仅反映了人与自然、人与人、个人与社会的关系,而且体现了人类的理智特征,包含着人类处理矛盾的原则,是一个重要的美德,没有效率的社会绝非理想的社会。

法的效率价值即法能使社会或人们以较少或较小的投入获得较多或较大的产出,以满足人们对效率的需要意义。波斯纳说:"从最近的法经济学研究中获得的一个重要发现是,法本身——它的规范、程序和制度——极大地注重于促进经济效益"❸。"法律对市场效率的意义体现在三个方面:一是法律确认并规范政府职责,防止政府行为的缺位、超位以及借行政权力的寻租行为;二是通过立法确认对电力市场产权、竞争秩序、价格等的保护,通过执法调整市场垄断、商业贿赂等不正当竞争行为,同时通过司法活动打击破坏市场经济秩序的犯罪行为;三是为市场成员利益提供保障和救济,以强制性手段重新调整市场结果"❹。法的效率价值可分为经济效率价值和社会效率价值,从长远的整体的角度看,二者不存在矛盾,任何一个方面的增加都是效率价值的成果;从

❶ 马英娟.走向社会公正的制度创新——政府监管制度的法理学分析[J].上海师范大学学报(哲学社会科学版),2007(11):65.

❷ 谢鹏程.基本法律价值[M].济南:山东人民出版社,2000:137.

❸ [美]波斯纳.法律的经济分析[M].北京:中国大百科全书出版社,1977:517.

❹ 王威.电力市场效率理论及其评价方法[J].电网技术,2009(14):67.

短期的、局部的角度看，二者可能存在着矛盾，此时，既不能完全忽视经济效率，也不能否定社会效率。法的效率价值还可分为资源利用上的效率价值与资源分配上的效率价值❶。

2. 公平的含义

对于何谓公平，基于不同的价值观与认识论，不同的学者有不同的看法。在古汉语中，《辞源》对公平的解释是"不偏袒"，如《战国策》"商君治秦，法令至行，公平无私"❷；在英语中，公平（fairness）与公正（justice）是相对而言的，前者重在强调公平的尺度，后者虽包括了公平尺度的意思，但是强调公正、正义的价值取向。有人主张，公平在法律上指法律的合理、正当适用，在法学上指对有关赋予当事人权益的法律事件或争议所作的处理具有持久性❸；还有人主张，真正的公平，应该是一种愿意且能够在需求稀缺商品或对稀缺商品的分配过程中，放弃个人偏好的行为，并且应该制定出一套对于每个牵涉人员都恰当的理论❹；此外，还有人对公平与公正、平等概念进行了专门的辨析❺。从这些争论及辨析可以看出，人们对公平的部分内涵和外延的理解是基本一致的。

就字面而言，公平即公正与平等，意指人类（同时代的社会成员或代际之间的社会成员）的公平或平等，通常应用于收入和其他生活机会方面的分配。

公平意味着平等。平等是指人们在社会、政治、经济、法律等方面享有相等待遇。公平侧重在解决利益的分配问题以及对这种分配的评价和认同，平等不仅包括利益分配的合理化，而且也关注人的社会地位和人的尊严。平等是人权价值的主要体现，因而，公平价值也同时意味着对人权的关注。

公平意味着公正。公正是指在一定社会范围内通过对社会角色的公平合理分配使每一个成员得其所应得。公平着重在利益的调控，公正包括了平等、自由和社会合作几个方面内容；公平重在"同一标准"，强调客观性，带有价值中立的态度，具有较强的工具性，而公正主要强调价值取向的正当性，其一方面重视事情现有的状况、结果是否符合公正的要求或规则，另一方面还必须重

---

❶ 关于法的效率价值的概念及分类，参见吴薇［J］．论法的效率价值［D］．成都：西南交通大学，2005：6－8.

❷ 许曦．和谐社会中公平价值的法律内涵［J］．科教导研，2011（1）：100.

❸ 洋龙．平等与公平、正义、公正之比较［J］．文史哲，2004（4）：145.

❹ 梁捷．寻求一致的公平理论［D］．上海复旦大学，2010：15.

❺ 有关的研究成果如吴忠民．关于公正、公平、平等的差异之辨析［J/OL］．［2005－12－16］．http：//opinion. people. com. cn/GB/8213/56588/56589/3949611. html。

视造成、产生这种现状、结果的程序公平性问题。

公平意味着正义。正义是指在一定的历史条件下和一定的社会关系中，以正当的方式给予每个人其所应得的理念、原则和制度❶。公平侧重于追求社会成员之间的相对的利益均衡，正义侧重于利益对等；公平有利于缩小差距，保持平衡，正义有利于鼓励竞争、扬善抑恶❷。

对于公平本质，按马克思与恩格斯的观点，公平是人们对社会事物进行价值评判时表现出来的观念，其可以表现为个人的感受或理想、学说、主张，也可以表现为社会的制度，涉及经济、政治、道德、法律等多种领域。同时，公平是一个历史的范畴，没有恒定不变的公平。按西方思想家的观点，判断是否公平的客观标准主要以分配结果为依据，主观标准以人们的心理状态和主观感受为依据；人类社会应接受并弱化由生理与环境造成的“禀赋差异”本身的不公平性，更多关注在结果、机会、过程（程序）等方面的公平上；在结果、机会、程序三者之间，机会均等、程序公平较之结果公平更为重要；人的不公平感更多取决于存在“禀赋差异”的人之间是否能够享有平等的基本社会制度安排、是否有平等的竞争机会❸。正是基于这种认识，人类社会进入自由资本主义时期后，其基本的社会制度安排（如民法），强调人与人之间在资格上、机会上与程序上的平等，而忽略对结果公平（即实质公平）的考量。如民法所主要保障的公平——形式公平，强调机会平等，“以实现抽象的人格平等和个人自由为条件，将作为民事主体的人视为完全相同的理性人，而忽视客观存在的人所处的环境和其自身所具备的一切具体特征，给予民事主体同样的法律保护❹。

在人与人之间贫富差别不大的社会状态下，这种安排的弊端被其所带来的自由竞争的强大活力所掩盖，但是，随着社会经济的不断发展，“禀赋差异”的存在加上忽略结果公平的制度安排，必然更进一步扩大人与人之间的“禀赋差异”。自人类社会进入垄断资本主义时期后，贫富严重分化等不公平的社会现象越来越广泛的存在，即是其典型的体现。为了提高文明程度，现代社会只

❶ 正义理论是什么［DB/OL］．［2012-07-08］．http：//wenku. baidu. com/view/f022356ca98271fe910ef928. html.

❷ 关于公平与正义的差异，参见韩跃红．普世伦理领域中的公平与正义［J］．哲学研究，2007（12）：87.

❸ 有关的详细论述，参见傅子恒．经济学边界、市场作用、政府治理、公平与效率新解——理论经济学四个命题的深层次思考［J］．天津财经大学学报，2011（7）：13.

❹ 赖达清，李文军．论经济法的公平价值［J］．南京社会科学，2002（3）：101.

有在社会基本制度安排中关注结果公平，才能消除“禀赋差异”、贫富分化所带来的各种社会问题，才能获得更进一步的发展。经济法的出现，正是人类应对这种两极分化之社会现实的产物，意在弥补传统民法关注形式公平、忽略实质公平之缺陷，因此，经济法的核心价值——公平，不仅表现为形式公平，更体现为实质公平，即“在承认经济主体的资源和个人禀赋等方面差异的前提下而追求的一种结果上的公平”❶。

二、以效率为价值目标的根据

以效率为电力监管权力配置的价值目标，指通过运行所配置的电力监管权力，能够使社会或人们对电力行业以较少或较小的投入获得较多或较大的产出，以满足人们对效率需要的意义，其既表现为电力行业的经济效率价值与社会效率价值，也表现为与电力行业相关的资源利用上的效率价值与资源分配上的效率价值。针对电力行业存在的资源配置低效问题，政府监管可以通过市场准入、价格控制等监管措施，模拟竞争市场的效果，改进和提高市场绩效，实现分配效率的最大化。作为配置电力监管权力所追求的价值目标，效率对配置电力监管权力的法律制度产生了广泛而深刻的影响，市场经济的效率性与电力监管权力配置之正当性的经济基础条件为将效率确定为配置电力监管权力的价值目标提供了先在性的事实根据。

1. 市场替代机制的定位，决定了电力监管权力配置应以效率为价值目标

人类社会之所以选择市场机制作为配置资源的主要手段，是因为市场机制具有配置资源的高效性。传统的经济监管理论认为，政府监管机制是由于市场失灵导致市场无效而产生的代替市场配置资源的替代机制，这意味着政府监管机制应像其所替代的市场机制一样能够有效提高资源配置的效率，可见，政府监管机制作为市场之替代机制的定位，决定了其应该以效率为所追求实现的价值目标，否则，政府监管机制就失去了存在的意义。

市场经济体制下，具有合法垄断地位的垄断企业与一般经济人一样，都必须以利润最大化为目标，否则，就无法在市场经济中生存和发展。为了保障合法垄断企业的生存和发展，政府对特殊行业的监管必须以效率为价值目标，通过政府监管措施确保进入者的生存和发展，保障整个社会获得必要的公用产品。电力监管属于政府监管特殊行业的一部分，以效率为价值目标意味着政府

❶ 王保树．经济法原理［M］．北京：北京社会科学文献出版社，1999（50）．

通过电力监管，禁止过多的市场主体进入电力行业中具有自然垄断属性的领域，确保进入者通过扩大电网规模能降低单位电量的成本；通过电价监管以保障电力企业合理的利润收入和电力用户合理的电费支出。否则，已有的电力企业就可能无法生存和发展从而导致“无电可供”的局面，整个社会也必然因此遭遇“无电可用”的困境。

2. 正当的电力监管权力配置的经济基础条件决定了其应以效率为价值目标

正当的电力监管权力在经济上必须具备的基础条件，决定了具有实质合理性的电力监管权力应该以“效率”为目标价值：①既然“电力行业存在市场失灵”是电力监管权力得以成为市场之替代机制的前提，那么，电力监管权力应该像市场机制一样以效率为目标价值。在电力行业市场失灵领域，应该努力确保电力监管权力配置资源的有效性，确保提高电力行业的效率；在电力行业市场未失灵的领域，应该用市场机制而非监管权力机制作为配置资源的手段，引入竞争、放松监管的本质也无非是要提高电力行业的效率。②既然只有当其优于其他公共控制策略时，才能选择电力监管权力来应对电力行业的市场失灵，那么，电力监管权力同样应以效率为目标价值。电力监管权力机制作为最优的应对电力行业市场失灵的公共控制策略的最好证明，莫过于其在电力行业市场失灵领域配置资源的有效性，莫过于其对电力行业之效率的提高。③既然只有当人们不得不承担电力监管的成本时，政府对电力行业的监管才是正当的，那么，电力监管权力就应该以低成本、高效率为目标价值。作为使人们自愿支付电力监管成本的最好办法，莫过于降低电力监管的成本，提高监管本身的效率。

政府职能、法律保障是影响电力市场效率的主要宏观因素之一[1]，规范政府电力监管职能的电力监管权力配置制度，以效率为其价值目标，将极大地有助于电力行业效率的提高。正因为以上原因，世界上最早的电力监管机构——美国33个州的电力监管机构的三项主要职责之一，即保证供电的可靠性[2]，即确保有电可供，体现了对效率价值的追求。

三、以公平为价值目标的根据

配置电力监管权力的公平价值目标，即针对电力行业存在的外部性、信息

[1] 前引王威文章，第7页。

[2] 唐松林，任玉珑．电力行业政府监管体制改革：国外经验与中国对策［J］．经济问题探索，2008（8）：161.

不对称、资源稀缺等问题，政府通过强制披露、标准控制、事先批准等监管手段，维护处于弱势的广大用户的利益，从而解决分配不公和社会不平等问题。有人在提到政府监管的价值目标时，使用了“公正”这个概念❶。笔者认为，使用“公平”作为电力监管的价值目标，比使用“公正”更为恰当。电力监管是在市场失灵时由政府的权力机制代替市场机制对电力行业的资源进行分配，即对参与分配者利益的调控，因此，这种分配机制应当尽可能地具有市场机制一样的客观性、价值中立性特征，应侧重于追求社会成员之间的相对的利益均衡以保持社会的平衡，使用“公平”概念比使用“公正”概念，更能恰当地反映出电力监管价值目标的这些内涵。经济法的社会本位与正当的电力监管权力配置应当具备的社会基础条件（道德基础），为将公平确定为配置电力监管权力的价值目标提供了先在性的事实根据。

1. 法庭诉讼替代机制的定位，决定了电力监管权力配置应以公平为价值目标

法庭诉讼机制是人类社会解决争议的传统手段，其之所以能有效地平息争议，是因为诉讼过程和结果的公平性，公平性构成争议双方服从诉讼结果而息讼的前提条件。法律不完备性理论认为，政府监管机制是因法庭诉讼机制不能有效解决现代市场经济社会中的复杂争议而产生的替代机制，这意味着政府监管机制应像其所替代的法庭诉讼机制一样能有效解决争议。由此可见，为了实现有效解决复杂现实中大量争议的目的，政府监管必须确保监管过程与结果的公平性，这决定了政府监管应该以维护公平为价值目标。公平是政府监管得以产生的基础价值，现代市场经济国家不仅干预竞争结果的公平性，还将干预竞争过程纳入到促进实质公平价值的努力之中，以填补效率价值的不足❷。

市场经济体制下，具有合法垄断地位的电力垄断企业同样属于经济人，具有一般经济人的自利动机，利润最大化目标必然会使其难以顾及甚至损害相对方（弱势方）的利益，牺牲环境等公共利益，从而导致大量争议的产生。电力监管只有以维护公平为价值目标，制约电力垄断企业的滥权行为及片面追求自身的经济效率，确保全体社会成员“有电能用”，才能有效解决这些争议。

---

❶ 前引马英娟《走向社会公正的制度创新——政府监管制度的法理学分析》，第 65 页。

❷ 前引叶卫平文章，第 90 页。

2. 正当的电力监管权力配置的社会基础条件决定了其应以公平为价值目标

正当的电力监管权力必须以“维护公共利益”为目的，这一道德性的社会基础条件决定了具有实质合理性的电力监管权力必须以“公平”为目标价值。既然只有以维护公共利益为目的的电力监管权力才具有正当性，那么，禁止处于垄断地位的电力企业滥用优势地位的行为或者强制其履行法定的义务，保障用电方“有电可用”就构成电力监管权力的价值目标。电力产业的公用性与不可替代性特征决定了电力行业所提供的电力产品、服务的数量、质量、价格关涉到几乎所有社会成员（用户）的根本利益。人类社会选择政府权力机制代替市场机制配置电力行业的资源，通过法律保障电力企业合法垄断的经营模式，其核心目的不在于追求电力企业的效率以实现“有电可供”，而在于确保分散的、处于弱势地位的各社会成员“有电能用”。“有电可供”只是保障“有电能用”的手段，如果无人能用电，“有电可供”也就失去了存在的意义。

虽然有人基于效率最大化目标能为监管权的行使提供一个明确的标准、能限制监管机构的专断恣意，而主张政府的经济性监管应以效率为优先目标，将社会性目标交给有着民主授权的政府[1]。但是，将效率作为经济法的唯一价值的主张，不仅在理论上存在着局限性，在实践中也已经遇到了严峻的挑战[2]，因为，效率是实现公平的手段，公平是提高效率的目的。目前各主要国家监管公用事业的政府监管机构，其首要职责都是确保社会性目标的实现，公平价值在其立法宗旨中占据着绝对优势[3]。世界上最早的电力监管机构——美国 33 个州的电力监管机构的三大主要职责中，有两项都体现了公平价值：避免消费者利益因公共电力企业垄断而受侵害；保证电力企业得到合理的投资回报率[4]。

四、效率与公平的关系及其协调

同为法律所追求的价值，效率与公平紧密相连，既有统一性，又存在着冲

---

1. Foster Christopher D. Privatization, Public Ownership and the Regulation of Natural Monopoly. Blackwel, 1992: 9.
2. 前引叶卫平文章，第 90 页。
3. 参见托尼·普罗瑟对英国电信、天然气、水、电力四个领域的监管法案进行考察的结果。Tony Prosser. Law and the Regulators [M]. New York: Oxford University Press Inc., 1997: 12.
4. 前引唐松林、任玉珑文章，第 161 页。

突。电力监管权力配置以效率和公平为价值目标，二者之间同样既相互统一又相互冲突。

1. *电力监管权力配置之效率与公平价值之间的统一性与冲突性*

在一般情况下，就社会整体发展与人类文明进步的长远目标来看，公平和效率价值具有彼此含摄、相互促进的统一性，效率是实现公平的手段，公平是提高效率的目的，一方的损害，必然会损害另一方的实现。首先，公平的实现依赖于效率的提高，低效率常常意味着非公平。公平意味着对人类赖以生存的物质财富进行合理分配，而只有提高效率，才能创造出更多的可分配的物质财富，才能实现公平。相反，低效率必然导致财富匮乏，从而导致无财富可分或者可分财富太少的状态，这两种状态都无法实现公平。正如波斯纳所说："正义的第二种含义——也许是最普通的含义——是效益。只要稍加反思，我们就会毫不惊奇地发现：在一个资源稀缺的世界里，浪费是一种不道德的行为。"❶人类的历史表明，任何社会长期低效率的背后，必然是公平自身的丧失和破坏。其次，效率的提高依赖于公平的实现，非公平必将导致低效率。公平意味着参与分配的社会成员最大化，每个社会成员耗费所分配物质财富之能力是有限的，因此，参与分配的人越多，需求就越大，供给也就因此才有了进一步拓展的空间，提高效率才有了现实的意义。正如有学者所言：对公平问题的漠视其实可能也在伤害着效率，对于帕累托效率与福利的均等化，按照目前大多数经济学者都接受的古典标准，如果说"均衡"是效率的体现，非均衡是非效率的体现，那么，"福利非均衡"（当然也是不公平）也同时意味着效率的损失❷。

同为电力监管权力配置的价值目标，公平与效率同样具有相互含摄、相互促进的统一性。首先，只有大力提高电力行业的生产效率，才能为社会提供充足的供电，才能确保社会成员的公平用电。西方国家电力市场化改革之前，将电力行业整体视为自然垄断行业，实行严格的管制或国有化制度，使电力行业处于低效率的状态，正是这种低效率的状态导致了"电荒"，不仅使普通社会成员的日常用电受到了影响，同时也阻碍了本国经济的发展进步，损害了本国实现更高程度公平的物质基础。正是基于这种认识，西方社会才开始了以提高本国电力行业效率为目标的电力行业市场化改革。中国在计划经济时代，电力

❶ 林娜．对"效率价值优先"的论证［J］．法制与社会，2007（11）：266.

❷ 前引傅子恒文章，第 14 页。

行业严格的国有制导致了电力行业的低效率，随着中国经济体制改革的不断深入，低效率的电力行业因无法为其他行业的发展提供充分的能源而成为制约经济发展的瓶颈。正是基于这种状态，中国在20世纪80年代才出现了“集资办电”，开始了提高电力行业效率的市场化改革。其次，只有提高社会成员的公平用电的程度，才能进一步提高电力行业的效率。每个社会成员耗费的电能是有限的，公平意味着使更多的社会成员能够用上电，因此，在公平价值的指引下，增大用电的人数，能够扩大用电的需求，从而使进一步提高电力行业经济效率具有了客观上的基础。普遍服务原则已经成为西方电力行业监管制度的一项基本原则，其要求国家在电力产品的供给上必须实行普遍服务，即保证人人都能用电。虽然，从短期的局部的角度看，该原则体现了公平价值所含摄的保障人权目的，与经济效率价值存在着冲突，但是，从长远的、整体的角度看，该原则的实现，必将推动社会效率的提高。

但是，在特殊情况下，从短期与个别的角度上看，公平和效率价值具有冲突性，一方的实现，可能会以牺牲另一方的实现为代价。首先，公平的实现可能会牺牲效率的提高。公平意味着对有限的资源进行分配，分配意味着使资源分散而不是集中，从短期的角度看，分散的资源与集中的资源相比较，后者在创造新财富上效率更高；其次，效率的提高可能会牺牲公平的实现。效率意味着以最小的投入获取最大的产出，而公平意味着尽可能地照顾更多的社会成员的利益，从个别的角度看，为了提高投入者的效率，必然要禁止多余的投入，这意味着无法照顾更多社会成员的利益。

同为电力监管权力配置的价值目标，公平与效率之间在特定的情况下也同样存在着一定程度的冲突。例如，降低电费价格能够使更多的社会成员受益从而实现公平，但是，其必然降低电力公司的利润率；要求供电企业承担普遍性服务义务能够实现公平，但是却不利于培育电力市场的竞争性，必然会降低电力市场当前的效率。

2. 电力监管权力配置之效率与公平价值之间的协调

同为法律所追求的价值，效率与公平之间的冲突性使人类社会必须妥善地处理二者之间的关系。对于应该怎样处理二者之间的关系，西方经济学界存在着两种不同的观点，即公平与效率对立论和公平与效率可协调论，前者又分为效率优先论与公平优先论两种。以哈耶克、弗里德曼及科斯为代表的学者，基于效率与自由不可分，通过“公平”获得收入，会损害效率，效率是产权界定的优先标准等原因，主张效率优先论；以罗尔斯、勒纳及英国新剑桥学派的

琼·罗宾逊为代表的学者，基于不公平会损害工作热情，降低效率，平均分配是一种最优分配，公平左右着效率等理由，主张公平优先论；以凯恩斯、萨缪尔逊、伯格森、布坎南、奥肯、互瑞昂为代表的学者，主张公平与效率可协调论，提出政府干预应达到既要效率又要公平的目标，平等与效率都有价值，二者不存在各自绝对的优先权，公平本身就是平等和效率的统一，效率与公平的关系应该是可协调的，二者相互促进，互为条件[1]。由于公平与效率在长远目标及整体角度上具有统一性，西方经济学界关于效率与公平可协调论才得以成立并逐渐成为主流观点，在二者能够统一实现的时候，忽视任何一方，都绝非明智之举。

西方经济学界的这些争论构成了法学界关于如何处理效率与公平价值关系之争论的基础及缩影。在电力监管权力配置制度处理效率与公平的关系时，笔者主张采用凯恩斯、萨缪尔逊等人所主张的“公平与效率可协调论”。作为电力监管权力配置的价值目标，效率与公平在一般情况下是统一的、互为条件的，尽管在特殊情况下存在着冲突，但是，着眼于通过其他制度安排以尽量消除这种冲突，比简单地在“效率”与“公平”之间做出取舍更可取。因此，在配置电力监管权力的法律规则中，应该将“努力寻求效率与公平价值的协调”作为处理效率与公平之间关系的基本原则。

同为配置电力监管权力的价值目标，效率与公平之间在一般情况下，从长远与整体角度所具有的相互含摄、相互促进的统一性表明，在电力监管权力配置中，应当努力寻求效率与公平的协调，既不能因追求效率而牺牲公平，也不能因追求公平而忽视效率，应当同时兼顾二者的实现，追求二者的协调和均衡。效率与公平在特殊情况下，从短期与个别的角度所具有的冲突性表明，在电力监管权力中，必须正确应对效率与公平的冲突性。当然，在政府运行电力监管权力的实践中，作为经济人，不惜一切努力，追求自身的经济效率是电力垄断企业的本能，因此，电力监管机构，应作为一种相反的力量，以限制垄断企业滥用权利、倾斜性保护弱势方的合法权益为己任，确保电力监管权力运行的过程及结果的公平性，从而确保在长远及整体意义上效率与公平价值的最大实现。只有这样，才能体现效率仅作为电力监管权力配置的手段性价值目标，而公平应作为电力监管权力配置的目的性价值目标的意义。

---

[1] 曹立．西方经济学界关于效率与公平问题的争论［J］．理论前沿，1996（15）：31.

第三节　电力监管权力配置的路径选择

通过研究配置电力监管权力的正当性基础及价值目标，确定电力监管权力配置的法律规则的内在理念之后，接下来需要解决的是现代社会应该选择怎样的电力监管权力配置的路径问题。其涉及两个层面的问题：①现代的电力监管职能有何特征；②从理论上看，怎样将具有这些特征的现代电力监管职能配置给电力监管机构才是合理的?（是应该集权配置给同一个监管机构还是分权配置给不同的监管机构?如果应该分权配置，应该怎样处理多个享有监管职能的监管机构之间的关系?）

一、电力监管职能的演变及其带来的问题

从历史的角度上看，各国传统电力监管职能的内容以经济性监管职能为主，随着社会的不断发展，传统的电力监管由单纯重视经济性监管职能演变成为经济性与社会性监管职能并重的现代电力监管，不仅其经济性监管职能的内容本身发生了变化，而且增加了新的监管职能内容——社会性监管职能。“直到 1970 年，大部分早期的管制文献都将焦点放在公用事业的管制上……自 1970 年环境保护委员会建立以来，管制的重心开始转向环境质量、产品安全及工作场所安全的管制。”[1] 经过这种历史演变后，现代电力监管职能具有了多样化和专业化的特征，而多样化和专业化的特征使电力监管权力的配置面临了是否分权以及怎样分权配置的问题。

1. 从传统电力监管职能到现代电力监管职能的演变

在传统的电力监管中，市场准入监管职能是最早、最核心的监管职能之一，体现了电力监管权力机制对效率价值的追求。为了保证已经进入某特定电力市场的电力企业获得规模经济性所产生的经济效益，监管机构必须对欲进入该特定电力市场的新投资进行控制。电力产业的自然垄断性决定了其规模经济性，其输电、配电环节固定资产所具有的投资大、时间长、专用性强的特点决定了电力行业的垄断经营模式，这意味着只有通过监管，控制进入某特定电力市场之主体的数量，才能保证已经进入者拥有较大的市场空间，取得更好的经济效益，从而保证整个电力产业的良性发展，避免重复投资导致大量资源的浪

[1] 前引丹尼尔·F. 史普博著作，第 28 页。

费。随着经济学界对自然垄断理论的更新，电力产业不再被认为整体都具有自然垄断性，而被区分为竞争性环节与垄断环节。电力产业之市场准入监管职能因为这种区分，伴随着电力行业市场化改革而发生了演变。对竞争性环节——发电、售电环节，不再实行严格的市场准入控制，虽然仍审查新进入者之企业的资质、股权结构以及是否符合环境要求和技术要求等条件，但已经不再是限制进入的准入控制。对垄断环节，仍实行严格的市场准入制度，控制一定市场范围内市场主体的数量，确保垄断企业的规模效益。

价格监管职能也是传统电力监管最早、最核心的监管职能之一，体现了电力监管权力机制对公平价值的追求。在电力行业市场化改革后，虽放松了对竞争性环节的价格监管，却更进一步强调了对垄断性环节之产品及服务的价格监管。电力产业的自然与技术特征决定了电力行业的垄断经营模式，但是，垄断经营意味着不能通过自由竞争形成产品及服务的价格，如果不通过市场之外的力量加以控制，电力垄断企业必然会滥用其垄断所产生的市场支配地位，谋求不公平的高额垄断价格，损害相对人（主要是广大的电力产品与服务的消费者）的利益。因此，在实行严格的市场准入制度，保障垄断企业之垄断地位的同时，必然实行严格的价格监管制度，通过第三方（监管机构）确定垄断企业提供的产品及服务的价格，才能保障交易的公平性。传统的价格监管，即监管机构以“固定回报率”和“成本加成”为原则，事前确定电力产品及服务的价格，这种保护性价格监管方式虽体现了公平价值，但是存在成本高、信息不对称、缺乏促进电力公司降低成本之激励机制等致命的缺陷[1]。为了提高效率，激励性价格监管方式逐渐代替了保护性价格监管方式，成为现代电力价格监管的主要方式。

由于将电力产业整体视为自然垄断产业，传统电力监管中缺乏对电力市场之竞争及交易的监管。按照有效竞争理论，在“放松管制，引入竞争”的市场化改革后，对竞争和交易的监管逐渐成为现代电力监管的主要监管职能之一，既体现了电力监管权力机制所追求的效率价值，又体现了公平价值。监管机构一方面要控制竞争环节之市场主体妨碍自由竞争的行为，以实现鼓励公平竞争、防止市场垄断、保证有效竞争的市场秩序之监管的目标；另一方面，监管机构要通过对垄断环节之网络的公平接入、输配电价格等的监管，禁止垄断企业滥用优势地位破坏公平的交易秩序，保护电力行业的有效竞争。

---

[1] 相关的研究参见前引唐松林、任玉珑文章，第163页。

随着人类社会保护环境意识的不断增强和对电力行业损害环境之负外部性特征认识的不断加深，环境保护监管职能逐渐成为了现代电力监管的主要职能之一，体现了电力监管权力机制所追求的公平价值。在电力监管发达国家，如美国、日本及欧洲的主要国家，有关环境保护方面的监管职能，已经成为其电力法中非常突出的重要内容[1]。电力产业属于人类为了谋求自身利益严重损害环境的经济活动，不仅可能排放大量的污染物，而且可能改变其所在地周边环境的自然状态，危及动植物的生存环境，因此，电力行业市场主体之投资修建电力设施、从事电力生产经营活动通常会使他人或社会受损，如果不使其承担因此损害环境的成本，必然使市场机制无法实现其优化资源配置的基本功能。因此，现代电力监管之环境保护监管职能，意在通过对电力行业市场主体之投资、生产、经营行为的控制，在事前尽量减少、消除其可能给环境造成的不必要的损害，在事后通过使其承担治理其所必然造成的环境损害的花费，调动其提高、采纳环保技术的积极性，减少电力行业从业主体之负外部性行为对其他市场主体的消极影响。

安全保障监管并非传统电力监管职能的内容。随着社会的不断发展，人类社会逐渐认识到了电力产业的存在及运行对不特定多数人的生命及财产的安全都具有高度危险性，为了保障人权，也为了避免因安全事故降低电力行业的效率，安全保障监管职能逐渐成为了现代电力监管的主要职能之一。电力产业虽具有公用性和不可替代性，但是，电力设施及技术的存在，对人类的安全同样具有高度的危险性，如果不加以事先的控制和事后的积极应对，电力行业从业主体的生产、经营活动通常会损害他人的人身及财产的安全，降低电力行业的效率。因此，现代电力监管之安全保障监管职能，意在通过监管电力行业从业主体履行保障安全的实体标准或程序义务的状况，避免或及时消除电力生产、运行中的安全事故，消除或尽量减少其可能给他人人身或财产造成不必要的损害。

电力普遍服务义务的监管职能已经成为现代电力监管的主要职能内容之一。公用事业普遍服务原则已经被各国普遍采纳，我国也已经将其作为公用事业法的一项基本原则写入了法律文本[2]，电力产业所具有的公用性和不可替代性，意味着现代社会全体成员正常的生产和生活已经无法离开电力行业所提供

---

[1] 中国法学会能源法研究会．美、日等国适用能源主要法律介绍［J/OL］．［2013－09－05］．http：//www.docin.com/p－410724717.html.

[2] 如2009年我国新修订的《中华人民共和国邮政法》，已经将“普遍服务”条款纳入其中。

的产品及服务。为了保障社会成员基本的生存权利，为了在电力产业发展成果分配过程中平衡全体成员间的利益冲突，实现全体社会成员的经济平等权，只有确立普遍服务原则作为政府监管电力行业的基本原则，赋予电力产业从业主体提供普遍服务的义务，通过政府的监管确保其履行该义务，才能最终实现电力监管的公平价值。

2. 现代电力监管职能的主要特征

以上电力监管职能主要内容的历史演变表明，与传统的电力监管职能相比，现代电力监管职能的内容已经呈现出多样化和更加专业化的特征。

(1) 多样化。传统的电力监管职能以经济性监管职能为主，经济性监管职能又主要集中于市场准入监管和价格监管，因此，其监管职能的内容较为单一。随着社会不断进步，传统的电力监管职能演化为现代电力监管职能后，其监管职能的内容大大增加，除市场准入监管及价格监管外，竞争及交易监管逐渐成为其经济性监管职能的重要内容，同时，涵盖环境保护监管、安全保障监管、产品及服务质量监管及普遍服务义务监管等多项监管职能内容的社会性监管开始进入监管者的视野并逐渐成为与经济性监管职能具有同等重要地位的监管职能内容。因此，监管职能的多样化，构成了现代电力监管区别于传统电力监管最主要的特征。

(2) 专业化。由于监管职能内容的多样化，现代电力监管对监管人员的知识结构提出了更为多样的专业化要求，履行不同监管职能的监管人员，其知识结构因监管对象的不同而差别巨大，由于所要求的知识结构相去甚远，一个适格的电力价格监管人员，通常并不一定是一个适格的环境保护监管人员。

3. 电力监管职能多样化、专业化给电力监管权力配置带来的问题

由上观之，传统的电力监管职能因内容较单一，在配置电力监管权力时，将所有的监管职能赋予同一监管机构行使并无不妥，但是，现代电力监管职能的多样化、专业化特征却为现代社会在选择配置电力监管权力的路径时带来如下问题：将如此众多的、差别巨大的电力监管职能赋予同一监管机构行使，是否恰当？如果必须分权，将不同的监管职能赋予不同的监管机构行使才能满足专业化的需要，那么，应该怎样分权、怎样处理不同监管机构之间的关系？

虽然现代电力监管职能的多样化和更加专业化特征暗含了只有分权，才能满足专业化的要求，但是，要解决“应该怎样分权、怎样处理不同监管机构之间的关系”或“应该建立一个什么样的监管结构，才能最有效地实现监管目标”这类更复杂的问题，需要借助其他学科的工具性理论进行具体分析。下文

将借助政治学领域的权力制衡理论、经济学领域的多委托代理理论、协调博弈理论作为工具，对怎样选择合理的电力监管权力配置路径进行理论上的分析。

二、基于权力制衡理论的配置路径选择

政治学中的权力制衡理论为分权配置以制衡权力提供了基本的法理依据。与权力制衡相近的概念是权力监督，但是，二者之间存在着显著的区别。权力监督在中国古已有之，如监察御史和刺史制度等，是封建专制社会主要的约束权力的方式；权力制衡是近代西方社会核心的法治原则，是民主政治社会约束权力的主要形式。权力监督中的监督权力，是被监督权力之外的权力，其本身同样需要约束，必然导致“监督权由谁来监督”的监督无限累加的怪圈，这个怪圈正是中国传统的监督制度永远不能从根本上克服腐败的根源。权力制衡中的制衡权力则不同，是被制衡权力之中的权力，在受到其他权力约束的同时，也约束着其他权力，这种权力相互约束的机制，摆脱了传统监督中“监督权由谁来监督”的无限累加怪圈，能够从根本上解决权力腐败的问题。

1. 权力制衡理论的主要观点

作为近代西方民主政治国家的法治原则，权力制衡思想起源于西方古希腊、古罗马时代，孟德斯鸠、汉密尔顿等西方思想家的理论学说，构成了权力制衡理论的主要内容。

孟德斯鸠的分权制衡学说阐述了权力制衡的原理。以人性本恶为前提，孟德斯鸠首先提出了权力滥用定律：“一切有权力的人都容易滥用权力，这是万古不变的一条经验”[1]。因此，必须制衡权力，防止权力的滥用。其次，孟德斯鸠提出，“要防止滥用权力，就必须以权力约束权力”，分权是制衡权力的基础，即将国家权力分为立法、行政、司法三种独立的权力，该三种权力应相互独立，互相制约以保持平衡。最后，孟德斯鸠提出，将立法、行政、司法三种权力分别委托给不同的主体行使，是实现该三种权力互相制约的具体路径。享有立法权力的立法机关应由选举产生；行政权应该由国王掌握；司法权应完全独立，按照法律规定的方式来行使，不受立法机关和行政机关的干涉。

以汉密尔顿等为首的美国联邦党人继承和发展了孟德斯鸠分权与制衡理论。汉密尔顿系统阐述了美国国家制度中的权力制衡原则，其提出，应该将国

[1] 前引孟德斯鸠著作，第156页。

家权力分归立法、行政和司法三个部门以防止权力集中于同一个人；为了保持这三种权力的平衡，这三个权力部门在分别享有各自独立权力的同时，享有抵制其他机关侵犯的自卫权和制约权；各部门的相互依赖、相互制约是防止权力合并和集中的最坚强堡垒，只有这样才能保证三权的真正分立和各部门都能按照法律规定办事。

2. 基于权力制衡理论应选择的电力监管权力配置路径

孟德斯鸠、汉密尔顿是从制衡国家权力的角度提出分权制衡理论的，即使他们所提出的狭义的分权制衡（国家权力应该实行“三权分立”）思想不具有普遍的意义，但是，他们所阐述的分权制衡原理已经成为了现代制度的基本原理，对于现代国家规范公权力，具有普遍的意义。分权制衡原理可简单归纳为：人性本恶导致权力必然被滥用，为了防止权力滥用，必须以权力制衡权力；为了以权力制衡权力，必须分权，使分开后的权力之间相互独立、相互制衡。

基于这些制衡权力的基本原理，应该选择的电力监管权力的配置路径有二，一是在配置电力监管权力时，应该充分制约电力监管权力；二是为了防止电力监管权力的滥用，应该分权配置电力监管职能，并使不同的电力监管职能部门之间相互独立、相互制衡。具体分析如下：

首先，人性有善恶两面性，以“人性善”为认识的假设性前提，在逻辑上必然导致人治的结果，中国悠久的人治历史正是以“人性善”为认识的假设性前提的儒家文化所孕育的结果，常态化的“权力监督”（而非“权力制衡”）的制度安排在根本上依然是人治思想的反映。只有以“人性恶”为认识的假设性前提，在逻辑上才能导致法治的结果，正因为人非天使，官员亦非圣人，才有了法律对“人性恶”的防范，才有了防范官员滥用权力的分权制衡的制度安排。权力是一把双刃剑，“国家权力既是个人权利的保护神，也是个人权利的最大最危险的侵害者”[1]，享有权力的人既可以用权力为人民服务，也可以用权力为非作歹。因此，在配置电力监管权力时，必须以人性可能出现的恶为依据，安排以权力制衡权力的机制，才能预防政府监管机构及其官员滥用电力监管权力，损害社会公共利益，才能保护相对人的合法权利。

其次，人类长期的政治实践证实，仅仅依靠权力内部对自身的监督，无法

[1] 张曙光．个人权利和国家权力［J］．公共论丛，1995（4）．

有效地消除权力的腐败，只有在分权基础上，通过一种权力制约另一种权力，才能从根本上防范权力腐败和异化。加之，电力监管权的集合性特征意味着与分权制衡理论之下产生的传统单一的立法权、司法权和行政权相比较，电力监管权的权能更为集中；同时，电力监管权的主动性特征使操纵电力监管权力更具灵活度，这意味着电力监管权更易于因其灵活度而被滥用。因此，为了防止电力监管权力的异化，避免孟德斯鸠前述名言所说的因为权力的集中而给自由带来的损害，合理的电力监管权力的配置格局中，应该在不同政府机构之间分权配置，并使之相互独立、相互制衡。

三、基于多委托代理理论的权力配置路径选择

建立在非对称信息博弈论基础上的委托代理理论，是制度经济学契约理论的主要内容之一。国家为了实现电力监管的总目标，将不同的电力监管职能赋予不同的电力监管机构行使，属于多委托代理的情形，因此，可以运用多委托代理理论对应该怎样配置电力监管权力的路径进行经济学上的理论分析。

1. 多委托代理理论的主要观点

委托代理理论虽因一些经济学家深入研究企业内部信息不对称和激励问题而产生并发展，但是该理论在解释一些组织现象时，优于一般的微观经济学。依据该理论，委托代理关系普遍存在于现实世界中，无论经济还是社会领域，其指一个或多个行为主体（授权者、委托人）依据约定，指定、雇佣另一些行为主体（被授权者、代理人）为其服务，同时授予后者一定的决策权利，并根据后者提供的服务数量和质量对其支付相应的报酬。委托代理关系起源于“专业化”的存在，有“专业化”的存在，就可能出现委托代理关系，在这种关系中，代理人由于相对优势而代表委托人行动。

专业化分工是委托代理关系得以产生的根本原因，在委托代理关系中，由于委托人追求的是自己财富的最大化，而代理人追求的是自己工资津贴收入、奢侈消费和闲暇时间的最大化，这必然导致两者的利益冲突。在没有有效的制度安排下，代理人的行为很可能最终损害委托人的利益。依据代理人人数的不同，委托代理可分为简单的委托代理（即单个代理人）与多委托代理（即多个代理人），一些经济学家对存在多个代理人多委托代理的情形进行的研究表明，当一组代理人（团队）各自独立地选择努力水平，以创造一个共同的产出时，

团队工作将导致个人的偷懒行为。

2. 基于多委托代理理论应选择的电力监管权力配置路径

描述多个不同机制间相互竞争的多委托代理理论是研究政府组织“黑箱”的重要工具❶。国家（委托人）为了实现社会福利最大化的最终目标，在专业化的背景下，将电力监管的不同监管职能授予给不同的（多个）监管机构（代理人）行使，每个监管机构有自己具体的监管目标，只负责电力监管的部分职能，这种状况属于多委托代理的情形，因此，多委托代理理论能够成为分析电力监管权力配置路径的理论工具。

国外的经济学家们运用多委托代理理论的原理研究了政府监管机构的设计问题，解决了“怎样将多个监管机构组成一个有机的整体，以实现社会福利最大化之政府监管最终目标”这一配置电力监管权力时必须考虑的基本路径问题❷。现有的研究成果揭示了分权对监管效率的利弊：首先，分权可以提高监管效率。通过分权，能够建立一个权力制衡机制，有利于改进监管效率。其次，分权能够降低监管俘获风险。如果监管权完全掌握在一个监管者手中，被监管者俘获监管者的成本就更低，所获得的收益就更大，整个社会承担的腐败成本就更高；不同监管者之间信息的不对称能够减弱他们向被监管对象“设租”的能力，从而降低监管俘获的风险；分权对于发展中国家政府监管中的防合谋具有更高的价值。但是，分权也会导致监管效率的损失，监管者的数量与监管的效率呈反比例关系。在分权的状态下，监管者的决定是相互影响的，将导致监管者“搭便车”现象而使监管效率遭受损失；监管者之间的不合作行为经常会导致向被监管企业提供的激励偏离社会最优的目标。同时，现有的研究成果还表明，除监管结构外，影响监管效果的因素还有监管者的决策顺序和沟通渠道。在不存在合作机制的情形下，不同监管者的顺序行动能够造成比同时行动时更大的激励扭曲。

基于多委托代理理论，应该选择的配置电力监管权力的具体路径是：①应

---

❶ Martmi ort D. Exclusive Dealing, Common Agency and Multiprincipals Incentive Theory Rand Journal of Economics vo. l 27, 1996.

❷ 运用多委托人代理理论对政府监管相关问题进行研究的内容，参见 Faure - Grmi aud A, Laffont J J, D Marti - mor. Collusion, delegation and supervision with soft information [J] . Review of Economic Studies, vo. l 70 (4), 2003; Malone T W, Crowston K. The interdisciplinary study of coordination [J] . ACM computing surveys, vo. l 26 (1), 1994; Martmi ort D. Exclusive Dealing, Common Agency and Multiprincipals Incentive Theory Rand Journal of Economics vo. 1 27, 1996.

分权以获得分权所带来的利益；②不应分得太细以尽量避免分权所带来的监管效率的损失；③应建立不同监管机构之间的合作机制与沟通渠道。具体分析如下。

首先，既然分权可以提高监管效率，减低监管俘获风险，那么，分权就是应该的，即应该将不同的电力监管职能配置给不同的监管机构行使。其次，既然分权也会导致监管效率的损失，监管者的数量与监管的效率呈反比例关系，那么，分权就不应该是随意细化的、彻底的分权，而应该被限制在一定的范围内。第三，既然监管者的决策顺序及沟通渠道要影响监管效果，那么，就应该在分权后，建立不同监管机构之间的协调、沟通渠道以提高效率。

四、基于协调博弈理论的权力配置路径选择

协调问题广泛存在于社会各领域，如银行业经营、国际融资选择、商业周期出现、社会习俗形成、中介机构出现及制度设计等，被经济学家模型化后称为协调博弈，该类博弈的根本特点是存在多个严格纳什均衡。协调博弈理论是研究解决协调问题之方法的理论。为了实现电力监管的总目标，多个电力监管机构对同一被监管人的监管属于多重均衡博弈，因此，可以运用协调博弈理论对应该怎样配置电力监管权力的路径进行经济学上的分析。

1. 协调博弈理论的主要观点

依据该理论，协调问题存在的条件是信息不完全性和参与人之间的目标具有冲突性，参与人在一个特定任务目标下进行选择，这种选择会影响结果，参与人行动的顺序及时间也会影响结果。协调过程是在资源约束的条件下，通过交换信息、协商冲突以形成无冲突的决策过程。

通常情况下，参与人并非孤立的存在，而是处于相互联系的行动选择网络之中。当两个参与人潜在的选择行为有着密切关系时，每个人就会基于其关于世界所处状态的知识或者信念作出行为选择，信念形成依赖于博弈所处环境，因而，行为选择是有环境依赖的，环境决定行为模式、特征及其任务结构。因此，协调是处理活动之间相互依赖的一个过程，任务分析、模型化环境及模仿主要集中于对这些相互依赖方式的正式描述。协调是以达到协调委托人的利益最大化为目的，是一个在博弈过程中不断改变和维护当前均衡的渐进过程。由于沟通对协调各参与者的决策非常重要，而在博弈过程中协调失败现象又普遍存在，因此，需第三方充当协调人。要解决协调博弈多重均衡问题必须考虑参与人是否会协调到意向均衡、如何构建激励框架、讨价还价者是否以及如何分

配剩余等多方面的问题。❶

2. 基于协调博弈理论应选择的电力监管权力配置路径

基于协调博弈理论，应该选择的电力监管权力配置路径是：明确电力监管系统的总目标并将其分解到各子系统，让各子系统独立决策，建立由第三方承担协调职能的协商沟通机制，建立激励机制。具体分析如下：

在多个电力监管机构对同一被监管人之监管的多重均衡博弈中，不同的电力监管机构各自潜在的选择监管行为之间有着密切的联系，即使有遵循相同制度所确定的行为模式的共同动机，不同的电力监管机构仍属不同的自我驱动的系统，在如何进行监管的具体行动上并不容易达成一致，因此，需要协调。既然电力监管机构的行为选择依赖于所处的（制度）环境，那么，在监管中，政府可以通过一定的组织结构及制度安排第三方承担协调职能，从而确保由不同监管机构承担的各项子任务的一致和合适的行动顺序，以实现监管的总体目标。

因此，为了解决电力监管中存在的协调博弈多重均衡问题，首先应当明确电力监管系统的总目标，将该系统总目标合理地分解到各子系统——各个电力监管机构，避免各电力监管机构出现任务重叠和冲突；其次，让各子系统——每个电力监管机构独立决策，在一定范围内拥有独立决策的权力；第三，建立由第三方承担协调职能的协商沟通机制，保证各个电力监管机构在电力监管系统内有效地沟通和互动，通过交换信息、协商冲突以建立集体理性来协调各个电力监管机构的行动，确保电力监管系统总目标的实现；最后，应构建激励机制，激励各电力监管机构愿意协调到意向均衡。

❶ 关于协调博弈理论的相关内容，参见张良桥．协调博弈理论研究新进展［J］．经济前沿，2009（4）：64.

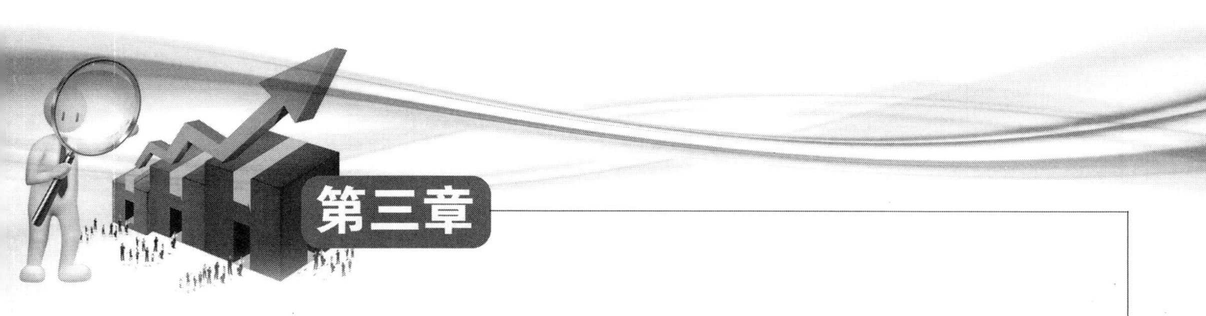

第三章

域外先进国家的电力监管权力配置及得失

对电力监管权力配置之正当性基础条件、价值目标与路径选择的研究，从理论上揭示了电力监管权力配置制度所应遵循的内在理念和外在制度表现上应当具备的特征。域外先进市场经济国家（简称域外先进国家）关于电力监管权力配置的立法（包括内在理念和外在表现），不仅为前述理论性的结论提供了实践性的证明，也为后进国家提供了可资借鉴的经验和教训。吸取前人的经验和教训，是后人获得成功的捷径，后人的做法是否吸取了前人的经验和教训，常常成为判断后人做法是否合理的标准。20 世纪 80 年代改革开放以前，中国属典型的计划经济体制国家，中国电力行业的市场化改革始于 20 世纪 90 年代，从市场化角度看，中国远远落后于英国、美国等域外传统的市场经济国家。因此，研究域外先进国家电力监管权力配置的立法得失，能为中国市场经济体制下优化电力监管权力配置提供参照。学界介绍域外先进国家电力监管制度的成果不少，但是现有文章仅局限于对域外先进国家电力监管制度粗浅的、总体的介绍，缺乏系统、深入的分析，目前尚无成果对域外先进国家电力监管权力配置的立法及实践所提供的经验和教训进行系统地归纳和总结。本章将分析域外先进国家电力监管权力配置立法实践方面的得失，总结出其中值得后进国家借鉴的经验和教训。

始于个别国家的、以建立竞争性电力市场，重新配置电力监管权力为核心的电力行业市场化改革浪潮，几乎已经影响世界各国。英国是通过电力市场化改革、重构现代电力监管体制最成功的国家，其改革模式为许多国家所仿效。英国在 1947 颁布《电力法》，进行了电力产业国有化改革；1988 年对电力工业进行私有化和市场化改革。1989 年通过的《电力法》，是其新的电力监管的根本性法律，其中，有关电力监管机构的成立及其监管职能和相应责任的条款，是最重要、最基本的内容。英国所进行电力市场化改革与我国正在进行的

电力市场化改革在改革基础及改革路径上具有一定程度的相似性——改革之前的电力企业多采国有垄断经营模式，英国通过电力企业私有化的方式培育电力市场的竞争，而中国通过集资办电等方式放开发电领域的投资市场，引入民间私人资本，使电力企业所有权主体多元化，异曲同工。因此，英国电力监管权力配置的相关经验值得我国借鉴。美国是世界上最早实行电力监管的国家，早在1916年，其州政府已经设置监管机构，发放电力行业的经营特许权，监管电力企业的价格、融资、服务等；美国紧随英国也进行了电力改革，建立起了完善的电力监管体制。美国所采用的电力改革的基本模式与我国电力改革基本模式相同。因此，美国电力监管权力配置的相关经验和教训对我国也有较大的借鉴意义。本章将主要以英国、美国等域外先进的市场经济国家为研究样本，论证域外先进国家电力监管权力配置立法的内在理念，归纳并总结其具体立法制度上的得失。

第一节　域外先进国家电力监管权力配置的内在理念

电力监管权力配置规则，是电力监管法律制度的核心内容。虽然学界对域外先进国家电力监管制度有一定的研究，但是，对于域外先进国家电力监管权力配置制度内在理念的内容到底是什么，尚无专门的论证。笔者认为，纵观已经存在的域外先进国家的电力监管法律制度，效率和公平价值对其的影响已经无处不在，效率和公平价值这种无处不在的影响充分证明，追求效率和公平是域外先进国家电力监管权力配置制度的内在理念。

一、内在理念之一：追求效率

正是为了追求效率，域外先进国家才出现电力监管，域外先进国家的许多具体的电力监管制度，都充分体现了对效率价值的追求。

1. 为了追求效率，电力行业的垄断经营模式成为了反垄断法的合法例外

正是基于对效率的追求，各国在传统上一直对电力产业采垄断经营模式，即使在反垄断已经成为现代市场经济国家之一般原则的情况下，电力行业输、配电环节的垄断经营模式也仍被作为反垄断法的合法例外予以保留至今。

电力产业属于典型的自然垄断产业，遵循生产函数呈规模报酬递增（成本递减）的客观规律，即同一个电力行业的市场主体，其生产规模越

大，单位产品的成本就越小。基于这种客观规律的要求，必须实行垄断经营，通过公权力对进入者采取保护性监管措施，禁止过多的市场主体进入该市场，才能确保进入者通过扩大生产规模来降低单位产品的成本，从而提高电力行业的经济效率和社会效率。同时，输电、配电环节具有固定成本沉淀性特征，其固定资产具有投资大、时间长、专用性强等特点，如果不实行垄断经营，不采取禁入的保护性监管措施，任由市场主体将各种自然资源和社会资源投入其中，势必导致重复投资而造成大量的资源浪费。因此，实行垄断经营，通过公权力禁止过多企业的进入以避免不必要的固定成本的重复投入，防止无效率的资源配置，这有利于电力行业实现资源利用上的效率价值。

2. 为了追求效率，市场机制与激励监管成为了监管权力运行机制的重要内容

依据更新后的自然垄断理论，电力产业的发、供电环节不具有自然垄断性而具有竞争性，只有市场机制而非政府的权力机制，才是发、供电环节最有效的资源配置手段，放松对发、供电环节之市场主体的进入管制，引入竞争机制，能够提高电力行业的经济效率。

基于这种认识，域外先进国家相继进行了“放松（进入）管制”的电力改革，在发电与供电环节引入市场机制，通过自由竞争提高电力行业的产出，通过增大电能供给降低电力行业的收费，提高电力行业的经济效率和社会效率，破解传统垄断经营带来的“电荒”等低效率难题。因此，正是基于对效率价值的追求，在不具有自然垄断性而具有竞争性的发电、供电领域，市场机制才成为了政府监管发电、供电环节之权力运行机制的重要内容[1]。

为了提高电力行业的经济效率和社会效率，在电力市场成熟的发达国家，对垄断环节的价格监管，已经逐渐用激励性监管代替了传统的保护性监管。投资回报率的价格保护性监管措施，虽然体现了公平价值，保护了消费者的利益，但是，该措施使被监管企业的激励机制被削弱，效率普遍低下。为了提高效率，西方经济学界提出用激励性监管代替保护性监管，激励性监管措施[2]包括最高限价监管、特许权竞争和标尺竞争等不同方式。最高限价监管以物价指数为前提，实行最高限价的输配电价格，并且定期

---

[1] 前引韩兆柱文章，第7页。

[2] 关于激励性监管方式的具体内容，参见曾鸣．电力行业激励性监管方式的探讨［J］．电力技术经济，2005（2）：2.

逐步下调。最高限价监管一方面赋予了被监管企业更多利润支配权，使企业在一定程度上受到利润刺激，从而获得提高生产效率的激励；另一方面，其使被监管企业在不超过价格上限的情况下享有灵活定价权，该定价权同样可能有利于社会效率的提高。以最高限价监管为代表的激励性监管措施，已逐渐成为电力市场较为发达的国家主要采取的监管措施。因此，正是基于对效率价值的追求，激励监管措施才成为了政府监管电力行业权力运行机制的重要内容。

3. 为了追求效率，电力行业安全生产秩序成为了电力监管必需的监管事项

有人提出，安全是政府监管电力行业的价值之一[1]。笔者认为，在电力监管中，效率和公平价值已经足以涵盖安全目标，不必再单独将安全作为电力监管的终极价值之一。

一方面，从电力行业相对人的立场上看，电力监管的公平价值构成了安全目标的终极目的，因为追求安全的最终目的在于公平对待电力行业及其相对人的权利，保护相对人不受电力行业的侵害，公平分担电力行业生产带来的风险。另一方面，从电力行业的角度看，由于电力产业自身的技术特征，影响其安全生产的风险分两种：一是人类社会现有技术能力能够预见并且能够避免的风险；二是人类社会现有技术能力不能够预见因而不能避免的风险。政府监管电力行业所要追求的安全目标，只能局限在防止发生现有技术条件下能够预见并且能够避免的风险之内，在该种条件下，效率价值构成了安全目标的终极目的。

首先，电力产业的公用性特征决定了电力是企业和居民不可或缺的生产和生活资料，必须保证其安全与稳定。但是，保证其安全与稳定的前提是整个社会拥有充足的电力可供应，没有电力行业的有效供电，就无法保证用电的安全与稳定。因此，提高电力行业的生产效率，做到有电可供，是保障用电安全与稳定的前提，在低效率导致的无电可供或供电不足的情况下，电力行业的安全秩序就是无源之水，换言之，没有效率，就无所谓安全与稳定。

其次，电力产业兼具统一性与脆弱性的技术特征，在客观上必然要求电力的供求必须随时保持平衡，发、输、配和供每个环节都要有序运行，任何一个环节的无序或者不安全，都将导致整体的低效率，甚至瘫痪。因此，在无序或

---

[1] 前引周峰硕士论文，第 5－6 页。

不安全导致的无电可供或供电不足的情况下，电力行业的效率也将成为无源之水，换言之，没有安全或没有秩序，也就没有效率可言。

将安全作为电力监管的终极价值存在着弊端。任何产业都必然存在着现有技术条件下不能预见因而不能避免的风险，但是，人类社会绝不可能因此就放弃对那些未知领域的探索和实践，具体到电力产业而言，我们不可能因为核电领域存在着未知的风险，就不再发展核电产业。因此，如果将安全作为电力监管的终极价值，意在控制人类社会现有技术条件下不能预见因而不能避免的风险的发生，不仅无助于电力行业效率的提高，而且还会在根本上妨碍电力产业技术的进步。

总之，基于对效率价值的追求，必须保障电力系统安全生产的秩序。正是基于此认识，域外先进国家在政府对电力行业的监管事项中，除了涵盖诸多有利于促进电力行业经济效率的监管措施外，还包含了诸多有关电力行业安全生产秩序的内容，如监督检查电力企业贯彻执行相关电力技术、安全及质量的情况；要求电力行业市场主体信息公开，披露有关电力产业安全生产方面的信息资料；对突发事件紧急处理的机制等。通过这些制度内容，能够及时消除电力生产、运行中安全事故对电力行业效率的降低，从而实现对效率价值的追求。因此，正是基于对效率的追求，在电力监管事项中，就必然要包括有关电力行业安全秩序的内容。

4. *为了追求效率，保障监管有效性的措施成为了监管机制的重要内容*

权力主体享有权力的目的不在于掌握权力，而在于发挥权力的功能，将掌握的权力运用于社会事务和现实生活中。在“自由市场＋政府监管”的模式下，政府监管的正当性同时来源于监管成本的可接受性。这意味着在配置电力监管权力时，必须注重监管的有效性，即能够以最小的成本最大程度地实现预定的监管目标。基于对效率价值的追求，现代的电力监管权力机制与传统的行政权力机制相比较，发生了如下的变化。

为了追求效率，域外先进国家政府监管权力的运行，不仅如传统行政权力机制一样，关注权力运行的合法性，而且还关注监管权力运行的有效性。“监管机构越来越多地使用经济激励型监管取代过去的命令控制型监管，强调监管的参与性、非强制性和不断试错性，以提升监管绩效”❶。现

❶ 马英娟．监管与经济激励：中国行政法学面临的新课题［J］．中国社会科学院研究生院学报，2007（2）：88.

代西方国家所建立的监管影响评估机制，就是关注效率价值的政府监管制度的典型。

为了追求效率，域外先进国家政府监管程序的设计理念，不仅如传统的行政程序一样，定位于从形式上控制监管权、防止监管权滥用，而且还注重从实质上提高监管效率、促进监管之价值目标的实现等根本问题。权力运行过程的科学化、规范化程度如何，关系到权力行使的效率❶。西方监管制度发达国家所建立的公正、透明、科学的监管程序规则，如信息公开制度、公众参与制度等，不仅使监管机构的合法性和可问责性通过程序控制得以落实，而且能够促进监管机构科学、理性地决策，从而实现"防止监管权滥用"和"提高监管效率"的双重目的。

二、内在理念之二：追求公平

作为电力监管权力配置的价值目标，公平对电力监管法律制度有着广泛而深远的影响，域外先进国家电力监管制度中的许多内容，都体现了对公平的追求。

1. 电力监管职能的主要内容及其演变，体现了对公平的追求

域外先进国家传统的电力监管以经济性监管为主，其监管职能的内容包括对电力行业市场准入、竞争和交易、价格、质量的监管。其中，价格监管是最主要的监管职能，监管机构通过对价格的监管将电力价格确定在一个合理的水平上，在保证电力企业获得合理利润的同时，限制企业的垄断行为，保护用电方的权益。以价格作为主要的监管事项，反映了电力监管权力机制从一产生，就重视供电方与用电方之间在基本利益（用电价格）分配上的合理调控，通过限定价格的方式防止了供电方获取超额垄断利润，保护了用电方的利益，从而体现了公平价值。

电力监管的社会性监管是为了保护环境，保障劳动者和消费者的安全、健康，防止灾害发生，保障服务质量，对电力行业从业主体的经济活动所实施的监管。随着社会的不断发展，社会性监管已经成为域外先进国家电力监管主要的监管职能，这意味着在电力监管权力机制中，加强了对电力行业弱势方利益的保护，增加了电力企业对其负外部性行为导致的环境污染等责任的承担，不仅追求同时代社会成员之间利益上的公平，而且重视代际之间环境保护、资源

❶ 郭大方．建立完善权力运行机制清除产生腐败行为的条件［J］．重庆社会科学，2001（5）：9.

使用上的均衡。

基于电力产品的公用性和不可替代性，国家在电力产品的供给上必须实行普遍服务原则，即保障每一个社会成员都能够有电可用。电力产品供给上的普遍服务原则的实现，依赖于电力企业履行普遍服务义务，而电力企业是否履行普遍服务义务，已经成为现代各国重要的电力监管职能之一。电力产品供给上的普遍服务原则，体现了对基本人权的保障，由于人权来源于平等，而公平价值同时蕴含着平等，因此，普遍服务义务成为现代各国电力监管的主要事项之一，也体现了对公平价值的追求。

可见，正是基于对公平价值的追求，域外先进国家电力监管中的经济性监管职能以价格监管为主，社会性监管在电力监管职能中占据了越来越重要的地位，电力企业之普遍服务义务成为了现代电力监管的重要职能之一。

2. 赋予电力监管机构独立性地位，体现了对公平的追求

正是基于对公平价值的追求，独立性成为了政府监管权力的核心特征，域外先进国家正是基于该核心特征，通过法律赋予其专业电力监管机构的独立性地位，即专业电力监管机构依照法律授权独立行使监管权，不受其他公民、法人和其他组织的干涉。专业电力监管机构的独立性地位对实现公平价值的意义体现在如下三个方面。

首先，独立性地位使专业电力监管机构独立于政府的其他行政部门，不受政府其他行政部门的影响。这种安排有利于防止政府为达到短期政治目的而行使自由裁决权所导致的电力监管不公平现象的出现，符合对公平价值的追求。

其次，独立性地位使专业电力监管机构独立于被监管者（企业），与被监管者及其利益集团保持距离，不受被监管者的影响（在中国，其同时还意味着让电力监管机构与享有电力资产管理权的行政机构相分离，后者代表国家管理电力行业的国有资产，而持有国有资产的电力企业属于被监管的对象）。这种安排有利于避免监管机构与被监管对象的利益高度趋同，有助于减少处于强势地位的被监管者对监管政策的制定和执行的不当影响，有助于防止监管者被捕获从而仅代表某一特殊利益集团而非一般公众的利益，体现了公平价值。

最后，独立性地位使域外先进国家所设置的专业电力监管机构内部的决策、执行和裁决权力，归属不同的部门或者人员行使，并保持相对独立性。由

于政府监管权是立法权、执法权与司法权的集合体，电力监管机构所享有的不同的职能之间存在着显著的差异，如果电力监管部门内部不实行严格的分工，使某个具体的监管人员享有集决策、执行和裁决于一体的绝对的权力，必然导致权力的滥用，损害监管的公平性。因此，其有利于分清监管职能，实现电力监管机构内部不同部门之间权力上的相互制衡，从而有助于保障监管过程和监管结果的公正性，体现了公平价值。

3. 对电力监管权力的制衡与对监管失灵的预防，体现了对公平的追求

赋予监管机构独立性地位，使监管机构享有广泛的自由裁量权而不加以制约，必然导致监管机构滥用权力、被捕获成为被监管者私利的代表等政府监管失灵现象的出现，使监管与公平价值背道而驰。因此，正是基于对公平价值的追求，域外先进国家通过法律对电力监管权力进行制衡，采取措施预防政府对电力行业监管失灵现象的出现。

分权配置电力监管权力，是域外先进国家使电力监管权力相互制衡的起点。除此之外，他们还通过加强对电力监管权力运行的制约以预防监管失灵，保障公平价值的实现。首先，在域外先进国家，电力监管权力运行的实体标准是法定的，即监管机构必须以事先发布的法定的实体性标准，作为其运用权力判断被监管人的行为应否被禁止、应否被惩罚的依据，没有事前发布的法定标准，不能认定被监管人的行为有害，亦不能进行处罚。其次，电力监管权力运行的程序标准也是法定的，域外先进国家通过法律为电力监管权力的运行规定了明确具体的、公平行使的程序标准，确保电力监管权力决策过程的透明性和公开性，确保权力的具体行使过程遵循正当法律程序原则。最后，对电力监管权力的运行建立了法定的审查机制、责任追究机制及救济机制。域外先进国家对电力监管权力决策的透明性、权力运行的合程序性都要进行法定的审查和识别；通过法律明确规定监管失灵的判断标准、衡量指标及对违规行为的处罚标准；通过司法权对电力监管权力运行的结果进行外部的制衡，为遭受电力监管权力不当侵害的当事人提供司法救济。这些制约电力监管权力运行的法律规则，都体现了对公平价值的追求。

三、内在理念之三：兼顾效率和公平

效率和公平是域外先进国家政府监管目标的基本内容，兼顾效率和公平已经成为域外先进国家近年来政府监管改革的核心目标。例如，美国 2011 年开始的政府监管改革中，将监管目标修改为“在促进经济增长、创新、竞争和创

造就业机会的同时，保护公共健康、福利、安全和环境”“尽可能准确量化预期收益、未来收益和未来成本”“要考虑（并定性地讨论）那些不能量化的价值，包括公平、人的尊严、公正和分配影响”。[1]

同为配置电力监管权力的价值目标，效率与公平之间既相互统一又存在冲突。因此，在配置电力监管权力时，应正确应对效率与公平的冲突，努力寻求二者的协调，既不能因追求效率而牺牲公平，也不能因追求公平而忽视效率。域外先进国家电力监管制度中出现的新的监管措施或新的配套制度，正是兼顾效率和公平之内在理念的体现。

1. 用激励性价格监管代替保护性价格监管，体现了对效率和公平的兼顾

用激励性价格监管措施代替传统的保护性价格监管措施，是域外先进国家通过制度创新，兼顾效率和公平的典型体现。传统的保护性价格监管，虽能使广大用户以相对合理的价格用电，但是，缺少对被监管企业的激励，使被监管企业效率普遍低下；西方国家逐渐取代保护性监管措施的激励性监管措施（如最高限价监管措施），一方面赋予被监管企业更多利润支配权，从而激励其提高生产效率；另一方面，使被监管企业在不超过价格上限的情况下享有灵活定价权，同样可能有利于降低电价，实现社会公平。

2. 建立电力普遍服务基金制度，体现了对效率和公平的兼顾

建立电力普遍服务基金制度，保障电力企业普遍服务义务的实现，是域外先进国家通过新的配套制度安排，应对公平与效率冲突，追求二者协调均衡的另一个典型例证。为了消除贫困、保障人权，国家在电力产品的供给上必须实行普遍服务原则，从而追求公平价值。但是，要求电力企业独立承担普遍服务的义务，必然会损害电力行业的经济效率。因此，域外先进国家从社会整体利益出发，建立了电力普遍服务基金制度，为电力企业履行普遍服务义务提供经济上的保障，从而防止电力企业因履行普遍服务义务而降低自身的经济效率[2]。

鉴于在政府运行电力监管权力的实践中，作为经济人，电力垄断企业有不惜一切努力，追求自身经济效率的内在动力，电力监管机构应作为一种相反的力量，以限制垄断企业滥用权利、倾斜性保护弱势方的合法权益为己

---

[1] 详细内容，参见吴秀尧．奥巴马政府监管的行为法经济学分析——成本收益国家在行为时代的人性化改革［J］．时代法学，2013（4）：28.

[2] 关于普遍服务基金的有关内容，参见唐敏．普遍服务的法理基础与制度建构——以电力行业为例［J］．电力需求侧管理，2010（13）：30.

任，确保电力监管权力运行的过程及结果的公平性，从而确保在长远及整体意义上效率与公平价值的最大实现。只有这样，才能体现效率仅作为电力监管权力配置的工具性价值目标，而公平应作为电力监管权力配置的目的性价值的意义。

第二节　域外先进国家电力监管权力配置的制度表现

域外先进国家在立法上分别授予电力监管的政策部门、专业电力监管机构，综合监管机构的具体职能及处理每对监管机构之间关系的具体内容如下。

一、专业机构与政策部门的权力配置

在专业电力监管机构与政策部门之间的权力配置上，域外主要发达国家存在着两种不同的模式，即非独立监管模式与独立监管模式[1]。只有在独立监管模式下，才存在着对专业电力监管机构与政策部门之间的权力配置问题。

所谓非独立监管模式，即政监合一的监管模式，指由政府行政部门直接行使电力监管职能，不单独设立专业的电力监管机构的方式。非独立模式没有单独设立专门的电力监管机构，监管电力行业权力由一般的行政机构享有。此种模式下，由于没有建立专业的电力监管机构，也就不存在专业电力监管机构与政策部门及综合性监管机构在权力上的分工问题。1998 年以前欧洲大陆法系国家多采取了该种监管模式。日本目前仍采用非独立监管模式，其改革后的电力监管制度虽受到美国的影响，但是并未像美国那样单独设立专业的电力监管机构，日本对电力产业的监管由政府主导与独立咨询机构协助监管相结合，通产省是其主要的电力监管机构。

[1] 对西方电力监管的模式，按不同的标准，有不同的划分。有学者把西方电力监管的模式划分为三种。一是独立或集中的监管模式；二是多部门、分散的监管模式；三是采取政府与电力公司签订合同方式的监管模式（参见杨名舟．国外电力工业管制模式扫描［J］．中国电力企业管理，2001（4）：20－21.）。鉴于引入竞争、打破垄断是各国电力改革共同的目标，本书采用了独立集中的监管模式与非独立的分散监管模式的分类方式。也有学者把西方的电力监管划分为单一的电力监管模式（专门对电力行业）、能源监管模式与综合监管模式。（参见史玉波．不断探索努力实践［J］．中国电力企业管理，2003（1）：9－10.）。本书所谓专业的电力监管机构，指单一电力监管模式与能源监管模式中承担经济性电力监管职能的机构。

所谓独立监管模式，指单独设立专业的电力监管机构，集中行使经济性电力监管职能，其独立于其他政府部门（包括电力监管的政策部门、综合性监管机构）及被监管主体，具有较强的权威性和中立性。采取该模式的代表国家是英国和美国，受其影响，澳大利亚、加拿大、丹麦、芬兰、法国、爱尔兰、意大利、葡萄牙、瑞典和大多数南美国家都采取了单独设立监管机构的独立监管模式。

就独立的专业电力监管机构与国家及地方政府的权力配置而言，国际大电网会议第37届委员会建立了一个电力市场监管模型[1]，该模型清楚地描述了专业电力监管机构和国家及地方政府各自的职责。其中，电力监管机构负责监管发电、售电环节的运营许可、市场垄断，监管电力市场运行、电网运行、监管输电、配电、结算的运行许可和价格控制；国家或地方政府监管发电环节的建设许可、燃料政策与排放政策，监管输电、配电环节的建设许可。

1. 英国专业电力监管机构与政策部门的主要职能及相互关系

依据1989年的《电力法》，英国国家工业与贸易局（DIT）是其电力产业的宏观政策部门，负责制定宏观政策、电力产业的发展规划及相关的法律法规，不享有直接的电力监管职能；直接的电力监管职能由专业的电力监管机构——电力监管部门（OFGEM）承担。依据1989年《电力法》，OFGEM的电力监管职能主要是：执行DIT制定的政策、法规及规划，制定电力市场的准入、产品与服务的价格的监管规则，依法监管发电、输配电、售电各环节：颁发内容详尽的发电、输电、公共供电或二次供电许可证，监督发电、输电、售电企业的经营；严格监管垄断的输配环节，直接监管其电价；监管发电市场之垄断的公司的不正当竞争行为；逐步形成售电价格的市场化；调解电力市场的纠纷和争议。OFGEM虽隶属于政府，但其依据《电力法》行使权力，独立于DIT，不受任何《电力法》规定以外的干预。

2. 美国专业电力监管机构与政策部门的主要职能及相互关系

依据“能源组织机构法案”成立于1977年的美国能源部（DE），是电力监管的政策部门，主要负责向总统及国会提供能源（包括电能）的政策建议，没有直接的电力监管职能。具体履行电力监管职能的机构是美国1977年依据前述“能源组织机构法案”由联邦电力监管委员会更名而成的“联邦能源监管委员会（FERC）”。在州一级，和FERC对应的机构是各州公用事业监管委

[1] 井志忠．电力市场化改革：国际比较与中国的推进［D］．长春：吉林大学，2005：89.

员会。

授予FERC具体电力监管职能的法律依据主要是美国国会通过的一系列法案及FERC先后颁布的监管命令。包括1936年的《联邦电力法》、1978年的《公用事业监管政策法案》、1992年的《能源政策法案》和2005年的《能源政策法》。此外，1996年，FERC先后颁布的888、889、592、2000号监管命令，扩展了FERC的实际监管权。

依据《联邦电力法》、《公用事业监管政策法案》及FERC颁布的888、889两个法令，FERC主要负责监管跨州的输电价格和服务，监管电力批发市场的价格、服务和输电网的开放，监管电力企业的兼并、重组、转让和证券发行，监管电网的可靠性标准；发放非联邦政府拥有的水电项目许可证，监管水电站大坝的安全；负责组织实施联邦电力法、联邦天然气法和相关的能源政策法案[1]。

从FERC即"联邦能源监管委员会"所享有的以上电力监管职能可以看出，作为美国直接的专业电力监管机构，FERC所承担的监管职能中，绝大部分是对电力行业的市场准入、价格、竞争和交易进行监管，属于经济性监管职能；少数部分是对电力行业安全保障的监管，属于社会性监管职能；FERC不享有环境保护、普遍服务义务等的社会性监管职能。

二、专业机构与综合机构的权力配置

域外先进国家在专业电力监管机构与综合监管机构[2]之间的权力配置上，分权是其最基本原则，具体的做法是，在将电力行业经济性监管职能配置给专业的电力监管机构的同时，将社会性监管职能配置给综合性的监管机构行使。

(1) 由政府的环境保护机构承担电力行业的环境保护监管职能是域外先进国家的惯例。例如，在英国，承担电力行业的环境保护监管职能的机构是英国环保部（EA/SEPA），在美国，承担环境保护之电力监管职能的机构是联邦环境保护署，主要监管发电厂的污染排放。

(2) 专业电力监管机构不承担电力行业一般性的安全生产监管职能，也是习惯性做法。例如，在英国，电力行业一般性的安全生产监管职能由其负责安

---

[1] 冀利民．我国电力监管体制的制度变迁分析［D］．山东：山东大学，2007：23.

[2] 本章所称"综合性监管机构"不包括反垄断监管机构。专业电力监管机构与反垄断监管机构的权力配置在下文中将专门进行探讨。

全生产监管的政府机构承担，而在美国，专业电力监管机构只承担对用于发电的水库大坝的安全监管职能。

(3) 设置综合性核监管机构承担核电安全监管职能，已经成为惯例。为了保障核能源（包括核电）的安全，美国实行独立核安全监管，1975 年，依据 1954 年《原子能法》和 1974 年《能源改组法》，成立了美国核管制委员会（US NRC），隶属于美国国会，由 5 名委员组成，其主席由总统任命，核电站及核燃料设施的安全是其重要的监管职能之一。法国在 2006 年依据其《核透明和安全法》，成立了作为独立行政机构的法国核安全监管机构（ASN），负责监管包括核电站在内的核安全问题。❶ 英国于 2011 年成立了核监管局（ONR），承担包括核电站在内的核安全监管职能。

(4) 对于电力普遍服务义务的实现，国家不仅享有监管权力，更承担了采取必要措施，确保电力企业能够履行电力普遍服务义务的责任。以美国为例，为保证电力普遍服务义务这一社会性职能的实现，美国针对不同的地区采取了不同的措施。依据 1936 年的《农村电气化法》，实现农村地区普遍电力服务，美国成立了农村电气化服务局，并建立了农村电力合作社这一非盈利性质的自治供电机构，该机构不受联邦电力监管机构的监管。为了扶持农电合作社，确保其电力供应，联邦政府不仅为合作社的电力设施建设提供 30 年的长期优惠贷款，而且让联邦政府所有的水电站优先向合作社供应质优价廉的电力。各州公用事业监管委员承担了对公用电力公司向美国城镇及周边地区提供电力普遍服务义务的监管职能，制订专门的低收入补贴计划，对供电区域内低收入人群进行补助❷，低收入人群的补贴费用通过用户间的交叉补贴实现。

(5) 为了应对新挑战，在坚持分权配置经济性与社会性监管职能的同时，加入沟通协调机制已经成为一种共识。随着地球环境污染、气候变暖、能源安全等问题的日益凸显，专业的电力监管机构与保护环境等综合性监管机构分享两种职能的弊端也日益突出，加州电力危机的出现，对分权配置经济性与社会性监管职能的做法提出了新的挑战。

---

❶ 关于美国核监管委员会与法国的核安全机构的详细情况，参见李晶晶，等．中国核安全监管体制改革建议［J/OL］.［2012-10-22］. http: //www. china5e. com/thesis/news-250313-1. html.

❷ 按美国加州关于低收入补贴的规则，3 口之家收入低于 3.25 万美元即定义为低收入家庭（每增加 1 人标准相应提高 6700 美元）。满足低收入家庭标准的家庭，可通过申请批准，享受电费 20%的折扣与基本不变的固定费率。

美国加利福尼亚州在2000年夏季和冬季，爆发了大规模的电力危机，夏季电力需求急剧上升，批发电价飞涨；冬季电力供应严重下降，出现了几十年都未出现过的连续断电现象。导致加州电力危机的原因之一——“对扩大供电的限制”❶ 或者“发电投资严重不足”❷，具体到电力监管权力的配置上，就是专业的电力监管机构与环境监管机构之间在进行市场准入监管时缺乏有效的协调配合机制的结果。虽然在电力市场化改革之初，加利福尼亚州的电力供应处于过剩的状态，但是自1992年以来，加利福尼亚州没有新的发电容量投入运行。其原因一方面在于专业的电力监管机构对新电厂和输送线路的许可从严控制，降低了投资热情；另一方面，在投资人提交申请之后，环境监管机构对环境的要求太高，考虑到当地民众的反对，过多地权衡，以至耽误了新电厂获得选址的许可证。这次电力危机的出现，不仅反映了分权配置经济性与社会性监管职能的弊端，同时也为思考怎样消除这些弊端提供了契机，如何加强各电力监管机构之间的沟通和协调，怎样将促进竞争等经济性目标与保护环境等社会性目标融入一个统一的电力监管框架，成为了各国共同关注的焦点。为了避免发生与加利福尼亚州类似的电力危机，在专业电力监管机构与综合监管机构之间分权配置监管职能的同时，应该加强二者之间的沟通和协调配合，已经逐渐成为共识。

三、专业机构与反垄断执法机构的权力配置

学界虽有一些有关的研究成果❸，但是专门研究专业电力监管机构与反垄断执法机构之间的权力配置的成果很少❹。在专业的电力监管机构与反垄断执法机构之间的权力配置上，域外先进国家先后出现过三种模式：电力行业监管机构全部管辖模式，专业电力监管机构与反垄断执法机构共同管辖模式及反垄断执法机构单独管辖模式。

（1）电力行业监管机构全部管辖模式。依据传统的自然垄断理论，电力行业整体被视为具有自然垄断性，因而各国家一般对其豁免反垄断法的适用，采

❶ 前引井志忠博士论文，第120－123页。

❷ 李均强、刘靖峰．加州电力危机、欧美大停电分析及对我国的启示［J］．中国电力教育，2009（8）：265.

❸ 吴华升．我国反垄断执法机构与行业监管机构权力配置研究［J］．经济法论坛，（8）：131.

❹ 该类文章笔者只查到1篇，即：张诗滔，李扬．监管：规避权力冲突——论电监会与反垄断执法机构的关系［J］．中国电力企业管理，2005（8）：46.

用电力行业监管机构全部管辖的模式，即电力行业监管机构负责电力行业的所有监管事务，享有全部的事前、事后监管权，该模式排除了反垄断执法机构对电力行业的反垄断审查。例如，依据美国《克莱顿法》第 7 条的规定❶，美国电力市场的反垄断职能不在反垄断执法机构，而在专业电力监管机构——联邦电力委员会；依据日本原未修改《关于禁止私人垄断及确保公正交易法》第 6 章第 21 条的规定❷，日本在修改该法之前，亦同样如此。

（2）专业电力监管机构与反垄断执法机构共同管辖模式。随着自然垄断理论的演化，域外各主要国家的电力行业逐渐引入竞争，进行了市场化改革，政府对电力行业的监管也由全面的特殊行业监管演变为双重监管：既进行行业监管，又进行反垄断监管，不仅电力行业监管立法（事业法），反垄断法也成了处理监管者（政府）、电力企业与消费者（市场主体）三方之间法律关系的依据。对电力行业的监管而言，反垄断法是普通法，电力行业监管立法是特别法，二者对电力行业的监管上存在着重合性。“引入竞争，放松管制”导致专业电力监管机构全部管辖模式的空间被压缩，逐渐演变成由该二机构合作管辖的模式，反垄断执法机构在电力行业反垄断中的作用日趋提升。

引入竞争的市场化改革使电力行业出现了竞争性事务，该竞争事务包括两种：一是促进市场竞争机制形成、防止垄断行为出现的事前监管事务，二是排除、限制竞争的垄断行为的事后监管事务。在专业电力监管机构与反垄断执法机构合作管辖模式下，事前性监管的竞争事务一般归专业电力监管机构管辖，但是，对于排除、限制竞争的垄断行为的事后监管事务之管辖权的归属又有不同的做法，可细分为权力共享合作与分权合作两种，前者指专业电力监管机构与反垄断执法机构都享有对电力行业排除、限制竞争的垄断行为的事后监管事务之管辖权，后者指该管辖权仅由反垄断执法机构独享。

美国采用权力共享合作管辖模式配置该二机构之间的监管权力。“美国联邦电力法并未规定反垄断豁免，对于电力设施之间的合并，反垄断机构与 FERC 有共同管辖权。对于 FERC 所批准的合并，反垄断机构可以通过起诉加以阻止，FERC 也可以拒绝批准司法部与 FTC（联邦贸易委员会）并不反对的合并。”❸

---

❶ 尚明．主要国家（地区）反垄断法律汇编［M］．北京：法律出版社，2004：195．

❷ 各国反垄断法汇编编选组．各国反垄断法汇编［M］．北京：人民法院出版社，2001：425．该规则在 2000 年修订《关于禁止私人垄断及确保公正交易法》时被删除。

❸ 周汉华．监管机构与反垄断机构的权力配置［N］．中国经济时报，2001－6－22（5）．

德国却采用分权合作管辖模式。经过多年的垄断性行业改革后，德国于2005年设置了联邦网络管理局，承担邮政、电力、供气、电信和铁路的监管职能，具体职能集中在事前性监管的竞争事务方面❶，对限制竞争协议等垄断行为的事后监管职能，则由德国联邦卡特尔局即反垄断执法机构具体承担。

(3) 反垄断执法机构单独管辖模式。随着反垄断执法机构作用的不断强化，逐渐出现了反垄断执法机构单独管辖的模式，即电力行业所有竞争事务均由反垄断执法机构负责。新西兰是采用反垄断执法机构单独管辖的极端例子，其商业委员会负责包括电力、电信等全部行业的一般的竞争政策❷的监管职能。澳大利亚是采用反垄断执法机构单独管辖模式的另一个例子，不设负责电力行业监管的专门机构，反垄断执法机构——竞争与消费者委员会下设的涉及电力等垄断行业竞争问题的监管事务局❸，承担了电力行业的竞争事务的监管职能。

第三节　域外先进国家电力监管权力配置制度表现的经验与教训

前述研究表明，追求并且兼顾效率和公平的实现，是域外先进国家电力监管权力配置的内在理念，为此，域外先进国家首先通过法律（最高立法机关的立法，如英国的《电力法》）完成了对电力监管权力的配置，使电力监管权力配置在制度表现的形式上具备了法定性，而监管机构的设置及职能的法定化，是实现监管的价值目标，避免监管机构滥用权力的前提。

就具体制度表现内容而言，域外先进国家电力监管权力配置格局在经过一定的历史演变后，已经具有更高的分权制衡度，在经历过加州大停电危机事件之后，其协调沟通度也已经有所提高。分权制衡度与沟通协调度的提高，正是其追求并且兼顾效率和公平实现的内在理念的体现。从前面介绍的域外先进国家电力监管权力配置的立法实践中，可以总结出如下的经验和教训，这些经验和教训将对中国电力监管权力配置制度表现的优化，具有重要的借鉴意义。

---

❶ 详细内容参见范合君，等．英国、德国市政公用事业监管的经验及对我国的启示［J］．经济与管理研究，2007（8）：85.

❷ 周光斌．评说全球电信管制模式和经验教训［J/OL］．［2006-04-11］．http：/www.cww.net.cn/.

❸ 王晓晔．论反垄断执法机构与行业监管机构的关系［N］．中国经济时报，2006-8-14（5）．

一、专业机构与政策部门权力配置上的经验

将监管职能分为间接的（制定政策）职能与直接的监管职能，实行政监分离，政策部门主要负责宏观指导，专业电力监管机构直接承担电力监管职能，是域外先进国家在专业电力监管机构与政策部门权力配置上的主要经验。

（1）采用独立监管模式，建立独立的专业电力监管机构是历史发展的主要趋势。随着电力监管职能内容的不断多样化，很多原来采取政监合一模式的国家，都进行了一定程度的分权，转而采独立监管模式，分离政监职能，建立了独立的专业性监管机构，其电力监管职能由原来的政府部门转移到配置给独立的专业性电力监管机构承担。“至2000年年底，欧盟15个成员国当中有12个国家已经决定设立专门的监管机构，其权利、权限、规模以及独立程度因国别不同而有所区别”[❶]。由国际能源署完成的《自由化电力市场中的管制机构》显示，在经济合作与发展组织（OECD）国家，独立监管机构已经逐渐占据了上风，而由现有政府机构或部门行使监管职能已经开始走下坡路。

（2）政策部门主要负责制定宏观政策、发展规划及法律法规，不享有直接的电力监管职能；专业的电力监管机构直接承担电力监管职能，具有独立性和权威性。西方各主要国家的电力监管法律都明确规定了专业电力监管机构独立的法律地位。专业的电力监管机构独立于政府部门，独立于电力行业及其用户，其存在的根本目的在于维护电力市场竞争秩序，代表国家监管电力行业和电力市场。独立的法律地位能够树立并保持专业电力监管机构的监管具有权威性，从而确保监管价值目标的实现。为了保证专业监管机构的独立性，西方各主要国家采取的主要法定措施有：除严重的渎职行为或者生理或智力功能丧失等极端情形外，禁止解除专业电力监管机构之监管官员的职务；实行独立预算以及管理自治，其费用一般从终端用户、网络用户或许可证持有者那里收取。

二、专业机构与综合机构权力配置上的经验及教训

将直接监管职能分为经济性监管职能与社会性监管职能，在坚持分权配置的基础上，建立有效的协作机制，让各监管机构在追求自己主要的价值目标的

❶ 前引井志忠博士论文，第88页。

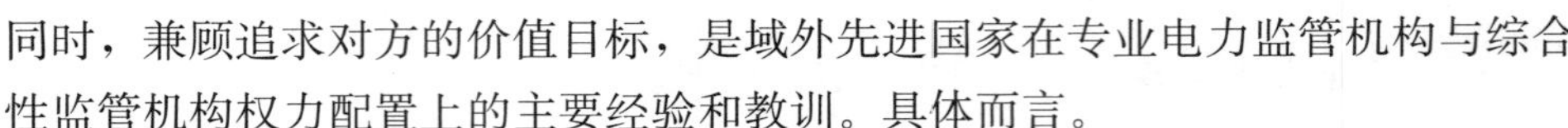

同时，兼顾追求对方的价值目标，是域外先进国家在专业电力监管机构与综合性监管机构权力配置上的主要经验和教训。具体而言。

（1）电力行业的经济性监管职能应配置给专业电力监管机构承担；环境、安全等社会性监管职能应配置给环境、安全等综合性监管机构行使；设置独立的综合性核能安全监管机构，承担核电安全的监管职能；采取必要措施，确保电力企业能够履行电力普遍服务义务的责任。

域外先进国家的经验表明，独立的专业电力监管机构的主要职能在于促进市场竞争，环境、安全及社会公平等社会性目标虽是其应该考虑的目标，但绝非其主要目标❶，而政府综合监管部门（如英国的 DTI、DEFRA、DCLG）在环境、安全及社会公平等社会性监管职能方面，发挥了至关重要的作用❷。域外先进国家的专业电力监管机构并不承担环境、安全生产等社会性监管职能，这些社会性的监管职能主要由相应的综合性监管机构承担，受到日本福岛核事故所带来的影响，设立关于核能安全的综合性监管机构并给其配置核电安全生产的监管职能，已经成为域外先进国家的共识。电力普遍服务义务不仅是电力企业的义务，更是国家的义务，因此，国家应针对不同地区的具体情况，采取相应的有效措施，确保电力企业既能履行电力普遍服务义务，又不至于因承担该义务而承受经济上的不利。

（2）分权的专业电力监管机构与综合性监管机构之间，应建立有效的协调沟通机制，既有自己主要的价值目标，又要兼顾追求对方的价值目标。作为电力监管中的两大重要职能，经济性监管与社会性监管具有很强的互补性。正是由于专业电力监管机构与保护环境的综合性监管机构的协调沟通程度不够，各自只追求自己的价值目标，而降低了美国电力监管权力配置的正当度，才导致了加州电力危机。其给各国配置电力监管权力提供的重要教训有：

首先，应使专业的电力监管机构与政策部门、综合性电力监管机构互相协作：应在政策部门与专业电力监管机构之间建立有效的协调和沟通机制，保证电力监管与能源等政策相协调；应在专业电力监管机构与保护环境等综合性监管机构之间建立有效的协调和沟通机制，保证经济性监管与社会性监管相协调。其次，在对同一被监管人进行监管时，这些监管机构应该相互协作开展工作，每个机构在开展自己工作的同时应考虑其他监管机构的工作。专业的电力

---

❶ Ofgem. Corporation strategy and plan (2006 - 2011)［J/OL］.［2013 - 08 - 02］. www. ofgem. ac. Uk.

❷ 相关内容参见 www. dt. iac. uk，www. defra. ac. uk，www. dclg. ac. Uk 等网站上的介绍。

监管机构必须认识到，遵守严格的环保标准、安全标准，履行普遍服务的义务是电力监管所应实现的重要的社会性目标，专业电力监管机构的多数监管决策，都会产生广泛的环境、安全等社会性的影响。如果专业的电力监管机构在制定其监管决策时不考虑这些社会性目标，必然会导致灾难性的后果，最终损害电力监管所追求的公平价值；综合性的监管机构也必须认识到，应该与被监管人一起建设性地开展工作，帮助其达到既定的环保标准、安全标准和履行社会公平性的义务，不仅要追求环境、安全等社会性目标的实现，还必须要考虑电力行业的发展，考虑电力行业从业主体的经济利益，否则，就很可能会导致无电可供的严重恶果，最终会损害电力监管所追求的效率价值。

三、专业机构与反垄断执法机构权力配置上的经验及教训

从总体上看，在域外先进国家的专业监管机构与反垄断执法法机构之间的权力配置上，存在着多种不同的配置模式。在所采用的不同配置模式中，反垄断执法机构的作用随着电力行业市场竞争机制的不断成熟而不断提升；采用不同的配置模式，各有利弊，一个国家应该怎样具体配置专业电力监管机构与反垄断执法机构之间的权力依赖于当时、当地电力行业的经济基础和法律背景。

（1）随着电力行业市场竞争机制的不断成熟，反垄断执法机构对电力行业反垄断的作用不断得到提升，是社会发展的主要趋势。伴随着电力行业市场机制的不断成熟，域外主要发达国家配置专业电力监管机构与反垄断执法机构之间的权力出现了三种模式的演变，这三种模式的演变过程，是专业电力监管机构作用逐渐减弱而反垄断执法机构作用不断增强的过程，随着电力行业市场竞争机制的不断发育成熟，反垄断执法机构对其的监管作用在不断提升。

（2）采用不同的配置模式，各有利弊。专业电力监管机构完全管辖模式有利于实现电力行业的发展壮大，更容易发现电力企业在经营过程中的垄断行为并获取相关的证据，更擅长对电力企业的行为是否构成垄断做出判断，但是，存在着更多考虑本行业监管政策而破坏反垄断法的统一实施的可能，更容易被电力企业所“捕获”，因而更可能导致对电力行业的垄断行为、垄断企业滥用优势地位的行为监管不力。

共享合作管辖模式能兼顾事前与事后管辖，能充分发挥各自的专业性优势，在事后反垄断监管形成更有力的双重监管，但是双重监管增加了执法成本，更易造成法律后果的不确定性，导致两类机构之间在执法上的冲突，使二者之间需要有效的协调机制。分权合作管辖模式不仅能克服单一机构管辖的弊

端，而且因两类机构的管辖权界限分明，避免了双重监管所带来的执法成本增加、法律后果不确定性增加、执法相互冲突的弊端，更利于两类机构发挥专业优势，但是，该模式实施的最大难点在于如何在两机构之间实现最有效率的分工合作：电力行业的反垄断事务调查处理过程中所必需的电力行业的技术与数据信息、专业人才资源等并非反垄断执法机构所擅长，将电力行业排除、限制竞争垄断行为的事后监管权全部交给在专业上并不擅长的反垄断执法机构独揽的做法，是否最恰当仍有待进一步考察。反垄断执法机构单独管辖的模式体现了竞争政策日益占据社会经济发展之主导地位的历史趋势，能避免其他模式下存在的法律施行不统一、不协调，监管成本增加等弊端，降低监管人被电力企业“俘虏”的可能性。但是，其适用的经济基础和法律背景较高，因而适用面目前尚较窄。

（3）一国采用何种配置模式，取决于当时、当地的经济基础和法律背景。从域外先进国家配置专业电力监管机构与反垄断执法机构之间的权力所出现的三种模式的演变过程可以看出，每一种配置模式都有其相对应的经济基础和法律背景，这些经济基础和法律背景之间都呈现出由不成熟到相对成熟再到更加成熟的发展过程。专业电力监管机构完全管辖模式是最早的配置方式，其以电力市场尚未发育成熟、电力行业的规模经济效益大于垄断造成的危害为经济基础，以竞争法发育不成熟、反垄断执法机构设置不够完善为法律背景。专业电力监管机构与反垄断执法机构合作管辖的模式的出现，以电力行业内部市场发育相对成熟、电力行业垄断所造成的危害逐渐大于甚至超过了电力行业之规模经济所产生的效益为经济基础，以竞争法发育相对成熟、竞争法与事业法相互间较能有效地协调，专业电力监管机构和反垄断执法机构设置较为完善为法律背景。而反垄断执法机构单独管辖模式的出现及存在更是以电力行业内部市场竞争机制的高度成熟为经济基础，以竞争法发育高度成熟为法律背景。

可见，对于一个国家而言，没有最好的，只有最恰当的模式。“模式的选择离不开对特定历史时期的社会经济发展水平和发展阶段的考量”[1]，一个国家选择何种模式配置专业电力监管机构与反垄断执法机构之间的权力，必须要充分尊重本国当时的电力行业方面的经济基础和法律背景，否则，所选定的配置模式不仅不能实现预定的监管目标，反而会阻碍电力行业的健康发展，域外

[1] 前引吴华升文章，第135页。

已有的先进国家采用反垄断执法机构独立监管模式失败❶的前车之鉴值得后人深思。

总之，域外先进国家电力监管权力配置的制度表现，体现了兼顾追求效率和公平的内在理念，为后进国家提供了如下具体的经验和教训。

(1) 域外先进国家对电力监管权力的配置具有法定性，即通过具有最高法律位阶的法律形式确立（专业）电力监管机构的设立，明确规定不同电力监管机构之间的具体职权及其相互之间的关系。

(2) 将监管职能区分为间接的政策性职能与直接的监管职能，采用独立监管模式，实行政监分离，配置政策部门与专业电力监管机构之间的权力。

(3) 将直接监管职能区分为经济性监管职能与社会性监管职能，在坚持分权配置专业电力监管机构与综合性监管机构之间的监管职能的同时，建立二者之间有效的协调沟通机制，使其在追求自身主要的价值目标时，兼顾对方的价值目标。

(4) 随着电力行业市场竞争机制的不断成熟，逐渐提升反垄断执法机构的作用，一国应尊重本国当时、当地电力行业的经济基础和法律背景等具体情况，配置本国专业电力监管机构与反垄断执法机构之间的权力。

这些经验和教训，不仅证明了前述路径理论分析结论的正确性，也为后进国家选择合理的配置电力监管权力的路径，确立合理的电力监管权力配置制度的外在表现，提供了极具借鉴意义的参照样本。是否能吸取域外先进国家配置电力监管权力立法实践中的经验和教训，同样构成衡量后进国家电力监管权力配置是否合理乃至最优的标准之一。

❶ 如新西兰由于未能充分考虑本国的经济基础和法律背景，对其电信业取消监管，采反垄断执法机构独立监管模式后，导致了许多新问题的出现。“……在2001年颁布的新西兰电信法中已经授权商业委员会重新实施电信监管。”详细情况参见许石慧．论竞争主管机构与产业监管部门的权力配置［J］．时代法学，2007（5）：73.

中国电力监管权力配置的检视

本书前面的研究表明，衡量电力监管权力配置是否合理乃至更优的标准有：①是否具备政府监管权力之法理特征决定的政府监管制度之建构应该具备的特征；②是否同时满足四个正当性基础条件，分别满足这四个条件程度越高，其正当度就越高；③是否以效率和公平为价值目标，促进这些价值的实现程度越高，其正当度就越高；④是否分权配置并使之相互制衡，建立沟通协调机制，分权制衡与沟通协调的程度越高，其正当度就越高；⑤是否吸取域外先进国家配置电力监管权力立法实践中的经验和教训，越能吸取这些经验和教训，后进国家电力监管权力配置的正当度可能就越高。本章将运用这些基本标准，分析和评价中国的电力监管权力配置，以便为中国电力监管权力配置的优化提供特殊意义上实践性根据。

第一节　中国电力监管权力配置的内在理念及存在的问题

中国电力监管权力配置的内在理念，反映在中国电力监管权力配置的正当性基础条件及中国与电力监管权力配置相关的立法所追求的价值中。

一、电力监管权力配置的正当性基础条件及存在的问题

本书第二章中论证的电力监管权力配置的四个正当性基础条件，既是配置电力监管权力的限制性条件，也是衡量电力监管权力配置正当度的依据。为了方便讨论，本章将不能满足这四个条件的情形，简单分为“市场失灵”与“政府失灵”两种类型，政府在监管电力行业时，出现了不符合正当电力监管应该满足的另外三个基础条件（“以公共利益为目的”“是最优的应对电力行业市场失灵的公

共控制策略”“人们不得不支付电力监管之成本”）的现象，皆可归属于“政府失灵”方面的问题。从总体上看，中国电力行业存在的“市场失灵”，为中国配置电力监管权力提供了逻辑上的必要条件。但是，中国电力监管权力的配置，存在着诸多不符合甚至违反正当的电力监管权力配置应该符合的另外三个条件的情况，即出现了大量的“政府失灵”，中国电力监管权力配置的正当度不高。

在不同的国家，由于历史背景、经济基础、法律制度等多方面的差异，该四个基础条件可能呈现出不同的特征，而一国在配置本国的电力监管权力时，必须考量并符合本国的这四个基础条件的具体国情，才能使所配置的电力监管权力适应本国的需要。“在典型的监管型国家，监管勃兴是在自由资本主义发展到垄断阶段，反市场问题出现对经济社会危害严重，普通法却无力解决、政府无意干预的特定历史背景下出现的”“相反，中国的起点是政府垄断一切，然后逐步放开市场，扩大市场准入，逐步建立市场并鼓励市场配置资源，这是一个政府逐步退出直接的经济活动的过程……即中国的现代监管制度创设是逆向而为的，这是中国构建现代监管型政府应当考虑的基点问题。”❶ 中国自上个世纪后期开始了电力行业由计划经济转向市场经济的改革，由于历史的原因，中国电力监管权力配置的正当性基础条件有着不同于典型的市场经济国家的特点，认清这些具体的国情，将为优化中国电力监管权力的配置提供本国实践性的基础。

1. 中国电力行业的“市场失灵”所具有的本国特点

对于中国是否存在建立政府监管制度的经济基础——“市场失灵”，学界有不同的看法。笔者认为，处于经济转轨时期的中国，虽然对作为计划经济体制基础的国有企业的改革仍未成功，市场化取向改革的“大关”依然没有完全攻破❷，中国经济法缺乏市场成功的根基❸，但是，这样的现状并不能否认当今的中国存在着市场，而有市场，就有市场失灵。传统的自然垄断属性决定了市场经济国家的电力行业，也存在着市场失灵现象——经济性垄断，即电力企业滥用市场支配地位的垄断行为、电力企业联合限制竞争的行为❹。目前，我国电力行业所存在的以上两种市场失灵的现象，与西方传统市场经济国家的相较，既有差异，又有共性。

---

❶ 许石慧．试论监管型政府的法治构造［J］．公法研究，2007（8）：70.

❷ 吴敬琏．改革：我们正在过大关［M］．上海：三联书店，2001：79－86.

❸ 毛德龙．中国经济法学研究的转型与转型期经济法研究［M］．北京：中国法制出版社，2010：187.

❹ 张金平．电力行业垄断的法律规制［D］．郑州：郑州大学，2007：21.

首先，中国电力企业滥用市场支配地位[1]的现象比市场经济发达的西方国家更为普遍。随着市场化改革的不断深入，中国电力行业的市场结构也在不断发生变化[2]。虽然中国的发电领域已经引入了竞争机制，实现了市场主体的多元化，但是，中国电力企业市场独占地位或优势地位更为显著，少数国有企业相对于竞争对手仍具有优势地位，截至 2011 年年底，中央及规模较大的地方国有发电企业 27 家的装机容量，占到了全国总量的 71.41%，中央直属的五大发电集团公司的装机容量占到了全国总量的 48.75%；在具有自然垄断属性的输电领域，跨区域的输电企业主要为两大国有电网公司垄断，省（自治区、直辖市）内垄断经营输电业务的企业全国共有 32 家[3]；经营基础设施的电网企业同时投资发电领域的情形普遍存在；在供电领域，输电网与配电网未能分离，截至 2011 年，全国市、县两级供电企业共计 3171 家，国家电网公司、南方电网公司拥有 2681 家[4]。这样的市场结构决定了中国电力企业拒绝交易[5]、强制交易[6]、价格垄断[7]、拒绝互联互通[8]、交叉补贴[9]等滥用市场支配地位的现象比市场经济发达国家更为普遍。

其次，中国电力企业联合限制竞争行为主要表现为独家经营、关联交易等纵向性限制行为。在市场经济发达的西方国家中，电力企业联合限制竞争[10]的行为多表现为横向性的限制，而且具有多样化的特征，如划分市场、限制产

---

❶ 作为一种普遍存在的市场失灵现象，“企业滥用市场支配地位”具体表现为拒绝交易、价格垄断等多种形式，参见［美］E. 吉尔崔恩，W. E. 科瓦希克．反垄断法律与经济［M］．王晓晔，译．北京：中国人民大学出版社，2001：120.

❷ 我国电力市场结构经历了由垂直一体化到“发电环节引入竞争”“竞价上网”“大用户直购”的变迁，详细情况参见张睿．中国电力产业规制改革研究［D］．大连：东北财经大学，2005：18－20.

❸ 详细的数据参见国家电监会发布的《中国电力监管年度报告（2011）》(4—5)。

❹ 数据来源于国家电监会发布的《中国电力监管年度报告（2011）》(6)。

❺ 关于拒绝交易，参见王晓晔依法规范行政性限制竞争行为［J］．法学研究，1998（3）45.

❻ 关于强制交易，参见孙菁蔓自然垄断行业规制的法律问题分析［J］．理论与改革，2006（2）142.

❼ 关于价格垄断，参见张占江电力工业改革与反垄断的思考［N］．中国电力报，2006－9－1.

❽ 随着我国发电市场的逐步开放，电网企业拒绝竞争者进入网络或基础设施从而限制竞争的现象开始大量出现并普遍存在。参见王晓晔．经济法学［M］．北京：社会科学文献出版社，2005：141.

❾ 中国的电网企业同时拥有发电企业和供电企业，使输电与发电之间、输电与配电之间的交叉补贴在中国普遍存在。前者指为了排挤竞争对手，达到独占市场目的，电网拥有者可让其下属电厂降低电价，用提高电网租用费等费用补贴降低价格所带来的亏损。关于交叉补贴的概念，参见盛四化．从结构主义和行为主义看对公用企业的反垄断规制［J］．西安石油学院学报（社会科学版），2003（3）：142.

❿ 关于企业联合限制竞争行为的表现形式，参见孔祥俊．反垄断法原理［M］．北京：中国法制出版社，2001：455.

量、串通投标、交换信息、联合固定价格、联合抵制等；纵向性联合限制竞争行为如固定转售价格、搭售、独家经营与独占地区等现象已不多见。与此不同，中国电力行业由两大电网公司寡头垄断输电市场，输电企业投资发电、供电企业等基本国情，决定了中国电力企业联合限制竞争行为主要表现为独家经营、关联交易等纵向性限制行为。到目前为止，独家经营几乎是中国电力行业唯一的经营方式，中国的用电市场几乎全部属于卖方垄断，同一个终端用户几乎只能从同一家电网公司购买电能；中国的发电市场绝大部分由买方垄断，绝大多数发电企业只能将电能卖给同一家电网公司。中国电力行业的关联交易主要发生在输电公司与其控股的发电企业之间，电网企业及其职工持有发电企业的股份，决定了电网企业必然利用其在电力调度中享有的确定电能卖方主体、买卖电能的数量和价格的权力，限制发电市场的自由竞争，为电网企业及其关联企业谋求垄断利润。随着发电供应的日益充分，这种关联交易对非关联的发电企业的威胁正在日益显现和增加。

第三，与西方传统市场经济国家相同的是，中国电力企业联合限制竞争行为已经出现并且正在蔓延。比较而言，中国电力行业的市场化改革较晚，电力企业横向联合限制竞争的市场失灵现象的出现也相对较晚，但是，随着中国发电领域市场化程度的不断加大，加上中国现行的相关规则本身存在缺陷，中国电力企业联合限制竞争行为已经出现并且正在蔓延，主要表现为发电商之间的横向价格联盟协议。到 2011 年，五大发电集团公司的装机容量降到了全国总量的 48.75%的比例，使中国发电领域改变了寡头垄断的格局❶，这种格局一方面意味着发电市场的竞争正在加剧，另一方面还表明发电市场份额仍相对集中于少数国有企业，这样的具体国情，为发电企业横向联合限制竞争行为的出现提供了土壤。此外，我国目前电力竞价上网采用单一购买制下的边际价格结算规则❷，其固有的缺陷导致各发电商特别是处于优势地位的发电商，为了操

❶ 德国《反对限制竞争法》第 22 条规定：在达到一定市场销售额的前提条件下，可以推断一个占有三分之一市场份额的企业为垄断企业，推断 3 个或 3 个以下共同占有二分之一市场份额、5 个或 5 个以下共同占有三分之二市场份额的企业为寡头垄断企业。若以此为标准，到 2011 年，中国发电侧由 5 大发电集团共同占有的市场份额已经下降到三分之二以下，因此，中国发电市场的寡头垄断的局面已经得到了改变。

❷ 所谓边际价格结算规则，“指当所有发电商在竞价上网报价时，系统按照各发电商的报价由低到高进行排列，当系统的需求负荷曲线与某一发电商的某一台机组所报电量相一致时，该机组为中标机组，即边际机组，此时，该机组所报电价就是边际价格。”参见李新民．发电商价格卡特尔之思考［J］．现代电力，2004（3）45.

纵和控制发电市场价格的目的，利用电力行业协会或采用书面协议或通过口头或默契的方式达成价格联盟，直接或间接地固定竞价上网电价、串谋报价轮流中标的现象开始出现并不断盛行。

2. 中国的电力监管权力配置存在着具有本国特点的“政府失灵”

中国电力监管权力配置存在大量的“政府失灵”，即中国现行电力监管权力配置中，存在着与电力监管之公共利益目标相悖的地方，存在着使电力监管不能成为应对电力行业市场失灵的最有效的公共控制策略的情况，存在着无助于提高电力行业效率，增加电力监管成本的情况。政府滥用行政权力限制电力行业竞争的行政垄断现象，是中国电力监管权力配置存在“政府失灵”的典型表现，而“历年电力行业行政性垄断所造成的损失占当年国内生产总值的比重在5%～13%，且多数年份比重要高于10%”。[1]

即使在监管制度已经比较成熟的西方发达国家，“政府失灵”现象也仍然普遍存在，但是，受历史背景和经济体制的影响，中国的“政府失灵”问题有自己的特点。中国的市场经济并不像西方社会那样经过了充分的发展，确立市场经济体制的合同法、侵权法等传统法律比西方社会的更加不完备，政府运用权力对经济的干预不是太少而是过多；由于长期的计划经济体制，中国政府是典型的万能政府，其对经济采用行政管理的方式，重秩序而轻效率；在计划经济体制下，政府同时兼有企业所有者、经营者、管理者、分配者等多重角色，与企业之间是一种“父子”关系，中央和各级地方政府完全拥有、直接经营、严格控制着具有自然垄断性质的公共事业。受以上具体国情的影响，在市场经济发达国家几乎已经绝迹的“政府滥用行政权力限制电力行业竞争”的行政垄断[2]，至今仍是中国电力监管最典型的“政府失灵”现象，这些现象在中国现实中具体表现为过度干预、行业壁垒、差别待遇、地区垄断等。

首先，严格的行政审批制度、差别待遇政策使国有独资企业在电力行业中占绝对主导地位的市场结构得以形成并持续存在，导致了地区垄断并阻碍了全国统一的电力市场的形成和发展。中国政府一直把电力行业视为具有自然垄断性的行业，允许电力企业垄断电力市场，对电力行业的进入实行严格的行政审

---

[1] 于良春、牛帅．中国电力行业行政性垄断的损失测算分析［J］．经济与管理研究，2009（1）91.

[2] 行政垄断的主要的表现形式有政府垄断、行业壁垒、地区垄断和差别待遇，详细内容参见李曙光．转型法律学——市场经济的法律解释［M］．北京：中国政法大学出版社，2004：313.

批制度，对私有企业和非直属企业实行歧视性对待，尽管中国从20世纪80年代开始电力行业的市场化改革，但是到目前为止，这些人为设置的行业壁垒和差别待遇，仍是政府行业主管部门维护国有企业对电力行业的高度垄断，故意打压民营资本进入发电领域从而限制发电领域自由竞争的重要手段❶；到2011年底，虽然外资或民营发电企业的装机容量占全国总量的比例上升到了28.59%；但是，中央及规模较大的地方国有发电企业装机容量所占比例仍高达71.41%❷，国有电力独资企业仍占绝对的主导地位，这些国有独资企业虽已进行了公司制改造，但其法人治理结构仍不规范。虽然我国垄断经营输电业务的企业已经有39家，但是，除了国家电网公司和南方电网公司有资格经营跨区域的输电业务外，其余企业只能在本区域内从事电力的输送和销售，负责本区域内的电力系统的建造、管理和运作。这样的市场结构与中国政府有关主管部门为了保护其国有电力企业及其经济利益而实施排斥、限制或妨碍其他主体参与竞争的行业壁垒、差别待遇政策密切相关，导致了我国电力行业的地区垄断，地区垄断使不同区域的输电企业成为互不相干的主体，无法进入对方的经营区域，阻碍了全国统一电力市场的形成和发展。

其次，国有企业占绝对垄断地位的市场结构，又反过来助推中国电力监管权力的配置及运行中出现“政府失灵”。国有企业占绝对垄断地位的市场结构，决定了中国电力行业必然会出现“政企不分、政监不分”：企业属于国家所有，政府是国家的代理人，政府必然干涉企业的市场行为，从而出现政企不分或政资不分，使行政权力直接干预和控制该类企业的市场准入、价格制定、产品销售等各个方面；企业接受政府的监管，而政府又是企业所有权人的代理人，二者已经成为利益共同体，因此，政府对企业的监管实际上与自己监管自己无异。这样的市场结构决定了政府必然参与被监管者与其相对人的利益博弈，丧失其作为公共利益的代理人应该具备的中立立场，而成为替被监管者谋求最大利益的帮手。电力行业“政企不分、政监不分”是中国电力监管中政府滥用权力导致电力行业行政垄断等“政府失灵”现象泛滥成灾的根本原因。“对于正在转轨中的国家来说，最为严重的反竞争行为似乎不是来自企业本身，而是来

---

❶ 河南登封民营企业因当地电力系统无法保障企业生产用电，而自发筹资建立发电站，当地电业局责令停运事件，是其典型的例证。李金林．电力垄断的三个“绝对”［J/OL］．［2013-05-08］．http：//postjin. bokee. com/tb. b? diaryId=12641748.

❷ 数据来源于《中国电力监管报告（2011）》。

自政府部门的政策，或政府与垄断行业之间的合谋"❶。为学界认可的中国1995年《电力法》中存在的诸多缺陷，如"政府权责不清，行业主管部门既承担政府管电的行政监管职能，又承担着产业政策和行业规划的制定政策职能；缺乏足够的监督政府权力行使和防止其权力滥用的措施，缺乏明确的行政执法主体、执法手段与执法程序，对电力行政管理中作为和不作为造成的损失无人承担责任"❷，正是对中国现行电力监管权力配置及运行中出现的"政府失灵"现象的直接描述。

由上观之，与西方国家相比较，中国电力监管权力配置的正当性基础条件有着自己的特点，一方面，尽管具有本国特点，但是中国的电力行业的确存在市场失灵，因此，中国存在着电力监管权力配置的必要条件；另一方面，中国的电力监管权力配置中，存在着诸多具有中国特色的"政府失灵"现象，因此，以满足"以公共利益为目的""是最优的应对电力行业市场失灵的公共控制策略""人们不得不支付电力监管之成本"三个正当性基础条件的程度为衡量标准，中国电力监管权力配置的正当度不高，有待优化。

二、电力监管权力配置价值目标的立法内容及存在的问题

学界对有关中国电力监管权力配置应追求的价值目标的具体内容，尚未系统研究，依据本书第三章的论证，兼顾效率与公平，是配置电力监管权力应追求的终极性价值目标。以下内容将梳理中国现行法律渊源中与配置电力监管权力价值目标有关的立法内容，评析其中存在的问题。

1. 与电力监管权力配置之价值目标有关的立法内容

某部门法所追求的价值，不仅是隐藏在该法内部，贯穿其始终的内在理念，同时，该部门法的具体法律渊源中，通常还会有专门的条款以该法之"基本原则、任务"的方式，对这些内在理念进行明确的表达。例如，我国民法通则第三条规定"当事人在民事活动中的地位平等"，第四条规定"民事活动应当遵循自愿、公平、等价有偿、诚实信用的原则"，该两条所描述的是民法的基本原则，明确表达了民法所追求的基本价值为平等、自由、诚实信用等。以此类推，中国现行的电力监管的价值目标，也应该以法的基本原则、任务的方

❶ 邮政改革的关键是去行政化［J/OL］．［2013－03－12］．http：www. dss. gov. cn/Article_Print. asp？Artic.

❷ 前引朱维涛文章，第9页。

式，被中国现行的《电力法》《电力监管条例》及其他与电力监管相关的规范性文件中的条款所表达，这些条款所表达的内容，集中体现了中国与配置电力监管权力价值目标有关的立法内容。

（1）《电力法》中有关的条款表述。《电力法》中可能与配置电力监管权力价值目标有关的条款有三条：第一条“为了保障和促进电力事业的发展，维护电力投资者、经营者和使用者的合法权益，保障电力安全运行，制定本法。”第三条“电力事业应当适应国民经济和社会发展的需要，适当超前发展。国家鼓励、引导国内外的经济组织和个人依法投资开发电源，兴办电力生产企业。电力事业投资，实行谁投资、谁收益的原则。”第五条“电力建设、生产、供应和使用应当依法保护环境，采取新技术，减少有害物质排放，防治污染和其他公害。国家鼓励和支持利用可再生能源和清洁能源发电。”

（2）《电力监管条例》中有关的条款表述。该条例与电力监管之价值相关的条款有两条：第二条“电力监管的任务是维护电力市场秩序，依法保护电力投资者、经营者、使用者的合法权益和社会公共利益，保障电力系统安全稳定运行，促进电力事业健康发展”。第三条“电力监管应当依法进行，并遵循公开、公正和效率的原则。”

（3）其他规范性文件中有关条款的表述。其他规范性文件中，对配置电力监管权力的价值目标也做了表述。例如，国家电监会所颁布的规范电力监管的文件中，2003年的《电力市场监管办法（试行）》中有关的条款有两条。第一条“为规范电力市场，保证电力市场的统一、开放、竞争、有序，根据有关法律法规和国务院的规定，制定本办法。”该条内容反映了电力监管的秩序、效率价值；第三条“电力监管机构遵循依法、公正、透明的原则，依法独立行使电力市场监管职责，不受其他组织和个人的非法干涉。”该条内容反映了电力监管所具有的公平价值。2003年的《电力市场运营基本规则》（试行）的第一条，也做了与前述第一条相同的表述。2005年施行的《电力业务许可证管理》第三条规定，“电监会遵循依法、公开、公正、便民、高效的原则，建立电力业务许可证监督管理制度和组织管理体系。”国家发改委2003年发布的《电价改革方案》中的“（五）电价改革应注重价格信号对电力投资的引导作用，并把提高效率、促进增长和保护环境有机结合起来。”该条内容体现了配置电力监管权力的效率价值和公平价值。

2. 电力监管权力配置价值目标相关立法内容存在的问题

从上述与电力监管权力配置之价值目标相关的规则表述可以看出，与现行

电力监管权力配置之价值目标的有关立法内容，在总体上存在着重秩序、轻公平、忽视效率，缺乏处理公平与效率冲突的规则的缺陷，具体而言。

(1)《电力法》未明确将效率表述为电力监管权力配置的价值。在西方发达国家电力监管制度的建构中，《电力法》构成了电力监管立法体系的基本法。因此，作为电力法的基本原则，《电力法》条款对电力监管价值目标的表述，是立法者关于电力监管之价值最重要、最基本的表述。我国《电力法》的第一条表明的是《电力法》的立法目的；第三条表明的是国家对投资兴办电力事业的基本态度和原则；第五条表明的是国家对电力行业损害环境的负外部性的处理原则，这些条款对电力监管之价值的表述并不明确，比较模糊。

中国现行《电力法》的制定工作始于 1985 年，1995 年获得通过。虽然该法结束了我国电力行业无法可依的历史，发挥了很好的规范作用，但是，当时立法者所处的历史条件决定了该法仍具有严重的计划经济体制的痕迹，此后的近二十年间，中国的经济体制已经发生了根本性的变革，政府与市场关系的定位也已经由传统的行政命令逐渐朝现代的经济监管演变。这些历史条件及变化注定了该法不可能充分反映市场经济体制下，电力监管权力配置所追求的基本价值目标，缺乏明确表述公平和效率为电力监管之价值的基本原则的条款，并不为奇。

(2)《电力监管条例》重秩序轻公平，表述不够准确。《电力监管条例》是我国电力监管机构进行电力监管的主要法律依据，该条例规定该法之任务、基本原则的专门条款，表达了该法所确定的电力监管的价值。该条例第二条表述的是电力监管的任务，与电力监管的价值密切相关，该条的表述存在如下问题：首先，该条明显是对现行《电力法》第一条关于电力法的立法目的的重复，“维护电力市场秩序”“保障电力系统的安全稳定运行”，其表明该条例以“秩序”为电力监管的价值，明显仍带有行政管理法的色彩。“从现行电力法为行政管理法的视角来看，这样的立法目的在实践中就更多的是保障电力事业的发展和安全运行，保障的方法就是依赖于更多、更详细的电力行政管理规章。维护电力投资者、经营者和使用者的合法权益也以保障电力事业的发展和安全运行为前提。这样的价值目标已经不能适应新的电力体制改革的发展趋势，也不符合电力法应是经济法的新的定位。”[1] 其次，“促进电力事业健康发展”

[1] 刘宇晖．对我国电力法体系的构想——以构建和维护竞争性电力市场为价值目标［J］．河北法学，2008（7）：122.

中，“健康”一词并非法律用语，这样的表述不仅过分强调了电力监管的秩序（安全）价值，而且忽略了效率价值。如前所论，由于电力产业自身的技术特征，在政府监管电力行业的价值目标中，效率价值的内涵不仅远远大于安全价值的内涵，而且能够完全涵盖并替代安全价值，过分强调秩序（安全）价值，完全忽略电力监管权力机制作为市场机制之替代机制应该追求的效率价值，显然缺乏科学性。

该条例的第三条即对电力监管法的基本原则的表述，但是，该条“电力监管应当……遵循公开、公正和效率的原则”的表述中，虽将“效率”纳入其中，这样的表述仍不够准确：其将“公开、公正”并列，在逻辑上明显存在不当，因为“公开”不过是实现“公正”的手段之一，“公开”虽可勉强构成电力监管程序的原则之一，但将其作为整个电力监管法的基本原则之一，显然不当；其用“公正”而不用“公平”的提法不准确。如前所论，“公平”与“公正”是同义词，但是强调的重点不同：“公正”是指在一定社会范围内通过对社会角色的公平合理分配，使每一个成员得其所应得，而“公平”强调对社会成员进行利益上的调控。电力监管是政府对电力行业所涉及的社会成员进行利益上的调控，并非在电力行业内对社会角色的分配，因此，“公平”一词，更能准确地表达电力监管的本质。

（3）其他规范性文件的表述，出现了重复与冲突。《电力法》在电力监管法律体系中处在基本法的地位，《电力监管条例》是我国国家电监会进行电力监管的主要法律依据，对电力监管而言，该两个法律文件具有全面性、普遍性，应当对电力监管的价值进行全面的准确的表述。其他由电力监管机构发布的有关电力监管的规范性文件，是电力监管机构运用其所享有的立法权的结果，其本身就是监管权的运行成果，构成电力监管机构进行某种具体的执法监管的直接依据，具有局限性、特殊性，因此，其他规范性文件，只需表述该文件所涉及的特殊事项所应追求的价值，没有必要对电力监管的价值进行全方位的重复表达。

我国现有其他规范性文件中，少数与电力监管权力配置价值目标相关的表述，较好地体现了以上原则，多数其他规范性文件中的表述，却存在着与一般性法律规则表述重复、冲突的问题。以《电力市场监管办法（试行）》为例，该办法第一条规定“为规范电力市场，保证电力市场的统一、开放、竞争、有序，根据有关法律法规和国务院的规定，制定本办法。”该条内容表述的是该《电力市场监管办法》的立法目的，有针对性地将电力监管的公平、效率价值分解、重构后，表达了对电力市场进行监管所应追求的价值目标：“统一、开

放、竞争、有序”。但是，该办法第三条规定“电力监管机构遵循依法、公正、透明的原则，依法独立行使电力市场监管职责，不受其他组织和个人的非法干涉。”该条内容表明的是电力监管之程序的原则和电力监管机构具有独立性地位的原则，是对电力监管所追求的公平价值的体现，属于电力监管条例应该规定的一般性内容，该一般性内容在其他具体的规范性文件中重复出现，存在如下弊端：一方面，这种重复出现易使人产生误解——电力监管机构在履行任何监管职责时都应遵循以上原则，将其重复规定在监管电力市场的具体规则中，易使人误以为这些原则是电力监管机构监管电力市场的特殊原则；另一方面，这种重复通常都不是简单的、完全的重复，而是存在着一定的变化，如果这些变化没有经过充分的论证，势必导致这些具体的规范性文件与一般性的法律文件之间相冲突或不协调。

（4）缺乏处理效率与公平价值冲突的规定。由于长期的计划经济体制的影响，我国尚未摆脱将电力监管当作传统的行政管理的局限，尚未认清电力监管法作为现代经济法所具有的价值目标应该是“效率”与“公平”，尚未认清二者的协调与冲突关系，我国现行的《电力法》《电力监管条例》及其他电力监管的规范性文件中，不仅对电力监管之价值的立法表述存在着前述缺陷，而且没有处理效率与公平冲突的规则。

如前所论，在电力监管权力配置中，效率是其基本价值，公平是其核心价值，二者在一般情况下能够协调共生，在出现冲突的特殊情况下，应当通过制度创新解决冲突，兼顾效率和公平。用激励性价格监管措施代替传统的保护性价格监管措施，建立普遍服务基金制度，就是这些制度创新的典型。但是，在中国现行电力监管的制度渊源中，尚无类似的处理效率与公平冲突规则的内容。

可见，由于历史的原因，与中国现行电力监管权力配置价值目标有关的立法内容中，存在着诸多缺陷。以兼顾效率和公平的实现程度为标准衡量中国电力监管权力配置的有关立法内容，其正当度有待提高。

由上观之，就中国电力监管权力配置的内在理念来看，中国存在着电力监管权力配置的必要条件“电力行业存在市场失灵”，当然，中国电力行业所存在的市场失灵有着不同于西方国家的本国特点；由于历史的原因，中国电力监管权力配置存在着诸多具有中国特色的“政府失灵”现象，以满足“以公共利益为目的”“是最优的应对电力行业市场失灵的公共控制策略”“人们不得不支付电力监管之成本”三个正当性基础条件的程度为衡量标准，中国电力监管权力配置的正当度不高，有待优化。中国现行与电力监管权力配置之价值目标相

关的立法内容存在诸多缺陷性问题，未将兼顾效率和公平作为电力监管权力配置所应追求的价值目标。以有利于公平和效率价值的实现程度为衡量标准，中国电力监管权力配置的正当度也不高，有待优化。

第二节　中国电力监管权力配置的制度表现

一国电力监管权力配置制度表现的主要内容，即该国电力监管权力配置的具体格局，决定了该国电力监管的体制。中国电力监管的体制是政府机构改革及行政管理体制改革的产物，其在计划经济时期及商品经济过渡期被称作电力管理体制。有研究将该体制的演变分为四个阶段，即“政企合一、国家垄断经营”阶段（1949～1985 年），“政企合一，发电市场逐步开放”阶段（1985—1997 年），“政企分开、部分省市市场化改革试点”阶段（1997—2002 年），“深化电力体制改革，建立电力监管委员会”阶段（2002 年至今）[❶]。限于篇幅，下文将研究中国进行电力行业市场化改革及电力管理体制改革后的电力监管权力配置，对 1985 年之前计划经济体制下的行政管理体制不再专门研究。

一、电力行业市场化改革初期的电力管理权力配置

1985 年，为解决电力短缺这一制约经济发展的瓶颈性矛盾，中国逐步放开了发电市场，引入了新的投资和经营主体；1995 年，我国颁行了《电力法》，但是该法依然是计划经济体制的产物；1997 年，为解决政、企不分问题，我国开始对电力工业的管理体制进行改革，在原电力工业部的基础上成立了国家电力公司，其原有的政府职能移交到国家经贸委等部门。表 4－1 是 1998—2003 年我国电力行业的主要管理机构政策及职能，当时的中国只有电力管理部门，没有电力监管部门。

表 4－1　　　　1998～2003 年中国电力管理机构及其主要职能

管理机构	管　理　职　能
原国家经贸委	1. 拟定政策、法规；制定行业规划、规章、规范，技术与定额标准； 2. 发放并管理许可证，负责行政执法，行业管理与监督； 3. 协调电力行业的经济关系，负责划分和管理电力营业区； 4. 负责改革农电体制并指导农村电气化

❶ 冀利民．我国电力监管体制的制度变迁分析．［D］．山东：山东大学，2007.27－32.

续表

管理机构	管 理 职 能
原国家计委	1. 规划电力重大项目布局并安排国家财政性建设基金； 2. 审批新建项目； 3. 审批电力政策和核定并检查电价
财政部	1. 制定电力行业财税政策、财务制度； 2. 监管企业财务，监管国有资产的保全
其他部门	1. 环保部门负责监管环保排放标准； 2. 安全生产监督管理部门监管电力行业安全生产； 3. 技术监督部门监管电能计量标准

二、深化电力行业市场化改革后的电力监管权力配置

2002 年，为了深化电力行业的市场化改革，实现“打破垄断，引入竞争”目标，中国颁布了《电力监管条例》，并在 2003 年成立了电监会。《电力监管条例》的颁行与电监会的成立是我国正式引入电力监管制度的开始。电监会是我国建立的第一个独立的监管自然垄断行业的机构，其“结束了我国长时期以来没有独立地位的专业化管制机构的历史，一定程度上实现了政监分离”❶，但是，“中国还没有建立起一套与电力市场相适应的、高效的电力监管体制”❷。表 4－2 中列举了 2003 年到 2013 年 3 月之间的中国电力监管权力的配置及其法律依据。

表 4－2　2003～2013 年 3 月中国的电力监管机构及主要监管职能

监管机构	监管职能及其法律依据
国家发改委	1. 电力定价（拟定并组织实施、监督检查电力价格政策的执行）等； 2. 电力市场准入（按国务院授权审批、核准、审核重大建设项目 （详细内容参见《国家发展和改革委员会主要职责内设机构和人员编制规定》）

❶ 黄超．中国自然垄断行业的行政法规制研究．［D］．长沙：中南大学，2011：17。

❷ 前引唐松林、任玉珑文章，第 163 页。

续表

监管机构	监管职能及其法律依据
国家电力监管委员会	1. 负责电力监管，建立电力监管体系； 2. 提出制定、修改监管法律法规的建议，制定监管规章，市场运行的规则； 3. 参与制订全国发展规划，拟定市场发展规划和区域市场设置方案，审定市场运营模式和调度交易机构设立方案； 4. 监管、规范市场秩序，维护公平竞争；监管输电、供电和非竞争性发电业务； 5. 参与制定并监督检查、安全、定额和质量标准，颁发并管理许可证，协同监督检查对环保政策、法规、标准的执行； 6. 根据市场情况，提出调整电价的建议；监督检查电价的执行，监管各辅助服务收费的标准； 7. 依法调查违法违规行为，处理市场纠纷； 8. 负责监督实施普遍服务政策，提出调整普遍服务政策的建议； 9. 组织实施体制改革，提出深化改革的建议 （详细内容参见《国家电力监管委员会主要职责内设机构和人员编制规定》）
国家能源局	1. 负责电力（含核电）等能源行业的管理，组织制定能源行业标准，衔接能源生产建设和供需平衡，指导协调农村能源发展工作； 2. 按授权审批、核准、审核国家规划内和年度计划规模内能源固定资产投资项目； 3. 负责核电管理的相关工作； 4. 按授权核准或审核能源（含电力）境外重大投资项目 （详细内容参见2008年的《国家能源局主要职责内设机构和人员编制规定》）
国务院负责安全生产的监督管理部门	行使安全生产方面的综合管理职权（《中华人民共和国安全生产法》）
国家环境保护部	行使环境保护方面的综合性监督管理职权 （详细内容参见《国家环境保护部主要职责内设机构和人员编制规定》）

三、撤销电监会后的电力监管权力配置

为了统筹推进能源发展和改革，加强能源监督管理，中国于2013年3月10日颁布国务院机构改革和职能转变方案，撤销了电监会和原来的能源局，组建由国家发改委管理的新的国家能源局（简称新能源局），将原电监会的职能交由新能源局行使。此番重新组建国家能源局的方案，使我国能源监管体

制开始走向大能源体制[1]，形成了我国现行的电力监管权力配置格局，见表4-3。

表4-3　2013年3月撤销电监会后，中国主要的电力监管机构及主要监管职能

监管机构	监管职能及其法律依据
国家发改委	1. 电力定价（拟定并实施、监督检查电力价格政策，查处价格违法及垄断行为）； 2. 电力市场准入（规划重大建设项目和生产力布局，按授权审批、核准、审核重大建设项目） （详细内容参见《国家发展和改革委员会主要职责内设机构和人员编制规定》）
新国家能源局	1. 起草能源发展及监督管理的法律法规和规章，拟定并组织实施能源发展战略、规划和政策，推进能源体制改革，协调能源发展和改革中的重大问题； 2. 组织制定电力等的产业政策及相关标准，按授权审批、核准能源固定资产投资项目，指导协调农村能源发展工作； 3. 核电的相关管理工作； 4. 负责能源消费总量控制的相关工作，衔接能源供需平衡； 5. 监管电力市场运行，规范电力市场秩序，监督检查有关电价，拟订各项电力辅助服务价格，提出电力普遍服务政策的建议并监督实施，负责电力行政执法。监管油气管网设施的公平开放； 6. 负责电力安全生产监督管理的相关工作； 7. 按授权核准或审核能源（含电力）境外重大投资项目； 8. 承担国家能源委员会的具体工作 （详细内容参见2013年《国家能源局主要职责内设机构和人员编制规定》）
国务院负责安全生产的监督管理部门	行使安全生产方面的综合管理职权（《中华人民共和国安全生产法》）
国家环境保护部	行使环境保护方面的综合性监督管理职权（《中华人民共和国环境保护法》）

注　1. 新国家能源局有12个内设机构，其中承担电力监管职能的机构主要有：法制和体制改革司、电力司、核电司、市场监管司、电力安全监管司。

2. 现实生活中，中国电力企业联合会之类的行业组织，可能依政府监管机构的授权而行使监管电力行业的权力，但是，该类组织在性质上属于行业自律性组织，不属本书所研究的政府电力监管机构的范畴，故本书未涉及该类组织承担监管职能的相关问题。

[1] 据国家能源专家咨询委员会副主任、前国家发改委能源局局长徐锭明总结，新中国成立以来，中国能源机构经历了三次电力部、三次煤炭工业部、两次石油部、两次能源委、一次燃料工业部、一次能源部、一次国家发改委能源局和一次国家能源局的演变，这种演变导致了我国目前能源的碎片化管理，据不完全统计，涉及能源政策和监管职能的主要机构多达15个，一些能源性的国企承担了部分政策性的职能。各方对“成立综合能源行政管理部门的能源部，是解决碎片化管理问题的根本出路”已经达成共识，此番国家新能源局的成立，可谓成立能源部的前奏。详细情况参见新能源部组建欲出 或合并各部委能源职能［J/OL］．［2012-09-29］．www.chinaacc.com/new/184_186_201209/29。

由上观之，解决电力短缺这一制约经济发展的客观现实矛盾，是中国电力行业进行市场化改革的直接动力，中国电力行业市场化改革的产生和不断深化与中国电力行业管理体制的改革相伴随，中国电力监管权力的配置格局随着电力行业管理体制改革而经历了由政企不分到政企分离，到政监分离，再到政监合一的演变。

第三节　中国电力监管权力配置制度表现存在的问题

学界现有文章[1]多从总体的、宏观的角度，研究中国电力监管体制或监管机构设置中存在的问题，尚无系统研究中国电力监管权力配置格局中所存在的缺陷方面的成果。中国之所以在 2013 年 3 月对电力监管机构进行改革，是因为要对深化电力行业市场化改革后的电力监管权力配置格局中的缺陷进行矫正。本书不仅将研究 2013 年机构改革之前中国电力监管权力配置格局（以下简称旧格局）中的缺陷及问题，而且将着重思考该次改革后的新权力配置格局（以下简称新格局）中的缺陷性问题。对这些缺陷及问题的系统研究，将为中国未来制定《能源法》、修改《电力法》以优化电力监管权力配置格局奠定理论基础。

纵观中国电力监管权力配置的变迁历史，其经历了由“政企不分、政监不分”到“政企分离”，再到“政监分离”，最后又回到“政监合一”的演变。依据本书前面的论证，电力监管权力配置的正当度与所配置的电力监管权力格局的分权制衡和沟通协调度呈正相关关系。由此，笔者认为，随着中国电力监管权力配置格局的演变，其正当度也发生了呈螺旋形上升的变化趋势。到目前为止，中国电力监管权力的配置格局仍存在着诸多缺陷与问题，正当度仍有待提高，下文将分别详细讨论中国电力监管权力配置在制度表现形式和具体内容上的缺陷与问题，对具体内容的讨论，将按三对横向的电力监管机构之间的职能配置及相互关系的顺序直接展开。

一、电力监管权力配置制度表现形式上存在的问题

从总体上看，中国目前电力监管权力配置之立法渊源的法律位阶太低，未

[1] 这些文章如晋自力．陈松伟．西方电力监管机构设置模式及其启示［J］．生产力研究，2011（1）140；前引唐松林、任玉珑的文章等。

通过最高立法机关颁布法律的形式确立专业电力监管机构的设立，未通过法律明确规定不同电力监管机构之间的具体职能及其相互之间的关系，已有的立法在内容上也相互冲突。

1.《电力法》缺少电力监管权力配置的相关内容，设立专业监管机构之立法的法律位阶太低

如前所述，域外先进国家确定专业电力监管机构的设立及职能，皆采用由国家立法机构颁布的具有法律位阶的立法渊源，如英国 1989 年《电力法》、美国 1976 年的《能源组织机构法案》、1936 年的《联邦电力法》，1978 年的《公用事业监管政策法案》等。

但是，中国现行《电力法》中，不仅其规定的电力监管权限模糊不清，缺乏可操作性，未对电力管理部门的范围、各部门之间的分工等问题做出明确的规定，为“滥用行政权力埋下了伏笔”[1]，而且，该法没有关于设立专业电力监管机构——电监会的内容，更未对专业电力监管机构与政策部门、综合性监管机构及反垄断执法机构之间具体的职权及相互之间的关系进行任何的规定。《电力监管条例》第四条规定了“国务院电力监管机构”而非电监会具有专业电力监管机构的法律地位，真正赋予电监会专业电力监管机构法律地位的法律依据是国务院正式下发的关于电监会的“三定”方案。

在我国，国务院各类行政机构的职责和权限，不按权责法定原则由国家法律授权，而是遵照国务院制定的《职能配置、内设机构和人员编制规定》（即“三定”方案）设置，法律只是对“三定”规定进行“追认”。国务院下发的关于某机构设置的“三定”方案，虽具有正式的法律效力，但在法律地位上，最多也只能算国务院颁发的行政规章，其法律位阶远远低于由全国人大颁布的法律。因此，我国设立电监会的法律依据，在法律位阶上远低于设立并赋予专业电力监管机构监管职能之法律渊源应该具有的法律位阶。在新格局中，撤销了电监会后，在确定国家能源局电力监管机构法律地位的方式上，继续沿用了国务院下发（关于国家能源局的）“三定”方案的方式，仍未采用立法机关颁布法律的方式。

2.《电力法》与《电力监管条例》对电力监管权力的配置存在冲突，二者都不能为新国家能源局承担电力监管职能提供法律根据

中国现行《电力法》颁布于 1996 年，所确定的计划经济体制下的政企合

---

[1] 关于我国现行电力法在电力监管权限方面存在的缺陷，参见前引张金平的硕士论文，第 30 页。

一、垂直一体化的电力管理体制，与市场经济体制下的现代电力监管体制完全相悖。其“对于中央和地方政府的电力监管的范围、职责等规定得过于原则性，并且缺乏完善的配套法规、规章的有力支持，缺乏具有可操作性的监管权力的行使方面的规定”，❶ 不仅不能为《电力监管条例》提供法律支撑，而且与该条例的内容存在着巨大的冲突❷。例如，《电力法》第六条规定“国务院电力管理部门负责全国电力事业的监督管理，国务院有关部门在各自的职责范围内负责电力事业的监督管理”，而《电力监管条例》第四条规定“国务院电力监管机构依照本条例和国务院有关规定，履行电力监管和行政执法职能；国务院有关部门依照有关法律、行政法规和国务院有关规定，履行相关的监管职能和行政执法职能。”该两条都是确定电力监管职权之归属的条款，但是在内容上明显存在着严重的分歧，依据上位法优于下位法的基本原则，与《电力法》相冲突的《电力监管条例》中的内容，根本不能发生法律效力。但是，中国电力监管权力的旧配置格局又的确是按《电力监管条例》的规定执行的，由于《电力监管条例》实行后，《电力法》并未失效，这种冲突状况的长期存在，已经破坏了法治的严肃性。

中国撤销电监会、将电监会的职责交由新国家能源局承担的现行电力监管权力配置格局中，对于新国家能源局的性质（“国务院电力管理部门”或“国务院电力监管机构”还是其他性质的机构?）尚无法律上的定论，现行《电力法》《电力监管条例》都无法为新能源局享有电力监管权力提供法律依据。

这些问题的存在，使我国电力监管权力配置缺少了必要的法定性，而域外先进国家的经验表明，监管机构的设置及其监管职能的法定化，是有效实现监管目标，避免监管机构滥用权力的重要基础。

二、专业机构与政策部门权力配置中存在的问题

为了建立与电力市场化相适应的现代电力监管体制，我国对计划经济体制下完全由政府综合管理机构承担对电力行业管理的模式进行了改革，形成了旧的配置格局，其所确定的监管模式介于非独立监管与独立监管模式之间。但是，旧配置格局存在诸多问题，导致了电监会处于监管无效的困境，为此，中国 2013 年进行机构改革，形成了撤销电监会，将电监会的职责交由国家发改

❶ 前引晋自力、陈松伟文章，第 140 页。

❷ 具体的内容参见于伶，白利静．电力垄断行业的监管及其行政执法问题［J］．法制与社会，2008（3）186。

委管理的新国家能源局承担电力监管权力的新配置格局，但是，新配置格局采用非独立监管模式，实行政监合一，依然存在弊端。

1. 旧配置格局存在的主要问题

《电力监管条例》一方面为我国单独设置了专业的电力监管机构，另一方面又让政策部门享有直接的电力监管职能，致使我国最终未能实现政监分离。从该条例及有关法律规则的内容来看，在专业电力监管机构与政策部门的电力监管职能配置上，定位不明确，政策部门——国家发改委承担了不该承担的直接的电力监管职能，专业电力监管机构——电监会未获得应具有的全部经济性监管职能，政监尚未完全分离[1]。

一方面，国家发改委[2]的定位不清，政策部门承担了不该承担的经济性监管职能。国家发改委对自己的定位既是电力监管的政策部门，又是专业电力监管机构。在《电力监管条例》的起草过程中，对电监会的职权定位曾经被表述为“由电监会履行监管全国电力市场的职能，国务院和其他相关部门……履行相关的监管职能。”在征求意见时，国家发改委却希望将该条修改为“由国家发展改革委与电监会共同履行监管全国电力市场的职能，国务院和其他相关部门……履行相关的监管职能”。[3] 国家发改委的这一修改意见，表明国家发改委自身对其在电力监管中的定位是专业监管机构而非电力监管的政策部门。为了平衡各部门的利益，《电力监管条例》第四条实际上进行了折中，该条被修改为“国务院电力监管机构依照本条例和国务院有关规定，履行电力监管和行政执法职能；国务院有关部门依照有关法律、行政法规和国务院有关规定，履行相关的监管职能和行政执法职能”。这种立法表述的模糊化，为国家发改委之不正确的定位提供了长期存在的法律空间。若将国家发改委定位为电力监管机构中的政策部门，则其应主要负责制定宏观政策、发展规划及行政法规，而不应承担直接的电力监管职能，但是，国家发改委不仅负责长期电力规划、制

[1] 刘纪鹏，刘妍．破除行政性垄断，建立权责明确的独立电力监管体系［J/OL］．［2006－11－21］．http：//www. sina. com. cn。

[2] 在旧配置格局下，国家发改委承担了能源综合管理职能，并成为中国电力监管的政策部门。2008年我国设立国家能源委员会，负责国家能源战略和安全；设立能源行业管理机构——国家能源局，隶属国家发改委管辖。该次机构改革后，国家发改委仍是主管能源的主要机构。有鉴于此，本书仍将国家发改委作为旧配置格局下的电力监管政策部门。参见中国能源部门重组，分析人士称无实质变化［J/OL］．［2012－11－13］．cn. reuters. com/article/chinaNews/idCN。

[3] 电力监管条例艰难出台，电价监管权属未明［J/OL］．［2005－02－05］．http：//finance. sina. com. cn/g/20050205/08351351169. shtml。

定和执行能源政策，而且负责能源定价（包括电力定价）、审批能源项目（包括电力项目）的投资等。换言之，承担电力监管政策制定职能的政策部门，被赋予了电力市场准入权、电力定价权等重要的对电力行业进行直接的经济性监管的职权。

另一方面，电监会的定位不明，专业电力监管机构未能获得核心的经济性监管职能。前述模糊化的立法表述，还直接导致了电监会的专业性电力监管机构定位的法律依据不够明确。我国电力"管制定位在破除垄断和保证电力产业安全性之间摇摆不定"[1]，虽然电监会应被定位为专业电力监管机构，主要职能是市场监管、破除垄断，而非电力产业安全性，但是依据《电力监管条例》，其并不享有全部的经济性监管职能。在《电力监管条例》第十二条到第十九条所规定的电监会承担的电力监管职能中，包括了制定并发布电力监管规章、规则；颁发和管理电力业务许可证；监管电力市场竞争及垄断企业滥用垄断地位[2]；监管产品与服务质量[3]；负责电力安全监督等职能，其中并不包括电力市场的准入权和电力定价权等保证专业电力监管机构之权威性的核心经济性监管职能。

电力定价权的归属，曾经是阻碍《电力监管条例》及早出台的最大因素之一，电监会认为"没有定价权将直接影响到电监会监管工作的效果和权威性"；国家发改委却提出"电价关乎整个国家宏观经济的运行，应该由管理国家宏观经济的政府部门来管理"[4]。这种部门之间的争论最终反映为《电力监管条例》第二十条："国务院价格主管部门、国务院电力监管机构依照法律、行政法规和国务院的规定，对电价实施监管"。在现实中，电监会不能直接定价，只享有向国家发改委提出调整电价的建议权。立法上所确定的这种国家发改委过于强势、电监会过于弱势的电力监管权力配置格局，不仅使政监未能完全分离，而且导致电监会在具体的电力监管过程中，缺少独立性和权威性，未能发挥应当发挥的作用。"在 2003 年至今的电荒、电力投资过度以及煤电纷争等电力行

---

[1] 陈磊．电力产业管制的国际比较研究［D］．福州：福建师范大学，2012：134。

[2] 包括监管发电企业在各电力市场中所占份额的比例；监管发电厂并网、电网互联以及发电厂与电网协调运行中执行有关规章、规则的情况，电力市场向从事电力交易的主体公平、无歧视开放的情况以及输电企业公平开放电网的情况，监管电力企业、电力调度交易机构执行电力市场运行规则的情况，电力调度交易机构执行电力调度规则的情况。

[3] 监管供电企业按照国家规定的电能质量和供电服务质量标准向用户提供供电服务的情况。

[4] 电力监管条例艰难出台，电价监管权属未明［J/OL］．［2005－02－05］．http：//finance. sina. com. cn/g/20050205/08351351169. shtml。

业的重大事件当中，电监会确实显得声音微弱，而外界听到更多的是国家发改委的声音”❶，“缺少关键性的电力价格审批和投资准入，导致电监会监管行为约束力不足，监管权威不够。各个部门都为自身权力考虑，在电力监管过程中常常排斥电力监管机构的介入，电力监管工作处于两难境地”。❷

旧配置格局所存在的这些问题，已经为中国电力产业的可持续发展带来了危害。2008 年年初我国南方发生 17 个省级电网拉闸限电的灾难性停电事故，即体现了这种危害。该次停电事故覆盖面之广、停电时间之长、危害之重，均属世界电力工业史上前所未有。国家发改委未能正确行使电力行业发展的规划职能，不当行使电力行业行政审批职能，是导致该次事故的重要原因之一❸，而国家发改委出现这些错误，与旧配置格局对电力监管政策部门定位不清，赋予其享有不该享有的电力行业经济性监管职能存在着密切的关联。电煤短缺是导致该次停电事故的重要原因之一❹，而导致电煤短缺的根源在于我国市场化煤价和计划性电价的矛盾。在发电价格不变、煤炭市场价格飙升的冬春，发电企业发电越多，亏损越严重。虽然中国政府在 2004 年底推出了解决煤电价格矛盾的过渡性措施“煤电联动”，但是，在 2005、2006 年实施了两轮之后，因担忧其引发通货膨胀等负面影响而归于沉寂。在电力行业内部，电网企业凭其垄断的优势地位，利润丰厚，而大多数电厂普遍亏损。在电力行业未完全进入市场的条件下，煤电价格联动的确是保证电煤稳定供应的一个手段，但其毕竟只是一个治标不治本的权宜之计，要从根本上解决煤、电价格矛盾，必须使电价完全市场化❺。旧配置格局中让电力监管政策部门——国家发改委享有电力

---

❶ 同前注。

❷ 电改 8 年陷入停滞 弱势电监会呼吁立法正名 [J/OL]．[2010 - 05 - 14]．http：//news.qq.com/a/20100514/001041.htm。

❸ 杨名舟．暴雪覆冰灾害后——电力工业发展的反思 [J]．中国水能及电气化，2008 (4) 3。该文在对“电网发展思路与特高压建设问题”的反思中，对电网发展与特高压建设问题与该次事故之间的因果关系进行了详细的研究，而电网发展问题的决策属于电力监管政策部门的政策规划职能，特高压建设的决策经过了电力监管政策部门的行政审批。

❹ “2008 年元月 10 日以来，我国南方和东部大部分地区遭遇大雪、暴雪、覆冰凝雪等极端恶劣气候的袭击，加致电煤短缺，导致全国 17 个省级电网拉闸限电……。截至 2008 年 1 月 25 日，全国电煤库存仅为 2142 万 t，不足正常存煤的一半。煤价上涨、运力不足，停机增多，各大电厂纷纷告急，亏损严重。加之水电受枯水影响，出力不足……。电煤库存不足和下降影响火电出力，恶劣气候影响电网供电”。杨名舟．暴雪覆冰灾害后——电力工业发展的反思 [J]．中国水能及电气化，2008 (4)：3。

❺ 关于煤电联动的利弊，参见林伯强．为什么煤电需要联动? [J]．中国电力企业管理，2008 (1) 9。

定价权这一核心的经济性监管职能，对电价采用行政审批制度，不改革电价行政审批制度，就不可能使电价市场化。可见，旧配置格局本身所存在的缺陷性问题为该次事故的出现提供了制度上的土壤。

2. 新配置格局存在的主要问题

正是为了消除旧配置格局给中国电力产业安全稳定运行埋下的隐患，才有了2013年机构改革建立的新配置格局。与旧配置格局相较，新配置格局虽然朝“大能源制”迈进了一步，其将新国家能源局置于享有能源定价权的国家发改委之下，或许有利于解决电、煤价格问题，但是，其在确保电力监管的政策部门正确行使电力行业的政策规划职能和电力市场准入的行政审批职能方面并未采取任何措施，依然存在如下问题。

首先，采用政监合一的非独立监管模式，与政府监管的发展趋势相悖。旧配置格局中，电监会被定位为专业电力监管机构，2013年将电监会并入国家能源局的机构改革，意味着新配置格局中不再单独设立专业的电力监管机构集中承担经济性监管职能。因此，如果说旧配置格局将中国电力行业传统的行政管理方式朝独立监管模式推进了一步，那么，新配置格局则消除了这种推进，使介于非独立监管模式与独立监管模式之间的旧配置格局退回到了典型的非独立监管模式。这种做法与域外先进国家的经验相悖，与独立监管机构占上风，由政府机构行使监管职能开始走下坡路的国际监管发展趋势相悖。

其次，国家发改委权力过大，违反了分权制衡的基本原则。旧配置格局中，由于专业电力监管机构（电监会）未能享有电力定价权和电力市场准入权这些重要的经济性监管职能，导致电监会一直处于弱势的监管无效的困境，而作为政策部门的国家发改委因享有前述重要的经济性监管职能而处于强势地位，从而导致政监不分。新配置格局中，彻底撤销了专业性电力监管机构，将电监会的职责完全交由国家发展改革委管理的国家能源局承担，采用政监合一、内部独立的机构设置模式❶。这样的配置虽避免了新国家能源局与电监会在职能上的重合，“合并之后，背靠有实权的国家发改委，电监会对于电力市场的监管可能更有力”❷。但是，新配置格局将制定电力行业宏观政策、发展规划及法律法规的间接监管职能与对电力行业进行微观经济性的直接监管职能

❶ 王秀强．专家：能源局由发改委管 意味监管将政监合一［J/OL］．［2013－03－12］．http：//news. sohu. com/20130312/n368501053. shtml。

❷ 能源局重组或助推电力体制改革 多方观点一览［J/OL］．［2013－03－12］．http：//gold. hexun. com/2013—03—12/151967438. html。

全部集中在国家发改委，即国家发改委既是电力行业的宏观政策、法律的制定者（立法权），又是电力行业的微观监管者（执法权），加上中国电力行业国有企业占主导地位的市场结构，这样的配置违反了分权制衡的基本原则，增大了被监管者俘获监管者的风险，将从根本上对电力监管权力配置的效率与公平价值的实现程度产生负面影响。正因如此，即使认同新配置格局的人也同时承认该政监合一的新配置格局的过渡性：我国“未来随着能源市场化改革的推进，再把能源监管机构独立出来，过渡到政监分离的模式”❶。

三、专业机构与综合机构权力配置中的问题

电力监管的社会性监管职能主要包括环境、安全和普遍服务义务等，这些社会性监管职能的行使，以公平价值为追求的价值目标，一般被赋予给环境、安全等综合性的监管机构享有。由于专业电力监管机构与综合性监管机构都对电力行业享有监管权力，二者之间可能出现职能上的交叉，因此，在电力监管权力的配置中，明确电力监管之社会性职能的归属，对于各监管机构分清职能，避免相互推诿或者重复监管，提高监管效率十分必要。同时，由于经济性监管职能与社会性监管职能存在着密切的联系，专业电力监管机构在行使经济性的监管职能时，如果不考量社会公平等价值目标的实现，必然会降低综合性监管机构之社会性监管职能的有效性，因此，在配置电力监管权力时，必须明确行使经济性监管职能的监管机构考量社会公平等价值目标的特殊机制。以此标准审视《电力监管条例》，其存在如下问题。

1. 对电力监管之经济性监管职能的配置，缺乏保护环境的考量机制

依据我国环保法第七条的规定，国务院环保行政主管部门及地方政府环保行政主管部门，对全国及各地方的环保工作实施统一监督管理，我国的电力项目环境影响评估、电力企业排放标准的制定、电力企业排污情况的监管等电力行业的环境保护监管职能，由综合性监管机构——国家环保部及地方环保机构承担，这种配置方式符合域外先进国家的配置惯例。

由于电力行业各项经济性监管职能的行使，必然影响对环境的保护，在配置经济性电力监管职能时，必须设计考量环境保护问题的机制，但是，《电力监管条例》未再另行配置对电力行业之环境保护的监管职能，未安排保护环境的考量机制，国家发改委与电监会在行使电力行业的经济性监管职能时，并没

---

❶ 同前注。

有保护环境的法定职责，这种做法导致了对电力监管之公平价值目标的严重损害。例如，国家发改委在行使电力定价权时，并无法定的考量环境问题的义务，因此，中国目前的电力定价机制并不考虑环境成本，正因如此，中国的电力定价缺乏促进电厂减少排污的激励因素，其成为中国电力行业污染排放长期居高不下的根本原因。

2. 关于电力行业安全保障监管职能的特殊配置不合理

《中华人民共和国安全生产法》第二条规定，“在中华人民共和国领域内从事生产经营活动的单位（以下统称生产经营单位）的安全生产，适用本法；有关法律、行政法规对消防安全和道路交通安全、铁路交通安全、水上交通安全、民用航空安全另有规定的，适用其规定。”依据该法第九条，国务院负责安全生产监督管理的部门及县级以上地方各级人民政府负责安全生产监督管理的部门，承担了对全国及各地方的有关安全生产工作实施“综合监督管理”的职能，因此，在《电力监管条例》颁布之前，我国电力行业有关安全生产的监管职能是由综合性监管机构——国务院负责安全生产监督管理的部门及地方安监机构承担的。

但是，《电力监管条例》第十九条规定，电监会具体负责电力安全监督管理工作。由电监会发布的《电力安全生产监管办法》的第六条规定：“按照国务院授权，国家电力监管委员会（以下简称电监会）具体负责全国电力安全生产监督管理工作，国家安全生产监督管理局负责全国电力安全生产综合管理工作。”2013 年的《国家能源局主要职责内设机构和人员编制规定》也将电力安全监管的职能赋予给了新国家能源局，新国家能源局内设立了电力安全监管司，负责除核安全外的电力安全监管工作。因此，《电力监管条例》《电力安全生产办法》《国家能源局主要职责内设机构和人员编制规定》对电力行业有关安全生产的监管职能进行了特殊的配置，修改了《中华人民共和国安全生产法》所确定的电力行业安全生产监管职能的配置规则。这种特殊配置存在以下问题。

（1）将电力行业安全生产方面的主要监管职能配置给专业电力监管机构的做法与国外的成功经验和基本的理论结论相违。从域外先进国家的经验来看，专业电力监管机构几乎不承担安全监管职能，即使承担，所承担的安全监管方面的职能内容也非常少，如美国的专业电力监管机构所承担安全监管职能只有“监管大坝安全”。我国将电力行业安全生产方面的监管职能分权给电监会（新国家能源局）和国家安全生产监管部门两个机构行使，与专业电力监管机构几

乎不承担安全监管职能的域外先进国家的经验相悖，同时，这种做法还违反了多委托代理理论关于分权利弊的分析结论，将降低监管效率。依据该分析结论，分权虽可避免集权的弊端，但是分权存在着降低监管效率的弊端，因此，分权应该被限制在必要的限度内，我国将本可以由同一个机构承担的电力行业安全生产的监管职能分权给两个机构行使的做法，显然分权过细，超越了分权的必要限制，必然降低监管效率。

(2) 从法律渊源之位阶的角度看，《中华人民共和国安全生产法》属于由全国人大制定的普通法，《电力监管条例》《国家能源局主要职责内设机构和人员编制规定》属于由国务院制定的行政法规，《电力安全生产监管办法》属于国务院下属之电监会颁布的部门规章，三者的法律位阶呈现由高到低的状态，用低位阶的法律渊源对高位阶的法律渊源进行修改，违反了基本的法理。

(3) 从具体内容看，修改后的电力行业安全生产之监管职能分别配置给了电监会（新国家能源局）和国家安全监督管理局，二者在具体职能的划分上不清晰。电监会（新国家能源局）"监督管理工作"与国家安全生产监督管理局的"综合管理工作"区别何在？从《电力安全生产监管办法》第七条[1]规定的电监会下设的电力安全生产监管机构所行使的电力安全监督管理职责来看，其承担了大部分监管电力行业安全生产的职能，但是，对电力安全生产事故负有责任的单位和人员只有提出处罚的建议权，没有实质的处罚权，实质的处罚权归属于国家安全监督管理部门。电监会（新国家能源局）没有实质处罚权的安全监管，其监管效果可想而知。

(4) 缺乏对核电安全监管权力的特殊配置。单独设置综合性核安全监管机构并承担核安全方面的监管职能，已经成为域外先进国家的惯例，但是，中国到目前尚未单独设置一个综合性的核安全监管机构，独立承担核安全方面的监管职能。2008年国务院大部制改革以后，中国管理核工业的政府职能分散配置给了多个部门，包括：国家发改委下的国家能源局，承担核电管理职能；工

---

[1] 《电力安全生产监管办法》第七条规定："电监会设立电力安全生产监管机构，行使以下电力安全监督管理职责：(一) 负责依法组织制定电力安全生产的规章、标准。(二) 组织电力安全生产大检查，督促落实安全生产各项措施。(三) 负责全国电力安全生产信息的统计、分析、发布。(四) 对全国电力行业发生的重大、特大安全生产事故组织调查。(五) 组织对电力企业安全生产状况进行检查、诊断、分析和评估。(六) 对电力安全生产工作中做出贡献者给予表彰奖励，对事故负有责任的单位和人员提出处罚建议。"

信部下的国防科工局，负责除核电之外的核燃料循环、军工核设施管理和国家核事故应急；环保部下的国家核安全司（对外保留国家核安全局的牌子），具体承担核安全的监管和环境政策部门的具体工作。日本福岛核事故发生后，尽管国家能源局增设了核电司，环保部国家核安全司被拆分为三个司，国防科工局新增了核应急司，但是，这些调整除增加了核能监管的人员编制和经费外，核能安全监管权力配置本身并未改变。由此可看出，中国核能安全监管的机构设置较为复杂，核安全监管职能分散，职责存在交叉和划分不清的问题。例如，依据《国防科技工业军用核设施安全管理规定》，国防科工局负责军工核设施的安全监管，包括核设施安全技术评审、许可证管理和日常监督；而依据《民用核设施安全监督管理条例》规定，国家核安全司对全国核设施实施统一监管，二者对国防科工局和国家核安全司的核安全监管职能的配置，显然存在交叉。

3. 电力行业履行普遍服务义务之监管职能的具体配置规则匮乏

监管电力企业履行普遍服务义务，是现代电力监管一项非常重要的社会性监管职能，中国目前不仅有大量偏远地区的农村人口得不到电力供应，还有许多城市低收入家庭因电费的日益增长而面临无力支付的困境。如何保证偏远地区的供电，保障弱势群体的用电问题，不仅是电力行业面临的艰巨任务，更是电力监管所必须追求实现的社会公平价值目标。但是，在我国，不仅《电力监管条例》没有具体的关于电力普遍服务义务之监管职能的配置规则，其他配套性法规中也尚未构建任何保障履行电力普遍服务义务的具体制度。这种制度的匮乏，是中国电力监管公平价值严重缺失的典型反映。2013 年的《国家能源局主要职责内设机构和人员编制》配置给国家能源局关于电力行业普遍服务的职能是“研究提出电力普遍服务政策的建议并监督实施”，换言之，新国家能源局并没有电力普遍服务政策的决定权，对于应该由什么样的机构来决定是否采纳新国家能源局所提出的电力普遍服务政策建议，尚无法律规定。

4. 缺少必要的沟通与协调机制

电力体制改革前，我国管理电力行业的权力被人为地分散给多个政府综合机构行使，形成了多头管理的复杂状况，电力体制改革后，无论采何种模式配置电力监管权力，分权配置意味着同时有数个电力监管机构的状况将一直存在，政策部门（国家发改委）、新国家能源局及各综合性监管机构，各自承担着实现不同监管目标的职能。为了保障电力监管系统之总目标的实现，这些电

力监管机构之间必须进行沟通和协调，但是，我国目前尚未建立各监管机构之间的沟通和协调机制。这种沟通和协调机制的匮乏，不仅使我国整个电力监管的效率低下，而且已经为我国电力产业的可持续发展带来了危害。导致 2008 年我国南方发生 17 个省级电网拉闸限电的灾难性停电事故的原因涉及电网与电源发展、电煤价格、运输等多方面的问题，政府各部门面对这一停电事故束手无策，没有一个政府部门能承担起统筹协调的责任❶。这一事故的发生，从反面证明了各电力监管机构之间健全有效的沟通协调机制，是电力产业正常运行和发展不可或缺的保障制度。

四、专业机构与反垄断执法机构权力配置中存在的问题

在计划经济体制下，我国对垄断行业的管理方式类似于行业监管机构全部管辖的模式❷。随着市场经济的确立和不断发展，垄断行业市场化改革的不断深入，有关竞争的立法和特殊行业监管方面的立法数量大增，专业的行业监管机构与反垄断执法机构在我国开始出现并迅速成长，怎样合理配置二者之间的权力成为立法者不得不面临的一个重要课题。我国对专业电力监管机构与反垄断执法机构之间的权力配置上，存在如下问题。

1. 专业机构与反垄断执法机构监管电力行业的职能有交叉

依据《反垄断法》和国务院的相关规定，我国的反垄断执法机构是由国家工商行政管理总局、国家发改委、商务部组成，该三机构接受国务院反垄断委员会的领导。国家工商行政管理总局（内设反垄断与反不正当竞争执法局），负责监管垄断协议、滥用市场支配地位、滥用行政权力排除限制竞争方面的执法工作（价格垄断行为除外）；国家发改委（内设价格监督检查司）监管价格违法、垄断行为；商务部（内设反垄断局）依法审查经营者集中行为❸。

由于我国《反垄断法》第 6、7 条将包含电力行业在内的垄断行业纳入了

❶ 之所以没有一个政府部门能承担起统筹协调的责任，是因为我国将与能源行业有关的管理、监管职能分权配置给了多个政府部门，该次事故充分暴露了我国能源行业管理体制破碎化的弊端。

❷ 之所以用“类似”，一方面是因为计划经济体制下，我国对垄断行业的管理的确是由该行业的行政主管机构全部管辖的，另一方面，由于当时根本就没有市场经济体制下的“行业监管”与“反垄断监管”，当然也就无所谓属于行业监管全部管辖模式了。

❸ 有关国务院反垄断委员会及三个反垄断执法机构的职能分工，参见《反垄断委员会与反垄断执法机构》（载 www. saic. gov. cn/fldyfbzdjz/zflt/20090... ），除以上反垄断执法机构外，《反垄断法》第十条第二款规定：国务院反垄断执法机构根据工作需要，可以授权省、自治区、直辖市人民政府相应的机构，依照本法规定负责反垄断执法工作。由此可能产生的地方反垄断执法机构的有关问题本书未进行考察。

反垄断法的适用范围；《电力监管条例》将监管电力企业共谋、滥用市场支配地位等垄断行为规定为电监会的一项重要职权[1]；而《反不正当竞争法》赋予了反垄断执法机构监管公用企业滥用市场支配地位的行为之职能[2]，《价格法》《制止价格垄断行为暂行规定》[3] 赋予了反垄断执法机构监管经营者相互串通、操纵市场价格之行为的职能，因此，与专业电力监管机构一样，反垄断执法机构对于电力企业共谋、滥用市场支配地位等垄断行为也有监管职能，二者存在着监管职能上的交叉。

2. 现行立法没有明确专业机构与反垄断法执法机构间的权力配置

我国《反垄断法》未对行业监管机构与反垄断执法机构的权力配置问题进行任何规定[4]，这种状况使我国行业监管机构与反垄断执法机构之间的权力配置缺乏最基本的法律依据。同时，《电力法》《电力监管条例》也未对处理专业电力监管机构与反垄断执法机构之间职权上的交叉可能带来的冲突做出具体的规定。《电力监管条例》第 4 条的规定（电力监管机构和国务院有关部门都享有电力监管和行政执法的职能）虽反映出了我国对电力市场垄断行为采用电监会和反垄断执法机构共同管辖的权力配置模式的倾向，但并不能解决电监会与反垄断执法机构之间的职权冲突。电监会被撤销后，其电力监管的职能转由新国家能源局承担，而 2013 年的《国家能源局主要职责内设机构和人员编制》更不可能解决新国家能源局与反垄断执法机构在监管电力市场垄断行为上的权力配置问题。

《反垄断法》缺乏行业监管机构与反垄断执法机构之间的权力配置规则的状况，已经成为现实中两类机构间发生权力冲突事件的根源[5]，损害了《反垄断法》的权威性；《电力法》《电力监管条例》未划清电监会与反垄断执法机构之间的职权界限的现状，不利于电监会成为独立的现代专业电力监管机构，反垄断执法机构与专业电力监管机构之间发生冲突亦在所难免。这种专业电力监

[1] 详见《电力监管条例》第 14、16 条。

[2] 详见《反不正当竞争法》第 3 条。

[3] 详见《价格法》第 4、5 条、第 14 条，《制止价格垄断行为暂行规定》第 9、10 条。

[4] 在我国《反垄断法》的立法审议过程中，最终删除了有关“规制行业或者管制性产业中的垄断行为的反垄断执法权”的权力归属条款，留下了关于行业监管机构与反垄断执法机构之间的权力配置的立法空白。详细内容参见杨东．反垄断法与行业监管法的协调关系［J］．经济法学家，2008（1）：265。

[5] 有关该类权力冲突的研究，参见朱立新．保险业不正当竞争管辖权博弈［J/OL］．［2013－08－05］．bbs. 315club. net/thread－983－1－1. html。

管机构与反垄断执法机构之间权力配置之法律制度的匮乏状态，不利于消除电力行业监管机构保护本行业利益的不当倾向，不利于电力行业统一的竞争性市场的培育。

总之，以域外先进国家电力监管权力配置的经验为参照，可以对中国现行电力监管权力配置的具体内容做出归纳，见表 4－4。

表 4－4　　中国现行电力监管权力配置

职能性质	间接监管	经济监管		社会监管			
主要职能	制定监管政策	市场准入、电价	竞争和交易	安全	环境	普遍服务	协调
承担机构	国家发改委		能源局、反垄断执法机构	能源局	环保部	无	无
价值目标	各监管机构的价值目标不明确						

从表 4－4 可看出，中国现行电力监管权力配置不仅在形式上缺乏法定性，在内容上也存在多种弊端，如未建立分权制衡与沟通协调机制：同一机构（如国家发改委）同时承担不同性质职能（间接的政策职能与直接的经济监管职能）；未建立专业性的电力监管机构承担经济性监管职能；同一职能（如竞争和交易）分别由两机构（新国家能源局与反垄断执法机构）交叉享有；无机构承担电力普遍服务义务的监管职能与不同监管机构之间的协调职能，各监管机构的价值目标不明确。因此，以实现分权制衡与沟通协调的程度及吸取域外先进国家在电力监管权力配置方面的经验和教训的程度为衡量标准，中国电力监管权力配置的正当度仍然不高，有待优化。

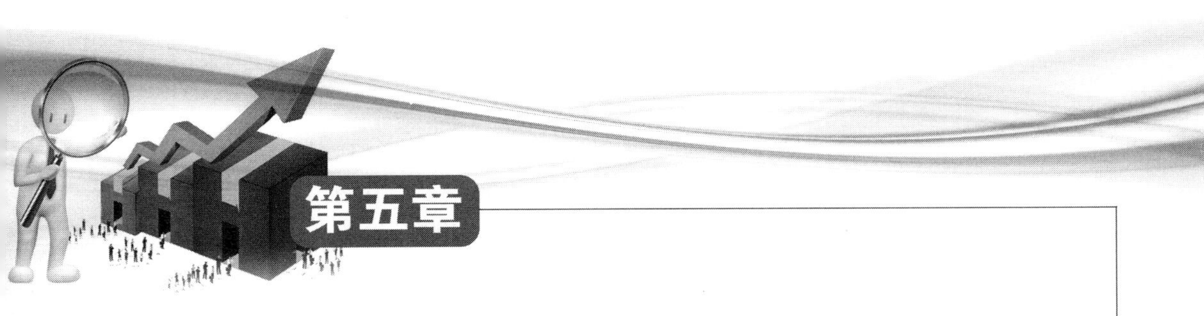

中国电力监管权力配置的优化

电力监管权力配置的优化，即在确保电力监管权力配置具有一定正当度的前提下，尽可能提高电力监管权力配置正当度的过程，该过程有初级与高级两阶段之分，前者以实现电力监管权力配置的合理化（正当度大于 0）为目标，后者以实现电力监管权力配置的最优化（正当度等于 1）为目标，合理的配置不一定是最优的配置，最优的配置一定是合理的配置。学界尚未对中国应该怎样合理乃至最优化配置电力监管权力方面的问题进行研究。有少量成果对应该怎样设置电监会、怎样配置电监会与国家发改委的权力等具体问题有所研究，但是，这些研究在总体上理论性不够，缺少可操作性。

本书前三章确定了衡量电力监管权力的配置是否合理乃至更优的具体标准，第四章的研究表明，以前述理论标准衡量中国电力监管权力配置的内在理念及制度表现，中国电力监管权力配置的正当度都不高，有待优化。本章将以前三章的研究结论为大前提，以第四章的研究结论为小前提，推导并论证优化中国电力监管权力配置的具体方案，从而最终解决“中国应该怎样深化电力监管体制改革以摆脱电力监管无效困境，为电力产业的可持续发展提供基本动力”这一在绪论中已提出的现实问题。

第一节　优化中国电力监管权力配置的基本原则

本书前面的研究揭示了影响配置电力监管权力正当度的主要因素。从逻辑起点看，电力监管权力配置正当度的高低，取决于满足电力监管权力配置的四个正当性基础条件之程度的高低；从逻辑终点看，电力监管权力配置的正当度，取决于所配置的电力监管权力能够实现公平与效率的程度，即前者等于公平度与效率度的乘积；从具体路径看，电力监管权力配置正当度的高低，取决于分权制衡与沟通协调的程度，即前者等于分权制衡度与沟通协调度的乘积。由于配置电力监管权力的正当度在理论上可在百分之百的不正当到百分之百的正当❶之间变化，即前述等式左边的正当度与等式右边的各因素的值，可在 0 到 1 这个区间发生变化。电力监管权力配置的正当度与影响正当度的各因素之间的关系，如图 5-1 所示❷。

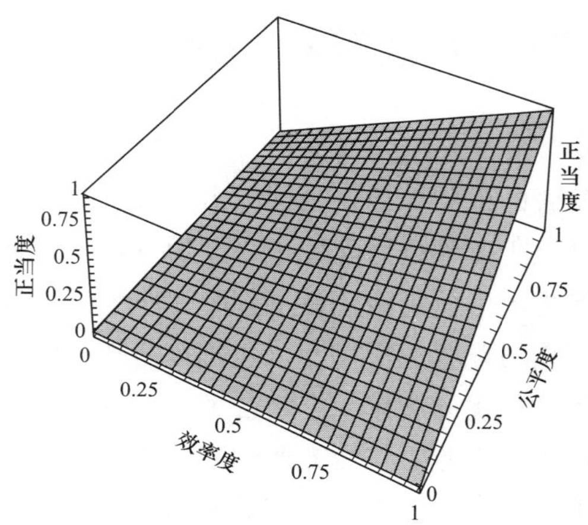

图 5-1 电力监管权力配置的正当度与影响正当度的各因素之间的关系

注：图中的效率度与公平度所决定的正当度，为电力监管权力配置之内在理念的正当度，若将图中的效率度与公平度修改为分权制衡度与沟通协调度，则该图所描述的正当度，为电力监管权力配置之制度表现的正当度。

由此可得出如下优化电力监管权力配置应遵循的基本原则。

(1) 应确保影响电力监管权力配置正当度的各因素都得到满足。为了使所配置的电力监管权力具有一定的正当度，达到初级阶段的合理标准（正当度大于 0)，应该确保影响正当度的各因素都得到一定程度的满足，避免使其中任何一个因素的满足程度为 0。如果所配置的电力监管权力，在逻辑起点上有任一正当性基础条件的满足度为零；或者在逻辑终点上所实现的公平

❶ 正当度的区间在理论上也可描述为“由绝对的不正当到绝对的正当”，笔者在此未用“绝对的不正当到绝对的正当”，而使用“百分之百的不正当到百分之百的正当”，是因为“绝对的不正当”意味着所有影响正当度之因素的值皆为 0，否则就不够绝对，而“百分之百的不正当”，同时还意味着其中某一因素的值为 0 的情况，现实中，所有因素的值为 0 的情况几乎不存在，绝大部分情况是某一因素的值为 0 的情况。

❷ 该图的构思，是受到了前引赵心树著作第 113 页描述正当度的图例的启发。

度或效率度为零；或者在具体配置的路径上，分权制衡度或沟通协调度为零，则所配置的电力监管权力的正当度为零，处于百分百的不正当状态，属于不合理的配置。

(2) 应尽量同步提高影响电力监管权力配置正当度之各因素的满足程度。为了提高电力监管权力配置的正当度，达到高级阶段的最优化标准（正当度等于1），应当使影响正当度之各因素的满足程度尽可能得到同步提高，在社会资源有限的前提下，应着力提高影响正当度之各因素中水平较低的那些因素的值。正当度等于各因素的乘积，意味着各因素的值越接近，所得的正当度才越高；如果只注重提高其中一些因素的值，而不注重提高另一些因素的值，所得到的正当度仍不会更高，依然不属于最优的配置。

第二节　中国电力监管权力配置之内在理念的优化

为了优化电力监管权力配置的内在理念，中国在构建电力监管权力配置制度时，应尊重并反映政府监管权力的法理特征，反映本国电力行业市场失灵的特征，通过“以维护公共利益为目的，确保电力行业资源配置的有效性和电力监管的有效性，降低电力监管的成本”消除本国电力监管的政府失灵现象，以公平和效率为电力监管权力配置的价值目标。

一、提升满足本国电力监管权力配置的正当性基础条件的程度

作为授予政府监管电力行业权力的限制性条件，中国电力监管正当性基础条件的具体内容，反映的是中国及其电力行业的具体国情，这些具体的国情将对中国电力监管权力配置的优化，产生深刻的影响，因此，要实现对电力监管权力配置的优化，中国首先应提升该配置满足本国正当性基础条件的程度。

1. 充分体现电力行业“市场失灵”的本国特点

从总体上看，中国电力行业市场失灵的存在，决定了中国配置电力监管权力的经济基础是市场失灵。如前所论，与西方发达的市场经济国家一样，中国的电力行业同样存在市场失灵。这一基本结论的成立，意味着中国电力监管权力配置的经济基础同样应该定位为“市场失灵”。因此，中国授给政府的电力监管权力，应该是在市场机制的框架内，为了矫正市场失灵，对电力市场主体的经济活动所进行的微观层面的干预和控制的权力。换言之，在市场能够有效

配置资源的领域，应尽可能引入竞争，通过市场机制配置资源，政府只有一般的反垄断监管权力，只有在电力行业市场失灵领域，才能给政府配置电力监管权力，通过政府权力配置资源。

从总体上看，只有认清市场失灵是中国电力监管权力配置的经济基础，才能够实现对电力监管权力的合理配置。以《电力法》的修改为例，中国早在2003年就已经正式启动了《电力法》的修改程序[1]，但迄今为止，新《电力法》的颁布仍遥遥无期。导致这种状态的原因与官方采取"修订案"方式修改《电力法》[2]有直接的关联，"这种修订方式导致在一些条款的修改上争论不休，影响立法的推进"[3]。笔者认为，导致官方采用"修订案"方式修法的根本原因，就在于对中国配置电力监管权力的经济基础的认识不到位。与今天的电力监管所赖以存在的市场经济基础相较，现行《电力法》所赖以建立的计划经济基础已经发生了本质的变化，正是由于这一本质性变化，"《电力法》已经在整体上而不是个别条款滞后于电力体制改革的要求"。如果我们对这一根本性变革将对未来《电力法》所产生的决定性影响缺乏深刻的认识，不摆脱建立在传统计划经济体制之上的行政管理框架的制约，不抛弃现行《电力法》条款的约束，就不可能消除关于修改《电力法》的各种争议，就无法通过《电力法》的修改重新合理配置电力监管权力。

就具体而言，中国电力行业市场失灵方面的本国特点，对其电力监管权力配置必将产生深刻的影响。中国电力行业发电领域已经形成竞争，但发电市场份额仍主要集中于以五大发电集团为代表的国有企业；输电领域由两大电网公司寡头垄断，输电企业同时拥有发电、供电企业的市场结构，决定了中国电力行业市场失灵现象的本国特点：中国电力企业滥用市场支配地位的现象更为普遍；企业联合限制竞争行为中，中国电力企业纵向性独家经营与关联交易泛滥成灾，发电商之间的横向价格联盟协议已经出现并且正在蔓延。

首先，中国电力行业现行市场结构的特点，决定了中国电力行业下一步市场化改革的方向：进一步开放发电市场，将相对集中在少数国有企业的发电市场份额进一步分散给多元化的市场主体，从而消除少数发电企业的优势地位；通过法律将垄断输电企业的投资和经营范围限定在输电领域，切断经营基础设

---

[1] 前引朱维涛文，第8页。

[2] "这次《电力法》修订应以现行《电力法》为基础组织进行，开展工作"，参见吴贵辉．《电力法》的修改和完善［J］．中国电力企业管理，2004（2）。

[3] 前引朱维涛文，第8页。

施的电网企业与发电、供电企业之间的收益上的利害关系；将供电分解为配电与售电并使其相互独立，在售电领域引入竞争，建立发电企业与终端用户的直接交易制度[1]。这些电力改革的方向在配置电力监管权力时应该予以充分的反映，否则就不能提升所配置的电力监管权力满足其正当性基础条件的程度，电力监管权力配置的正当度也就必然受到影响，不仅不能到达最优，甚至可能倒退回不合理的状态。

其次，中国电力行业的市场结构及市场失灵的特点，要求中国的专业电力监管机构应该具有更高的权威性和独立性。面对拥有强大经济实力和政治影响力的国有发电、输电企业等被监管对象，若在配置监管权力时不能充分保障专业电力监管机构的权威性和独立性，就不可能对中国电力行业中已经泛滥的企业滥用优势地位、独家经营、关联交易等破坏市场秩序的行为进行有效的监管。

最后，中国发电商之间的横向价格联盟协议的出现及蔓延，决定了反垄断执法机构对电力行业违反反垄断法之行为进行监管的必要，因此，在配置电力监管权力时，应该合理处理专业电力监管机构与反垄断执法机构之间的关系，赋予反垄断执法机构对电力行业必要的监管职能。

由上观之，只有认清市场失灵是中国电力监管权力配置的经济基础，充分体现中国电力行业市场失灵的本国特点，在电力监管权力配置中充分体现这些特点所产生的影响，才能实现中国电力监管权力配置的优化。

2. 针对本国电力监管“政府失灵”的特点采取相应措施

中国长期的计划经济体制使中国政府成为了万能政府的典型，对电力行业的行政管理模式仍未得到根本性的改变，电力行业中的“行政垄断”，已经给电力行业自身的微观效率和整个国民经济的运行带来了严重的损失。这些与市场经济体制下的西方国家不同的、具有中国特色的电力监管中的政府失灵现象，将对中国电力监管权力配置的优化产生极大的影响，因此，在构建电力监管权力的配置制度时，必须针对本国电力监管中“政府失灵”的特点采取相应

[1] 到目前为止，中国的配电与售电业务都是由供电公司经营的，尚未分立，因此，电力监管对象只有“发电、输电与供电企业”，没有配电与售电企业。“截至 2011 年底，全国各类电力用户超过 2.3 亿户，其中变电容量在 315 千伏安及以上且接入电压等级为 10 千伏以上的大用户近 200 万户。目前经国家批准与发电企业直接交易的大用户直购电试点单位有吉林碳素辽宁抚顺铝厂、安徽铜陵有色广东台山市 6 家福建省 6 家等。”参见《电力监管年度报告（2011）》之电力监管对象，第 5－7 页。

的措施，才能提升电力监管权力配置满足正当性基础条件的程度。

首先，中国政府运用权力对电力行业干预过多以至于电力行业行政垄断泛滥的国情，决定了电力监管权力配置的基本方向：中国政府应由大包大揽的积极“有为”转向有选择的“有为”，而不是像西方国家的政府那样，由消极的“无为”转向积极的“有为”。因此，中国所配置的电力监管权力，应该是有制衡的、能规范运行的权力，应严格限制行政权力对电力企业权利的侵蚀，将政府对电力企业的干预权力限定在促进、至少不限制电力行业自由竞争的基础之上。

其次，以计划经济为基础、仍依靠传统行政管理方式干预电力行业的基本国情，意味着中国在配置电力监管权力时，应强调监管的成本性，对具体的监管方式必须进行成本效益分析；应当强调政府监管机制与市场竞争机制在运用上的合理配合，确保二者在配置运用上的合理性和有效性；应强调监管权力运行过程的透明性、程序性，杜绝计划经济体制下行政管理的神秘性、封闭性；应强调监管行为的可问责性和监管结果的可救济性，杜绝计划经济体制下行政管理的任意性与武断性。

最后，中国政府身兼多重角色，与电力企业之间的“父子”关系导致的政企不分、政监不分的具体国情，决定了配置电力监管权力时，应该强调政府监管权所具有的准司法性特征，重视监管机构的独立性、权威性和监管权力的有限性，既要割断其与被监管企业的利益联系，又要使其有能力有效对抗来自强大的国有电力企业的压力，还要防止其滥用权力，成为新的行政垄断的主体。因此，应通过法律确保中国的专业电力监管机构与政策部门、电力企业保持一定的距离，确保其能基于客观、中立的立场建立和执行公平的市场游戏规则；确保其基于规则而进行监管，而不是再如过去的行政管理，通过行政命令等任意性的方式来实现管理目的。当然，中国的电力监管权在性质上仍属行政机关享有的权力，不具有司法权的终极性，必然要受到司法权的监督，因此，中国在配置电力监管权力时，应该同时确立针对政府监管行为的司法救济制度。

总之，只有针对本国“政府失灵”对电力监管权力配置的以上影响，提升对“以公共利益为目的”“是最优的应对电力行业市场失灵的公共控制策略”“人们不得不支付电力监管之成本”之配置电力监管权力的正当性基础条件的满足程度，才能尽量减少电力监管权力配置及其运行中“政府失灵”现象的出现，实现中国电力监管权力配置的优化。

二、以兼顾效率和公平为电力监管权力配置的价值目标

作为电力监管权力配置的内在理念，电力监管权力配置所应追求的价值目标一方面体现了电力监管权力存在的正当性基础，另一方面决定了电力监管权力配置的具体格局。因此，以什么样的内容作为电力监管权力配置的价值目标，将对整个电力监管权力配置的合理性起决定性的作用。

学界尚无专门成果对中国电力监管之价值的具体内容进行系统研究和论证[1]。本书认为，由电力监管权力配置的正当性基础条件和中国电力行业具体国情所决定，中国电力监管权力配置的价值目标，同样应该是兼顾效率和公平。以兼顾效率和公平为中国配置电力监管权力所追求的价值目标的内容，满足并尽可能同步提高所配置的电力监管权力实现效率与公平的程度，不仅能优化中国电力监管权力配置的内在理念，提高中国电力监管权力配置的正当度，充分反映中国目前电力产业发展的战略目标[2]，还有助于纠正中国电力产业发展中的不良问题，从而为中国电力产业的可持续发展奠定基础。

1. *兼顾效率和公平价值目标是保障电力产业可持续发展的基础*

电力监管应该以促进电力产业的可持续发展为首要任务，而只有以效率和公平为配置电力监管权力的价值目标，才能为中国电力产业的可持续发展奠定基础。中国目前电力产业的发展不具有可持续性，不仅整体效率不高，电力企业个体利益的增长常以牺牲环境等社会整体利益为代价，而且政府对电力行业的监管重秩序而轻效率，缺少基本的公平性。因此，为了提高电力行业的经济效率，使电力行业的发展与社会整体利益的增长保持同步，中国必须提高电力监管本身的效率和公平。

首先，以效率为价值目标，能提升电力行业的效率，提升电力监管的效率。在资源有限性与人们需要无限性的矛盾已经成为社会最基本的矛盾[3]的今

---

[1] 有文章的部分内容，涉及了对中国电力行业中的自然垄断业务和非自然垄断业务进行电力监管的价值，参见前引张金平硕士论文，第 8－12 页。

[2] 2002 年，国务院 5 号文件提出的电力工业发展的战略性目标是，通过建立竞争性的电力市场来提高电力工业的效率，为国民经济提供经济、可靠的能源供应，加强环境保护；目前，中国已经将“提高效率，降低成本；降低电价；中国西部的经济开发；改善环境；吸引投资”确定为电力行业重组的 5 大目标。详细内容参见中国电力改革与可持续发展战略研究课题组．中国电力行业机构改革的选择方案［J/OL］．［2013－05－06］．www. docin. com/p－223122021. html.

[3] 刘世廷．资源有限性与人类需要无限性的矛盾——人类社会基本矛盾的现代透视［J］．科学社会主义，2006（6）：91。

天，是否有助于提高电力行业的效率，提高电力监管的效率，已经成为检验任何电力监管配置是否具有合理性的最基本的标准。国有电力企业大量存在并且还将在较长时间内持续存在的市场结构，是中国电力行业最主要的特点❶，与私有制的市场主体的价值取向和行为方式不同，国有企业存在着重规模轻效率的不当偏好，这种错误的偏好是导致中国电力行业低效率的最重要的原因之一❷。为了解决该问题，除了需要进一步深化改革，增大非国有企业在电力行业中的份额外❸，构建以效率为价值目标的电力监管权力配置，将有助于纠正国有电力企业这种错误的偏好，激励企业追求个体的经济效率从而提高整个电力行业的效率。同时，国有电力企业占主导地位的市场结构使中国事实上依然处于“政企难分、政监难分”的状态，导致政府为被监管者谋求最大利益的行政垄断行为泛滥而成为最严重的“政府失灵”现象，电力监管处于严重的低效状态。针对以上现实问题，构建以效率为价值目标的电力监管权力配置格局，实行政监分离并维护专业电力监管机构的权威性，将有助于减少行政垄断，提高电力监管的效率。

其次，以公平为价值目标，能提升电力行业的社会效益，确保电力监管的中立性。虽然中国的电力产业有了长足发展，但是，中国电力生产导致的环境污染严重，电价结构不合理导致浪费惊人，电力垄断企业滥用垄断损害相对人（尤其是消费者）利益的情形普遍存在，不仅如此，偏远山区无电可用、城市贫困人口无钱用电的现象仍然大量存在。为了改变这种状况，必须以公平为电力监管的价值目标，在电力监管过程中，注重社会性监管目标的实现，促使电力行业减少对环境的污染，保证电力生产的安全，提高供电质量，保证用电价格的合理性，保证人人能够用电，从而提升电力行业的社会效益。同时，以公平为价值目标，能纠正政府在电力监管中的角色错位，确保电力监管机构的中立性。国有电力企业占主导地位的市场结构使中国的政府部门与企业之间有着千丝万缕的联系，在事实上成为了利益共同体，这种状况使政府丧失本应该具

---

❶ 关于目前中国国有企业在电力行业中所占的特殊地位，还可参见陈倩．中国电力行业市场结构变化及其效率的实证研究［D］．南京：南京理工大学，2010：9。

❷ 有文章通过对中国发电市场寡头垄断企业进行效率分析，证实大型发电企业确实存在规模不经济、规模效率降低的情况（李世新，于左．垄断产业放松进入规制后的博弈与效率分析——以中国发电市场为例［J］．山西财经大学学报，2010（6）：59页。

❸ 国有企业这种产权结构本身，就是导致中国电力行业低效率的原因，产权理论、委托—代理理论、交易成本理论和竞争理论为国有企业的民营化提供了理论依据。参见王柏军，胡修林．自然签断产业民营化改革的思考［J］．理论界，2005（12）：35－38.

有的公共利益代言人的中立立场而成为被监管者的代言人的现象在中国随处可见。针对以上现实问题，以公平为电力监管的价值目标，实现政监分离，将有助于使专业电力监管机构回复到其应然的社会公共利益之代言人的中立立场，从而减少行政垄断与经济性垄断现象的发生。

第三，兼顾效率和公平的实现，能缓解电力行业个体利益与社会整体利益的冲突，能促进电力产业的可持续发展。电力行业个体利益与社会整体利益冲突的现象有两种，一是因追求个体利益而牺牲社会整体利益的情形，二是因追求社会整体利益而牺牲电力企业个体利益的情形，这两种情形都大量存在于中国社会的现实中。前者典型体现在中国电力生产导致的大量环境污染上，在电力企业因此获得了巨大的经济利益、地方政府因此获得巨大税收和电力的同时，整个社会却因此付出了巨大的生态环境上的代价；后者典型体现在电力普遍服务制度上，为了确保偏远地区有电可用，通过立法赋予电力企业提供电力普遍服务的法定义务，但是对电力企业提供普遍服务所支出的必要成本没有必要的制度安排，在此情况下，电力企业履行该法定义务固然实现了社会利益，但是却牺牲了电力企业的个体利益。针对以上现实问题，电力监管只有以兼顾效率和公平为价值目标处理二者间的冲突，既不能因效率而牺牲公平，也不能因公平而牺牲效率，才能缓解电力行业个体利益与社会整体利益的冲突，促进电力产业的可持续发展。

2. 完善效率与公平价值的立法表述

(1) 在《电力法》中增加关于电力监管价值的条款。有人提出，“电力监管体系的建设”是《电力法》完善补充的重点内容[1]。笔者认为，《电力法》能否由传统意义的行政管理法转变为现代意义上的经济法，关键点之一在于修改后的新《电力法》能否按现代政府监管制度的基本原理建构电力监管的法律框架。因此，新的《电力法》中是否表述、如何表述电力监管的价值，意义重大。对电力监管制度而言，《电力法》处于基础性的统帅地位，但是，电力监管方面的内容毕竟只是《电力法》众多内容之一[2]，因此，《电力法》既要通过专门的条款以基本原则的方式表达电力监管的价值，所表述的内容又不可太细、太多。由此，可在未来《电力法》的总则中，加入一条专门关于电力监管的总体性规定，该规定既构成《电力法》的基本原则，又表达电力监管的价

[1] 前引吴贵辉文章，第 23 页。

[2] “未来《电力法》的体系……包括总则、发电、输电、配电和电力零售、电力交易规则、电力监管六部分”前引刘宇晖文章，第 121 页。

值，对整个电力监管制度的建构起到统帅性作用。该条内容可具体表述为："国家依法对电力行业进行监管，电力监管应当遵循公平、效率的原则。"

（2）修改《电力监管条例》中关于电力监管价值的条款。《电力监管条例》构成电力监管的主要法律依据[1]，其对电力监管价值的条款表述，是对电力监管价值体系具体、直接的表述，将组织、协调电力监管各项制度的具体内容。可对其中的条款做如下的修改：首先，将该条例的第二条修改为："电力监管的任务是依法保护电力投资者、经营者、使用者的合法权益和社会公共利益，保障电力市场的有效竞争，促进电力事业的高效发展"。该表述不仅具体体现了电力监管的公平和效率价值，而且与未来的《电力法》的立法目标相协调。尽管有人提出未来电力法应实现多重目标[2]，但是，"电力法的立法价值目标可以简化为构建和保障电力市场的有效竞争""通过对竞争性电力市场的构建，实现电力消费者利益的最大化或者是社会福利的最大化"[3]，《电力监管条例》以"保障电力市场有效竞争"为电力监管的任务，是未来电力法构建和保障电力市场的有效竞争任务的具体体现。其次，将第三条修改为："电力监管应当依法进行，并遵循公平和效率的原则。"该条以电力监管的基本原则的方式，简单而准确地直接表达了政府全部的电力监管权力的配置及运行，皆应以公平、效率为基本价值目标。

（3）其他规范性文件中注重对特殊的电力监管价值的提炼和准确表述。为了避免法律冲突，在《电力法》与《电力监管条例》中对电力监管的价值进行全面、准确的表述后，其他由电力监管机构发布的有关电力监管的规范性文件中对于电力监管价值的表述，应当依据该规范性文件所涉事项的特殊性进行提炼，并准确表述其所追求的特殊价值，没有必要对电力监管的价值进行全方位的重复。以《电力市场监管办法（试行）》为例，既然该办法的第一条通过表述立法目的方式，有针对性表达了对电力市场进行监管所应追求的价值目标"统一、开放、竞争、有序"，第三条就不必再重复电力监管的程序性原则，只需表明"电力监管机构依法行使电力市场监管职责"即可。

---

[1] 虽然有人对它的法律位阶提出质疑，认为应该由"条例"上升为"法律"。这种质疑在现行《电力法》缺乏电力监管制度之建构的情况下很有道理，但是，笔者认为，如果未来的《电力法》中已经为电力监管制度提供了充分的法律框架，以《电力监管条例》作为对该法律框架的细化，在立法技术上也并无不妥。

[2] 前引吴贵辉文章，第22页。

[3] 前引刘宇晖文章，第122页。

3. 引入解决效率和公平冲突的新规则

为了有效应对在电力监管实践中出现的效率与公平价值冲突的情况，首先应将兼顾效率和公平价值原则确定为解决效率和公平价值冲突的内在理念，即应将兼顾效率和公平原则规定在《电力法》和《电力监管条例》中，为此，可结合前述修改后的《电力监管条例》第三条，表述为“电力监管应当依法进行，并遵循效率和公平兼顾的原则。”

在树立该内在理念的同时，还应当引入处理效率与公平冲突的具体制度。在电力监管的实践中，兼顾效率和公平价值的具体监管方式是一个不断发展和创新的历史过程，在未来电力监管的立法中，应该不断将这些新方式纳入其中以确保电力监管兼顾效率和公平价值的实现。目前，域外先进国家在电力监管中行之有效的兼顾效率和公平价值的具体制度主要有电力普遍服务基金制度和监管电价的激励性监管制度，我国应将它们引入《电力法》或《电力监管条例》的条款中。

（1）构建电力普遍服务基金制度。实行任何人在任何地点都能以承担得起的价格享受电力服务的电力普遍服务原则，的确能促进公平价值的实现，但是，如果仅仅只对电力企业可以提供电力普遍服务的义务而不建立配套的措施，尤其是不解决提供电力普遍服务所需要的资金来源问题，电力企业履行该义务则必然意味着其效率的降低。有鉴于此，域外先进国家在规定电力企业履行电力普遍服务义务的同时，针对不同的具体情况构建了确保电力企业实现该义务的保障性制度，其中所实行的电力普遍服务基金制度，解决了实现电力普遍服务原则所必须面对的资金来源问题，在实现公平价值同时，保障了电力企业的经济效率。我国推行电力普遍服务原则的实践中存在的问题很多，而电力普遍服务的资金来源问题是其中的关键所在[1]。因此，我国应建立电力普遍服务基金制度，为电力企业履行普遍服务义务提供经济上的保障，从而防止电力企业因履行普遍服务义务而降低自身的经济效率。为此，一方面应通过《电力法》规定：“国家建立电力普遍服务基金制度，保障电力企业履行普遍服务义务，保障公民用电的权利”，另一方面，应由专业电力监管机构制定关于电力普遍服务基金制度的操作性规则。

（2）将采用激励性的电价监管措施规定为电力监管机构的职责。如前所论，我国对电价实行严格的行政审批制度，这种监管措施属于传统的保护性监管措

[1] 杨万华，张明玉．实施电力社会普遍服务的分析和建议［J］．产业安全，2007（1）：2。

施，虽体现了公平价值，但是，该措施严重削弱了电力企业的激励机制，不利于提高效率。为了在公平的前提下兼顾效率的提高，西方国家已经普遍采用激励性监管措施监管电价，通过最高限价监管、特许权竞争和标尺竞争等多种方式，一方面确保用电方较低的用电价格以实现公平价值，另一方面还为经营方建立激励机制乃至赋予其不超过价格上限的灵活定价权，使其能获得提高生产效率的激励以保障效率价值的实现。为此，我国应该在修改后的《电力监管条例》中规定"电力监管机构应采用激励性监管措施，保障社会效率的提高"，从而将采用激励性监管措施监管电力行业，确定为电力监管机构的职责之一。

总之，为了使我国电力监管权力配置制度的内在理念合理化乃至最优化，应该将公平和效率确定为未来《电力法》的基本原则，完善《电力监管条例》中关于电力监管价值的条款的同时，安排处理效率和公平之冲突的制度设计，在其他规范性文件中注重对其特殊的电力监管价值的提炼和准确表述。这样，就可以使公平和效率成为中国电力监管的价值目标，从而使中国电力监管权力配置的法律制度在具有合理性的基础上，能够逐渐提升其正当度。

第三节　中国电力监管权力配置之制度表现的优化

优化电力监管权力配置的制度表现，包括优化制度表现的形式与制度表现的内容两个方面，制度表现的内容主要包括政策部门与专业电力监管机构之间、专业电力监管机构与综合电力监管机构之间、专业电力监管机构与反垄断执法机构之间的权力配置内容。

一、通过法律形式明确配置电力监管权力

中国电力监管权力配置在法律形式方面的缺陷性问题，主要表现在未能通过全国人大颁布法律的方式配置电力监管权力，现行《电力法》未涉及电力监管权力的配置问题。只有通过国家最高立法机关颁布法律的形式配置电力监管权力，才能从根本上确保影响电力监管权力配置正当度的各因素都得到满足，才能尽量同步提高影响电力监管权力配置正当度之各因素的满足程度，从而实现对电力监管权力配置的优化。在现代法治国家中，国家最高的立法机关被定位为绝大多数人之利益的代表，所立之法经过了更为严格的程序，更能体现公共利益，而国家的政府部门被定位为国家的具体行政管理者，其为了行使行政管理权而颁布行政法规、规章的程序更为简单，在内容上容易因追求政府部门

的私利而违背公共利益[1]，无法从根本上保障电力监管权力配置必然以效率和公平为价值目标。鉴于此，中国应该按照机构权责法定的原则，借鉴域外先进国家通过普通法最高位阶的法律配置电力监管权力的成功经验，在未来通过新颁布《能源法》及修订《电力法》，在该二法律中对电力监管权力进行配置，以实现对中国电力监管权力配置之制度表现形式的优化。若能通过《能源法》确立能源部和能源监管委员会（简称能监会）的设立、具体的权力和职责及相互间的法律关系，通过《电力法》确立能源部和能源监管委员会在电力监管方面的权力和职责，能源（包括电力）监管机构将成为我国第一个通过法律授权而不是仅凭“三定”规定设立的行政机构，必将大大促进我国依法行政的法治进程，为新型能源管理体制的构建奠定坚实的法律基础[2]。

当《能源法》《电力法》成为电力监管权力配置的基本法之后，为了避免与这些法律的冲突，还应当全面修改《电力监管条例》。可将《电力监管条例》定位为电力监管方面的操作性规则，重点规定电力监管的程序性内容。

二、按能源与独立监管模式配置政策部门与专业机构的权力

本着同步提高效率度与公平度、分权制衡度与沟通协调度以尽量提高电力监管权力配置正当度的原则，中国应采能源监管模式与独立监管模式，实现对电力监管的政策部门（能源部）与专业电力监管机构（能监会）之间的权力配置的优化。具体而言：取消国家发改委对电力行业的监管职能，建立与国家发改委同级别（而不是隶属国家发改委）的能源部，作为电力监管的政策部门，在能源部内，设立具有独立法律地位的能监会，作为专业的电力监管机构，前者承担电力监管的政策制定职能，后者承担对电力行业全部的经济性监管职能。

1. 采用能源与独立监管模式的理据

（1）采用能源监管模式配置电力监管权力的理据。2008 年我国南方大面积停电事故已经证明电力监管权力的配置绝非单纯的电力行业的监管问题，而是涉及整个能源行业的监管和优化资源配置的大问题。因此，必须采用能源监管模式，才能提高中国电力监管权力配置的效率，保证我国电力行业安

[1] 政府部门通过颁布行政法规、规章等方式追求政府部门的私利、违背公共利益之现象在中国是普遍存在的现象，正是由于这种现象的普遍存在，才导致了中国的行政垄断现象泛滥成灾。

[2] 杨名舟．能源体制改革需顶层设计［J］．学习时报，2012（4）：279。

全稳定的运行。

对于中国应将电力监管纳入能源监管，即按能源监管模式[1]配置电力监管权力，目前学界并没有争论[2]。中国政府曾经在1988年成立能源部，由于缺少对能源行业的价格权和投资审批权，指挥不动业内影响巨大的国企，1993年中国政府撤销了能源部，其职权被包括国家发改委前身——国家计委在内的至少13个部委瓜分[3]。虽然早在2002年就有了中国应建立类似美国的大能源部的建议，但中国只推出了设立“国家能源局（2008）＋国务院能源委员会（2010）”的折中方案。2013年的机构改革中曾考虑过组建能源部，但是，最终还是只推出了撤销电监会，组建国家发改委之下的新国家能源局的方案。该次机构改革将电力监管纳入能源监管的范畴，是因为中国“目前存在的主要问题是，电力是能源的重要组成部分，其监管独立于能源局之外，造成电监会与能源局在电力改革、投资准入、项目审批和价格等诸多方面职责交叉，不利于整个能源统筹谋划和推动电力行业发展”[4]。

反对中国组建能源部的声音一是来自国家发改委，国家发改委不愿将其把持的最重要的能源行业职能转移出来，二是来自能源行业的大型国有企业[5]，这些大型国有企业尚未完成由政府职能部门到企业的角色转变，仍希望凭借其强大的经济实力和较高的行政级别，保住其在能源行业的部分政策性的职能。显然，发出这些反对声音的目的，皆在保护本部门的既得利益，而“任何从部门利益和局部利益出发反对成立大能源部的观点都是十分错误的”[6]。

---

❶ 与单一的电力监管模式相对应，能源监管模式即对能源行业（包括电力、天然气、石油）进行统一的监管模式。（参见前引史玉波文章，第9-10页。）

❷ 对“为什么应将所有能源行业的监管职能授权给一个统一的机构监管”的详细论证，参见前引杨名舟《能源体制改革需顶层设计》，第279页。

❸ 多个政府机构瓜分能源行业的职权导致中国能源行业政策重叠与利益冲突成为普遍现象。参见中国政府考虑在2013年设立新的超级能源部门［J/OL］.［2012-01-06］. www. chinajnhb. com/News/2/61168. html。

❹ 中央编办负责人就国务院机构改革和职能转变答人民日报、新华社记者问新华社［J/OL］.［2013-03-11］. news. xinhuanet. com/2013lh/2013-03/10/c。

❺ “国家能源专家咨询委员会委员、厦门大学能源经济研究中心主任林伯强补充称，最大的障碍将会是国家发改委，国家发改委已经是一个庞大且握有大权的超级部门，对能源领域有着相当大的影响力。”“对于参与决策的中国石油与国家电网等强大的国有企业所扮演的角色，同样也令人困惑。”“中国国有的能源企业，特别是中石油集团，还是把自己就当成石油部委，因为它们最懂行，因此也就有了权威”“国土资源部或国家能源局想要管理它们，难度非常之大。”参见中国政府考虑在2013年设立新的超级能源部门［J/OL］.［2012-01-06］. www. chinajnhb. com/News/2/61168. html。

❻ 前引杨名舟《暴雪覆冰灾害后——电力工业发展的反思》第6页。

（2）采用独立监管模式配置电力监管权力的理据。是否选择独立监管模式，或是否应设立一个独立、专业的电力监管机构，涉及是否对所配置的电力监管权力进行分权（政监分离）制衡的问题，是一国具体配置电力监管权力时要解决的前提性问题。对于我国应否选择独立的监管模式配置能源监管权力，主要有两种观点。一种观点认为，我国应尽快成立能源部和能监会，实行政监分离的新体制❶；另一种观点主张短期内采用政监合一体制，如2012年9月中国能源研究会发布的《健全与市场经济和低碳经济相适应的能源管理体制执行报告》中提出，“新组的能源部短期内采用政监合一、内部独立的模式，内设能源监管局”“政监分离的模式适于成熟的市场经济国家，而假设我国可以成立能源部，短期内采用政监合一的方式或许更为合适”。“能源市场化改革是一个渐进的过程，随着市场化改革的推进，再将需要转变管理方式的职能逐步由发改委转到能源部，把能源监管机构独立出来，过渡到政监分离的模式”❷。该两种观点的差异仅在于我国在什么时候才应按独立监管模式配置能源行业的监管权力，我们赞成前一种观点。

首先，后一种观点的依据似乎是基于“政监分离的模式适于成熟的市场经济国家”的判断，但是，这个判断在逻辑上倒置了本末。依据市场经济发达国家的历史经验，是“实行政监分离能促进市场经济的发展和成熟”，而不是“市场经济的成熟能促进政监分离的实行”。

其次，遵循满足并尽量同步提高效率度与公平度、分权制衡度与沟通协调度的优化原则，中国目前按照独立监管模式单独设置专业的电力监管机构，不仅符合域外先进国家的成功经验❸、顺应了电力监管之历史发展的趋势，而且能消除中国电力监管权力集权化配置（体现为“政企不分”“政监不分”）带来的弊端——“政监分离”的主要作用就在于通过分权以减少集权配置带来的弊端，从而实现公平价值。计划经济体制下，我国长期采用政企合一的集权化的行政管理方式管理电力行业，电力工业部门不仅承担政府管理电力企业的职能，本身还作为国家的直属垄断企业，既是电力产业政策和行业规划的制定

❶ 前引杨名舟《能源体制改革需顶层设计》，第279页。

❷ 王彩娜．学术界动议重组能源部　各部门利益平衡系难题［J/OL］．［2012－10－08］．http：//www. sina. com. cn。

❸ 学界现有文章在研究域外先进国家电力监管制度之后，提出了我国应当借鉴的国外先进经验的具体内容。如有人在研究了美国的经验后提出我国电力监管应加快“政监分离”，实行“独立监管”的建议。（前引唐松林文章，第59页）。

者，又是执法者，这种长期的政企合一的集权化管理模式，导致低公平度和低效率度的“集权化的行权方式”，成为我国能源体制的主要积弊之一。“集权化的行权方式”使能源政策和决策广受质疑，“由于对行政权的行使缺乏有效的法律程序制约，能源规划、政策的出台和重大项目审批，都可以不经民主论证、公众参与而获得通过，强大的行政权与强势的能源巨头可以轻易联手，毫无忌惮地处置国家资源”❶。

随着市场经济体制的建立，我国开始了电力行业的市场化改革，虽然建立了国家电力公司，但是国家电力公司和各省电力公司仍在“惯性”地代行一部分政府职能，多年形成的积弊仍未获得改善。正是为了改善这些积弊，《电力监管条例》才设置了单独的专业电力监管机构的旧配置格局，使我国朝独立监管模式迈进了一步。2013 年的新配置格局，取消了专业电力监管机构，采用政监合一的非独立监管模式，实质上是朝政企合一的传统管理模式倒退了一大步，其不是分权而是使本已经集中的权力更加集中，加上中国电力行业国有企业到目前为止仍占绝对主导地位的市场结构，可以料想，这样的配置格局不仅不利于消除，反而将加深我国电力行业管理体制长期存在的集权化积弊，更易于使电力企业与政府主管部门的结盟而回复到电力行业实质上的“政企不分”状态，更易于为新的不公平、低效率的行政垄断现象打开方便之门，配置电力监管权力所应追求的效率与公平价值将更难以实现。

而选择独立监管模式，意味着将通过法律明确规定专业电力监管机构独立于政府其他部门的法律地位，即专业电力监管机构独立于政策部门，独立于以所有权人身份对国有电力企业享有管理权的国资委等政府机构，意味着专业电力监管机构对电力行业享有全部的经济性监管职能，具有权威性。因此，中国目前只有按独立监管模式配置电力监管权力，实行分权制衡，才能从根本上改变“政监不分”的集权配置，才能防止电力企业与政府主管部门的结盟，减少电力行业的行政垄断，最终提高中国配置电力监管权力的效率度与公平度。为此，应按独立监管模式构建我国的能源监管体制。中国设立能源部和能监会，能从根本上“破解许多长期制约改善监管的传统障碍”❷，推进能源（电力）

---

❶ 前引杨名舟《能源体制改革需顶层设计》，第 278 页。

❷ 路透社：传中国将建立“超级能源部”［J/OL］．［2013 - 07 - 05］．finance. qq. com/a/20120110/001898. htm。该文同时指出，成立能源部的主要障碍是“如何让其他政府机构交出权力”及“各种利益集团如今正极力阻挠”。正因为这些障碍尚未消除，2013 年 3 月的机构改革未能设立能源部，只是在国家发改委之下设立了新的国家能源局。

行业的市场化改革。

2. 能源部与能监会的法律地位及监管职能

(1) 能源部与能监会之间的定位及相互之间的关系。对于将能源部定位为能源行业（包括电力行业）的政策部门，将能监会（其下设电监会）定位为专业的能源监管机构，学界并无争议。但是，对能源部与能监会之间的关系却存在不同的观点。“能源部的体制框架有四种可供选择的模式：一是在政监合一的条件下，成立大能源部；二是大部小监管，各能源部门分散监管；三是大部大监管，即能源部和国家能监会将煤、电、油、核、气、新能源分清职能，全都管起来；四是成立一个小规模的能源委，只管重大事件、政策、能源规划和战略”❶。其中，第二种大部小监管模式，与我国旧配置格局中的单一电力监管模式并无本质差异，其弊端已经被中国 2008 年南方大面积停电事故所证明。2013 年的新配置格局实质上是结合了第一种和第四种模式，在组建新国家能源局的同时，保留了能源委员会❷；在新国家能源局内，除设立承担政策制定职能的机构（如电力司）外，还设立了“市场监管司”行使监管职能。政监合一模式存在着权力过分集中的弊端。

本书认为，我国应借鉴域外先进国家的成功经验，撤销现存的主要起协调作用的能源委员会，设立与国家发改委同级别的大能源部，在能源部内，采内部独立模式设置能监会并通过法律赋予能监会独立于能源部的法律地位。与其他做法相比较，这种做法符合精简机构的原则，既提高了能源监管机构之间的分权制衡度，避免了集权的弊端，又提高了相互之间的协调沟通度，减少了因分权带来的效率损失，能源委员会是应对我国能源管理体制破碎化弊端而设立的协调机构，如果将能源行业的全部管理及监管职能都纳入了能源部，从根本上解决了能源管理体制的破碎化问题，作为协调机构的能源委员会也就失去了存在的意义。因此，这种做法能够最有效地实现电力监

❶ 前引杨名舟《能源体制改革需顶层设计》，第 279 页。

❷ 2010 年，依据《国务院办公厅关于成立国家能源委员会的通知》（国办发〔2010〕12 号），成立国家能源委员会，负责研究拟订国家能源发展战略，审议能源安全和能源发展中的重大问题，统筹协调国内能源开发和能源国际合作的重大事项。2013 年 7 月国务院发布《国务院办公厅关于调整国家能源委员会组成人员的通知》，决定对国家能源委员会组成部门和人员进行调整。根据调整后的名单，国务院总理李克强担任国家能源委员会主任，国务院副总理张高丽担任副主任。就能源局与能源委员会之间的关系而言，能源委员会“是高层次的领导和协调机构，而不是一个像能源局具体管理事务的一个机构。……能源委员会的日常工作是由能源局来承担。”参见张国宝：“详解国家能源委、能源局和央企关系”，2010 年 2 月 3 日，www.chinaneast.gov.cn。

管所追求的效率和公平价值。

在此模式下，能源部应定位为能源行业的政策部门，主要承担全国能源的长期规划与政策制定职能[1]和承担各直接监管机构之间的协调职能，应将电力监管系统的总目标——效率和公平，作为其所应追求实现的价值目标；能监会被定位为能源行业专业监管机构，主要承担监管能源行业的经济性监管职能，应该以效率价值为优先的监管目标并兼顾公平价值。专业能源行业监管机构的定位，决定了能监会将具有独立性和权威性，应通过法律明确规定能监会独立于政府其他部门的法律地位，通过专门的制度确保能监会的人事独立、职权独立、经费来源独立；其权威性意味着能监会应该享有全部的经济性监管职能。为此，除了保留《电力监管条例》第十二条到十九条所规定的职能之外，应当通过能源法和电力法，明确赋予能监会承担电力市场准入监管职能与电力价格监管职能。只有把这两个最关键的监管职能划归给能源部的能监会，才能从根本上改变之前的“强势发改委、弱势电监会”的不合理局面，才能保证能监会作为专业电力监管机构的权威性，从而最终确保电力监管目标的有效实现。同时，为了兼顾公平价值，还必须同时设计能监会运行经济性监管职能时考量环境保护问题的机制，保护环境应成为能监会运行其经济性监管职能必须遵循的一项基本原则，在电力定价机制中，必须考虑环境成本，尽可能采取激励监管措施，促使电厂减少排污。

(2) 能源（电力）行业的市场准入权及定价权应该配置给能监会。目前，与设立能源部相关的最大分歧和阻力在于：原来由国家发改委享有的能源（电力）行业的市场准入权与定价权，在成立能源部后，应该依然保留在国家发改委，还是应该转由能源部的能监会行使？在国务院各部委中，国家发改委因权力过大一直处于强势地位，裁撤国家发改委、让国家发改委放权，是历次机构改革中的热门话题。2012 年中国能源研究会的《健全与市场经济和低碳经济相适应的能源管理体制执行报告》主张“新组建的能源部的职责主要定位于政策制定职能和市场监管职能，而价格和行政审批权力仍保留在国家发改委统一

[1] 能源部的具体职能的设置可结合本国具体国情，参考美国能源部的主要职能进行设置。美国的能源部主要负责制定和实施国家综合能源战略和政策。具体职责包括：收集、分析和研究能源信息，提出能源政策方案和制定能源发展与能源安全战略，研究开发安全、环保和有竞争力的能源新产品，管理核武器、核设施及消除核污染，负责石油战略储备和石油天然气进出口，对油气资源开发、储运、油品加工、环境治理等方面作监管分析、经济分析和市场分析等。

协调”[1]。赞同者认为，由于该方案不触及价格和投资审批等敏感环节，相对于其他的方案建议，其组建的阻力相对较小；反对者认为，能源部如果不拥有价格、投资审批权，将很难树立其在能源行业的权威和话语权，更难具有执行力；如果还是延续现存体制，不转变政府职能，不改变行权方式，则等同虚设，不如不设[2]。本书认为，应该取消国家发改委的能源（电力）行业[3]的市场准入权、能源（电能）定价权，将该两个核心的经济监管职能配置给能源（电力）行业的专业监管机构——能源（电力）监管委员会，主要理由如下。

首先，赞同应由国家发改委享有该二权力的理由在理论上并不成立。除维护政府部门的既得利益外，主张国家发改委享有该二权力的主要理论依据是：国家发改委是“主要负责综合研究拟订经济和社会发展政策，进行总量平衡，并指导总体经济体制改革的宏观调控部门”[4]，而“电价关乎整个国家宏观经济的运行，应该由管理国家宏观经济的政府部门来管理”。[5]

一方面，正当的电力监管权力配置应该以维护公共利益为根本目的，任何非基于公共利益而是基于（政府）部门私利的要求都非合理的电力监管权力配置所应关注的理由，基于维护本部门的利益拒绝交出该二职能的理由，因缺乏公共利益目的这一电力监管权力配置在道德上必须具备的正当性基础条件，根本不具有正当性。

另一方面，对某个具体行业的市场准入权与定价权在法理上应主要归属于微观监管权的范畴。虽然我国法学界对“宏观调控”范围的理解比经济学界的更广，包括了投资、产业、固定资产管理等内容[6]，归属于产业法律制度的市场准入制度可归属宏观调控法律制度的范畴，但是，“宏观调控”一词来源于经济学，按经济学界的理解，宏观调控的“主体是政府或国家，客体是国民经济的总量，主要是指总供给、总需求以及总价格、总就业量等。手段是货币、财税等宏观经济政策，不包括产业政策、结构优化标准和环境政策等”[7]，并且，在我国官方的表述中，“宏观调控”的范畴指“国家公权介入宏观经济领

---

[1] 前引王彩娜文章。

[2] 于华鹏．新能源部组建欲出 或合并各部委能源职能［J/OL］．［2012－09－29］．finance. eastmoney. com/news/1345，201209。

[3] 由于能源行业范围较大，文中采用“能源（电力）行业”表达方式，将对象局限在电力行业之内。

[4] “国家发改委的基本介绍及主要职责［J/OL］．［2013－07－28］．http：//www. sdpc. gov. cn/.

[5] 前引网络文章《电力监管条例艰难出台，电价监管权属未明》。

[6] 黄亮．中央宏观调控权的配置研究［D］西南政法大学，2012：19－20。

[7] 耿利航等．“中国财经法律论坛·2004”综述［J］中央财经大学学报，2005（1）：74－80。

域”已经成为基本共识，因此，将并非“宏观”的某个行业的市场准入领域归属于“宏观调控”的范畴，与“宏观调控”本来的经济学意义及中国达成共识的官方理解并不一致。对经济之总价格的干预，的确属于宏观调控的范畴，但是，对某个具体行业产品与服务价格的干预，因其不够宏观，应属于微观监管的范畴❶。

其次，将这两个权力配置给国家发改委的格局，存在着严重的弊端。一方面，获得国家发改委的核准，是在中国投资电站及电网建设项目的前提❷。电力行业的供求关系本应主要通过市场机制达到基本的平衡，而将电力行业的市场准入权配置给行政管理部门，在缺电的时候，行政管理部门对电源建设的审批权成为政府解决“缺电”问题的手段，为了避免缺电，政府势必大手笔地核准电力投资项目，由此导致投资过剩、引发大浪费和低效率、高污染等严重问题也就成为必然，这些问题的出现必将对电力产业乃至整个国家经济的可持续发展能力都将产生严重的负面影响。

另一方面，“当前的最后执行电价都是国家发改委一个一个省乃至一个一个电厂审批出来的”❸，而国家发改委主要采用经营期平均运营成本核算的方法审批电价，由于中国目前电力行业的输、配仍然处于一体化状态，国家发改委无法弄清发、输、配、售各环节的成本，也就不可能保证其所核准的电价的合理性。“电价形成机制改革”是我国电力改革“最难啃的骨头”，应在体制和机制上双重突破❹，必须改革电网一家独大的状况，由政府制定出台独立的输配电价，而“电网企业目前的垄断强势地位，部分是由于监管职能不到位造成的”❺。中国各界对应该以市场供求为主而非行政审批决定电价已经达成共识，但是，不放开电力市场准入，就不会有充分的竞争，没有充分的市场竞争，就

---

❶ 学界对于价格法的归属有三种观点：一是宏观调控法论，二是市场规制法论，三是综合法论（关于经营者的价格问题属于市场规制法，关于国民经济全局的重大问题的价格，属于宏观调控法）。第三种观点已经逐渐成为主流观点。参见李晓辉．中国价格法律制度三十年研究的回顾与展望［J］．经济法学家（2008）：249－250。

❷ 政府核准的投资项目目录［J/OL］．［2013－07－22］．www.tudou.com/home/diary_v5536847.html。

❸ 电监会扩权，电价市场定价时代开始［J/OL］．［2013－07－14］．news.ppzw.com/article_show_5553.html。

❹ 王禹民．最难啃的骨头“在于电价形成机制改革”［2013－04－08］．www.njdaily.cn/2013/0302/339267.shtml。

❺ 国家电网拆分方案传出：两会后“五号文件”回归［2013－04－09］．www.pv001.net/22/12/12608_4.html。

无法依靠市场供求来决定电价，也就永远无法解决市场煤、计划电的矛盾，电力企业的利益也就永远无法与社会整体利益保持一致。

可见，沿袭带有强烈计划经济体制色彩的行政审批制度，将电力行业的市场准入权及定价权配置给行政管理部门及宏观经济调控部门的电力监管权力配置格局，不仅无力推动中国电力行业的健康发展，反而构成导致中国电力产业可持续发展能力不足的重要原因之一。

最后，只有将这两个职能配置给能源部的能监会，才能树立能监会在能源行业的权威，才能推进电力行业的市场化改革，才能为电力产业的可持续发展提供制度上的保障。

的确，在电力价格监管、电力项目审批方面，国家发改委无论从组织的延伸性、执法的权威性乃至管理经验上，都比能监会有优势。但是，作为行政管理及宏观调控机关，国家发改委享有的权力属于传统的行政权力，若将这两个职能配置给国家发改委，则该二权力在法理上属于传统的行政权力，延续带有强烈计划经济体制色彩的由国家发改委享有电力行业的市场准入权及定价权的做法，无法为中国培育电力市场。相反，作为能源行业的专业监管机构，能监会享有的权力属于政府监管权的范畴，若将这两个职能配置给能监会，意味着将该两权力在法理上定性为政府监管权力。作为应对市场失灵的依据，政府监管权之所以能够从传统的行政权中独立出来成为一种现代社会普遍存在的新型公权力，是因为其比传统公权力更能有效地应对现代社会复杂的现实需要。作为电力行业的专业监管机构，其监管的主要对象是电力行业的市场主体，没有电力市场，就没有监管的对象，因此，能监会在维持电力行业合理垄断经营模式的前提下，必然以推进中国电力行业的市场化改革为己任，在对电网企业滥用市场支配地位、妨碍自由竞争的行为予以严厉监管的同时，必然会从有利于充分竞争的角度行使电力市场的准入权，开放发电市场，实行大用户与发电企业之间的直购电制度，从而依靠市场供求来形成合理的电力定价机制。只要有了合理的电力定价机制，“市场煤、计划电”的矛盾、电力价格结构不合理等问题就能够迎刃而解，中国电力行业的效率也就能够从根本上得到提高。由此可见，将这两个职能配置给能监会，能更有力地推进中国电力行业的市场化改革，能有效弥补传统行政审批制度的不足，提高电力监管权力实现效率和公平的程度，从而最终提高中国电力产业的可持续发展能力。至于能监会行使电力行业市场准入权及定价权的组织延伸性、执法权威性及管理经

验上的劣势，只要假以时日，自然会得到解决。

能监会的专业性和非政治化特征，能够为能监会行使电力行业的市场监管权及定价权的效率性提供基本的保障。国家发改委具体行使电力行业市场准入权的行政官员缺乏相应的专业知识，决策不科学，缺少必要的问责机制，是导致中国或者处于缺电，或者处于供电产能过剩之恶性循环状态的原因之一，国家发改委所审批的电价不合理，是中国电力行业个体利益与社会整体利益关系紧张、环境污染严重的原因之一，而将这两个职能配置给能监会，能监会的专业性及非政治化特征，能为有效地解决前述问题从而提高电力行业的效率提供基本的保障。能监会的电力监管人员具备电力行业的技术、经济、管理知识及相应的法律知识和法理思维，不受官员的直接控制，只就监管是否合法、是否科学承担法律责任和技术责任。因此，将电力行业的市场准入权及定价权配置给能监会，不仅将改变电力行业市场准入权与定价权的行权方式，还意味着将由专业监管人员来履行这些职责，其所拥有的专业知识及对监管决策承担法律与技术责任的问责制度，将有利于该二权力的科学行使，将为监管决策的科学性奠定基础，从而为提高效率提供保障。

能监会的独立性，能够为其行使电力行业的市场准入权及定价权的公平性提供基本的保障。“独立性是监管机构作为市场公平竞争秩序和公众利益维护者角色的决定性因素”[1]。作为专业的能源行业监管机构，能监会具有独立性，其仅依照法律授权独立行使监管权力，不受其他公民、法人和其他组织的干涉，即能监会独立于政府其他行政部门，不受政府其他行政部门的影响，独立于被监管对象，不受被监管对象的影响。因此，由能监会行使电力行业的市场准入权和定价权，能够避免电力行业的市场准入权成为政府部门（如国家发改委或未来的能源部）解决“缺电”问题的工具，避免因政府急功近利而导致的电力行业投资过剩、产能浪费等低效率的发生；能够防止处于强势地位的被监管人（如强大的国有电网企业）影响电力市场准入及电价政策的制定和执行，促进公共利益，平衡各利害关系人的利益，从而提高电力监管权力配置实现公平的程度。

三、建立专业机构与综合机构的分权及协调机制

实现专业电力监管机构（能监会）与环境、安全等综合性监管机构之间的

[1] 前引马英娟《监管机构与行政组织法的发展——关于监管机构设立根据及建制理念的思考》，第16页。

分权，是由前者主要承担我国电力行业的经济性监管职能，由后者承担全部的社会性监管职能。在此基础上，还应使承担社会性监管职能的综合性监管机构以公平为优先追求的价值目标，区分非核电与核电安全生产监管职能的归属，明确电力普遍服务义务监管职能的归属，建立能源部与能监会、综合性监管机构之间有效的协调和沟通机制。

1. 区分非核电与核电安全生产监管职能的归属

电力生产分非核电生产与核电生产，建议将电力行业非核电安全生产监管职能，配置给一般的综合性安全监管机构；成立核能安全综合性监管机构，承担核电安全生产监管职能。

国内学界尚无人讨论到底应该将电力安全生产监管职能配置给专业电力监管机构还是配置给综合性的安监机构。本书认为，鉴于现行配置格局在法律形式上存在着用下位法修改上位法的问题，在具体的职能分工上存在着交叉和不清楚的问题，应该如同将电力行业环境保护监管职能按《中华人民共和国环境法》配置给国家及地方政府的环保机构一样，将电力行业非核电的安全生产监管职能配置按《中华人民共和国安全生产法》配置给国家及地方政府的安监机构。因为，从监管权力配置的理论分析结论来看，分权可能导致效率的损失，因而应被限制在必要的范围之内；从域外先进国家的经验来看，专业电力监管机构几乎都未承担社会性监管职能。电力行业安全生产监管职能分别配置给电监会或新国家能源局和国家及地方政府的安监机构的做法不仅不符合域外先进国家的成功经验，还将导致监管效率低下。当初之所以如此配置，一个重要的原因可能是由于电力市场准入权与电力价格监管权配置给了国家发改委，电监会无事可做。如果未来将包括电力市场准入权、电力价格监管权在内的全部经济性监管职能赋予给能监会，能监会就再无承担电力安全生产监管职能的任何理由了。

将核电安全监管的职能特殊配置给独立、权威的核能安全综合性监管机构，是保证一个国家核电发展和核能利用安全的必要条件之一。中国正处于核电利用的高速发展阶段❶，而“与之相应的设计可靠性、建设单位资质、设备制造质量和运行管理人员资格的审核等都远远落后于核电的高速发展，核电安全监管急需加强”❷。鉴于中国核能安全监管的机构设置复杂，核安全监管职

❶ “到2020年，中国核电运行装机容量争取达到4000万千瓦，在建容量1800万千瓦”是国家发改委（2007年10月）《核电中长期发展规划（2005—2020）》中提出的目标。

❷ 前引李晶晶网络文章。

能分散并且存在交叉的现状，为了避免职能交叉，提高对核能安全的监管效率，建议中国增设一个由国务院管理的独立权威的核能安全综合性监管机构，承担目前分散在国家能源局、工信部及环保部等多个机构的关于核安全方面的监管职能，在该机构成立之后，核电的安全生产职能也将转由该机构承担。

2. 明确电力普遍服务义务之监管职能的归属

为了实现电力监管的公平价值，解决偏远地区、社会弱势群体的用电问题，我国应当通过法律明确规定电力普遍服务义务之监管职能的归属。学界对中国电力普遍服务义务之监管职能的具体归属问题尚未进行研究，本书认为，可借鉴美国针对不同地区，设置不同机构，采取了不同的措施保证电力普遍服务义务之实现的成功经验，在未来的《电力法》中，对电力普遍服务义务之监管职能进行原则性的配置，再由能源部颁布专门的部门规章，针对不同地区、不同情况设计专门的实现电力普遍服务的法律制度。只有这样，才能将电力普遍服务的履行落到实处，从而完善我国实现公平价值之电力监管权力的配置。

3. 建立能源部、能监会与综合性监管机构的沟通和协调机制

依据多委托代理理论的分析结论，为了避免分权导致效率降低的弊端，应该在各电力监管机构之间建立必要的沟通和协调机制；依据协调博弈理论的分析结论，电力监管系统总目标合理地分解到各个电力监管机构后，应该建立由第三方承担协调职能的协商沟通机制，以保证各个电力监管机构在电力监管系统内有效地沟通和互动，通过交换信息、解决冲突以建立集体理性来协调各个电力监管机构的行动；依据加州电力危机的爆发给各国配置电力监管权力的基本教训，应加强各电力监管机构之间的沟通和协调，将电力监管的经济性目标与社会性目标融入一个统一的电力监管框架。因此，按独立监管模式配置我国的电力监管权力后，还应建立各监管机构之间有效的沟通和协调机制。

对于怎样建立该沟通协调机制，存在着不同的看法，有人主张在现有电力体制改革工作小组的基础上成立一个协调委员会，内设由专家组成的咨询委员会，协调各监管、政策部门之间可能存在的冲突[1]；也有人提出“在短期内无法改变电力监管职能由多个部门共同承担的条件下，我们希望能够提升电监会在部门之间的协调能力，分清权力和责任，确保电力监管机构在电力监管领域的指导地位”[2]。本书认为，可按如下具体方案构建各电力监管机构之间的沟通协调机制。

---

❶ 前引唐松林，任玉珑文章，第166页。

❷ 前引网络文章《电改8年陷入停滞　弱势电监会呼吁立法正名》。

首先，赋予不具有直接电力监管职能的政策部门（能源部）承担沟通与协调各电力监管机构的职能。为了有效地行使协调职能，能源部在兼顾效率和公平价值目标的前提下，一方面应建立各监管机构沟通、交流、共享监管信息的技术平台，赋予各监管机构进行监管信息交流、沟通的法定义务，从技术上和信息来源上保证电力监管机构之间监管信息交流的畅通；另一方面，对于直接行使电力监管职能之机构提出的协调请求，有权进行协调，并享有最终的裁判权。为了保证协调工作的科学性，能源部在进行具体的协调或裁决前，应针对所协调或裁决之具体事务，成立由相关领域专家组成的协调或裁判委员会，具体承担协调、裁决的职能。协调或裁判委员会应权衡所涉电力监管中的经济性目标与社会性目标的关系，依据相关法律、法规对所涉电力监管的相关措施及效果进行评估后采取做出相应的处理。

其次，使各承担直接监管职能的监管机构在具体运用自身监管权力的过程中，不仅要追求自身优先的价值目标的实现，同时要兼顾其他价值目标的实现，经济性监管机构以效率价值优先，兼顾公平价值；社会性监管机构以公平价值优先，兼顾效率价值。赋予各承担直接监管职能之监管机构对其他监管机构之监管行为的异议权，使各监管机构在进行自身的监管决策时，负有与相关的监管机构进行交流和沟通的义务。如果专业监管机构（能监会）与环境、安全等综合性监管机构对他方的监管行为有异议，有权直接向对方提出，或请求能源部进行协调或裁决。

如此，一方面既能保证能监会在制定其监管决策时不仅要考虑经济性的监管目标，同时必须兼顾环境、安全等社会性目标，最终实现电力监管所追求的公平价值；另一方面也能使环境、安全等综合性监管机构不仅要追求环境、安全等社会性目标的实现，还必须要考虑电力产业的发展，考虑电力行业从业主体的经济利益，最终实现电力监管所追求的效率价值。

四、按主导—制衡方式配置专业机构与反垄断执法机构的权力

对于我国应该怎样配置专业电力监管机构（过去的电监会、未来的能监会）与反垄断执法机构之间的权力，学界现有的研究成果很少。本书认为，依据经济学关于权力配置的基本理论，借鉴域外先进国家有关的经验和教训，结合我国当下的实际国情，我国不能照搬域外先进国家已有的配置模式，应该按主导—制衡（以专业监管机构为主导，反垄断执法机构为制衡）方式，通过制度创新，实现二者之间权力配置的优化。

1. 不能直接采用域外已有配置模式的理由

对于我国应该采用什么样的模式配置该二类机构的权力，学界有不同的看法。有人主张我国可以参照美国的权力配置方式，将电力企业在合并中涉及的垄断，交由电监会监管，而电力企业共谋、滥用市场支配地位等垄断行为，交由反垄断执法机构监管[1]。有文章提出我国应按主辅型权力配置模式重新配置我国行业监管机构与反垄断执法机构之间的权力格局[2]。本书认为，我国不能直接照搬域外先进国家现有模式配置专业电力监管机构与反垄断执法机构之间的权力，理由如下。

首先，在传统的行政管理方式的惯性作用下，我国最可能采用的是行业监管机构[3]全部管辖电力行业的模式，但是，采用这种模式配置该两类机构的权力会阻碍我国电力行业市场化改革的进程。

行业监管机构在监管过程中通常以产业政策为导向，这意味着行业监管全部管辖模式必然会将电力行业之产业政策置于优先于竞争政策的地位，违反了应将竞争政策置于优先地位的市场经济发展的必然趋势。电力行业发展的实践已经证明，缺乏市场竞争的行业监管模式不仅不能带来持久的高效率，而且会给社会整体利益带来极大的消极影响。与社会经济发展趋势相适应，传统的电力行业整体属于自然垄断领域的理论观点已经被修正，而电力行业市场化改革的目标，就是要逐渐缩小电力行业之特殊监管的范围，扩大电力行业之一般反垄断监管的范围，随着电力市场的不断成熟，行业监管机构的作用逐渐由反垄断执法机构所替代，是历史发展的必然趋势。

自20世纪80年代中期以来，我国电力行业市场化改革的进展比较缓慢。《反垄断法》的出台将电力行业纳入其监管范畴，为放松电力行业监管提供了竞争法监管的法律基础；同时，随着“放松监管，引入竞争”的市场化改革，电力行业监管职能在内容上也已经发生了质的变化，其不仅区别于传统政监不分的行政管理职能，还包括了新的促进行业市场化改革、形成有效竞争市场的职责内容。在这种情况下，仍采行业监管全部管辖模式配置能监会与反垄断执法机构之间的权力，将产业政策置于优先于竞争政策的地位，不仅不能发挥反垄断执法机构对电力行业所应发挥的促进竞争、监管垄断的功能，而且不利于

[1] 前引张诗滔，李扬文章，第46页。

[2] 前引吴华升文章，第40页。

[3] 此处之所以用“行业监管机构”而不用“专业监管机构”，是因为依据现行电力监管权力配置制度，我国有“电力行业的监管机构”，但没有“专业性的电力监管机构”。

能监会履行其促进电力行业改革、形成电力行业有效竞争市场的职责。

其次，我国目前既不能直接采用反垄断执法机构全部管辖模式，也不能采用行业监管机构与反垄断执法机构共同管辖模式，配置专业电力监管机构与反垄断执法机构的权力。域外先进国家的经验表明，不同的配置模式各有利弊，一个国家在配置该二机构之间的权力时，必须充分尊重本国当时的电力行业方面的市场经济基础和法律背景。

目前，我国的市场经济基础尚未完全建立，电力行业的市场机制尚未发育成熟，相应的法律背景还比较落后。我国的《反垄断法》实施不过才几年，电力行业监管的立法尚待完善，专业电力监管机构与反垄断执法机构的机构设置需要完善，执法经验都有待累积，权威性都有待培育。在这种情况下，我国不仅不能采用反垄断执法机构全部管辖模式，而且也不适合采用权力共享合作或分权合作的共同管辖模式。共享合作管辖模式容易导致两机构之间在执法上的冲突，我国目前行业监管机构与反垄断执法机构的发育都处在初级阶段，二者之间尚未建立任何协调机制，按共享合作管辖模式配置二者的权力，将无法解决二机构之间在执法上的冲突。分权合作管辖模式的最大难点在于如何在两机构之间实现最有效率的分工合作，我国反垄断执法机构刚刚建立不久，处理一般竞争市场中的反垄断事务的知识和经验尚需累积，缺乏调查处理电力行业排除、限制竞争的垄断行为过程中所涉及的电力行业技术、行业信息和所需要的专业化人才，因此，到目前为止，将监管电力行业排除、限制竞争的垄断行为的权力全部赋予反垄断执法机构享有的做法，也并非明智之举。

2. 采用“主导—制衡”配置方式的理由

所谓“以专业电力监管机构为主导，反垄断执法机构为制衡”的方式，即在赋予专业电力监管机构（能监会）监管电力行业全部竞争事务职能的基础上，赋予反垄断执法机构对电力行业竞争事务事后监管的复议职能，作为对能监会监管权力的制衡。具体而言：能监会以效率价值优先，兼顾公平价值，对于电力行业促进市场竞争机制形成、防止垄断行为出现的事前监管事务，对于排除、限制竞争的垄断行为的事后监管事务，都有管辖权；反垄断执法机构则以公平价值优先，兼顾效率价值，对能监会管辖排除、限制竞争的垄断行为的事后监管权力的运行，享有复议权。如果反垄断执法机构认为能监会的该类监管结果，过多地考虑了本行业的监管政策而破坏了反垄断法的统一实施，或者对电力行业的垄断行为、垄断企业滥用优势地位的行为监管不力，那么，反垄断执法机构有权撤销能监会的该类监管结果并依法作出新的监管决定。之所以

采用这种新方式配置能监会与反垄断执法机构之间的权力，基于如下的理由。

首先，我国采用这种新配置方式，符合历史发展的基本趋势和中国当下的基本国情。如前所述，域外先进国家在行业监管机构与反垄断执法机构之间的权力配置的模式上先后出现了三种模式的演化，该演化本身表明，该二类机构之间权力配置的历史发展趋势是行业监管机构权力空间不断缩小、反垄断执法机构权力空间不断拓展。

计划经济时期，我国对电力行业采用传统的行政管理方式；市场经济初期，其逐渐演变为与行业监管机构全部管辖类似的模式。随着竞争法律开始适用于电力行业，到2008年《反垄断法》施行，国务院成立反垄断执法机构后，行业监管机构（电监会）与反垄断执法机构之间的权力配置问题才正式登上中国历史的舞台。采用以能监会为主导，以反垄断执法机构为制衡的权力配置方式，使我国在行业监管机构与反垄断执法机构之间的权力配置格局上由前者全部管辖朝二者共同管辖迈进了一步，扩大了反垄断执法机构对电力行业的监管权力的空间，符合历史发展的趋势，与我国当下电力行业市场竞争机制尚未充分发育，电力行业监管机构与反垄断执法机构的设置需要进一步完善，反垄断法有待进一步完善的经济基础和法律背景相适应。

其次，这种配置权力的方式是综合考虑域外先进国家之经验和本国实际国情后的结果，既能扬已有模式之长，又能避已有模式之短，不仅更易发现电力企业在经营过程中的垄断行为并获取相关的证据，也更易于对电力企业的行为是否构成垄断做出判断，同时，还能顺应将竞争政策置于产业政策优先地位的市场经济发展的必然要求，促进我国电力行业市场化改革的进程，确保《反垄断法》的统一实施。

与行业全部管辖模式相比较，该方式在充分利用能监会监管电力企业之垄断行为的专业优势的同时，通过赋予反垄断执法机构对能监会管辖排除、限制竞争的垄断行为的事后监管权力运行的复议权，能够有效避免能监会可能出现的破坏反垄断法的统一实施的现象，能够防止能监会对电力行业的垄断行为、垄断企业滥用优势地位破坏自由竞争等行为的监管不力现象的出现。与共同管辖模式相比较，该方式将能监会置于全面监管的主导地位，将反垄断执法机构置于约束能监会滥用监管权力的制衡地位，不仅能兼顾事前与事后监管，充分发挥两类机构的各自专业优势，而且还减少了因双重监管而增加的执法成本和执法冲突的可能性，提高了二者之间的分工效率。在能监会的监管与反垄断法统一实施相符的情况下，或在其对电力行业垄断行为、垄断企业滥用优势地位

行为的监管有力的情况下，反垄断执法机构无需再对其行使复议权，避免了不必要的双重监管，减少了反垄断机构调查处理其不擅长的涉及专业知识的电力行业排除、限制竞争之垄断行为案件的数量，提高了效率。

"部门（行业）利益保护倾向"是我国合理配置行业监管机构与反垄断执法机构之间权力最大的羁绊，若将狭隘的部门利益而非整个社会公共利益奉为最高的价值目标，"以能监会为主导，以反垄断执法机构为制衡"的配置方式可能遭到反对。但是，权力的配置不应该完全按被授权者的意愿进行，反垄断法及特殊监管法的立法起草工作不应该委托授权给政府的相关部门来负责承担，否则，我国反垄断执法机构之构建的乱象[1]必将再次重演。

---

[1] 在《反垄断法》起草、审议过程中，国家工商总局、国家发改委与商务部之间，为了争夺、巩固本部门的管辖权，通过立法的方式使部门（行业）的利益最大化，就反垄断执法机构设置问题展开了激烈的博弈，使我国未能建立一个统一、权威、独立的反垄断执法机构。详细内容参见商务部 VS 工商总局：《反垄断法》面临执法选择［J/OL］.［2004－10－01］. http：//news. webtex. cn/info/2004－10－1%4062516 _ 1. htm。

结语：中国未来电力监管权力配置立法的构想

为了优化中国电力监管权力配置，使中国走出电力监管无效的困境，实现对电力行业有效监管，中国未来电力监管权力配置的优化包括优化电力监管权力配置制度的内在理念和制度表现两方面。从立法形式上看，中国应通过未来制定的《能源法》和修改的《电力法》对电力监管权力进行配置，实现电力监管权力配置的法定化，立法方案的具体内容如下。

（1）国家能源部享有制定电力监管政策、协调和沟通各监管机构的间接监管职能，应当同时兼顾效率和公平。

（2）国家能源监管委员会是独立的专业监管机构，享有电力行业全部的经济性监管职能，不仅应追求效率，还应兼顾公平。

（3）电力行业的社会性监管职能由环境、安全等综合性监管机构承担，核电安全生产监管职能由核能安全综合性监管机构承担，电力普遍服务义务监管职能由专门的机构承担，社会性监管机构不仅应追求公平，还应兼顾效率。

（4）国家能源监管委员会享有对电力行业之垄断行为的事前、事后监管职能；反垄断执法机构对前者的事后监管权力的运行，享有复议监管职能。

前述立法方案的具体内容，可见表5-1的简单表达。

表5-1　中国未来的电力监管权力配置设计

职能性质	间接监管	经济性监管		社会性监管		
主要职能	制定监管政策、协调各监管机构的关系	市场准入、电价、竞争和交易（事前与事后）产品与服务质量	电力行业的竞争与交易（事后复议）	电力行业的环境事务	非核电安全	核电安全
承担机构	能源部	能监会	反垄断执法机构	环保部	安监机构	核安监机构
机构性质	政策部门	专业机构	综合性机构			
价值目标	兼顾效率和公平	效率优先，兼顾公平	公平优先，兼顾效率			

其中，政策部门（能源部）通过制定监管政策来制衡直接的经济与社会性

监管机构的权力，通过享有协调职能，来完成各监管机构之间的沟通和协调；经济性监管机构（能监会）与综合性监管机构通过优先追求不同价值目标，来实现相互的制衡；通过兼顾追求对方优先的价值目标，来实现彼此的协调。因此，全面采用如表5-1所示系统性的优化方案，实现对电力监管权力配置之内在理念与制度表现的优化，将使中国走出电力监管无效的困境，实现对电力行业的有效监管。

参 考 文 献

一、中文类参考文献

[1] [美] 丹尼尔·F. 史普博. 管制与市场. 余晖，等译. 上海：格致出版社等，2008.

[2] [美] 乔治·J. 斯蒂格勒. 人民与国家：管制经济学论文集. 芝加哥：美国芝加哥大学出版社，1975.

[3] [英国] 卡罗尔·哈洛. 法律与行政. 杨伟东，等译. 上海：商务印书馆，2004.

[4] [日] 植草益. 微观规制经济学. 朱绍文，等译. 北京：中国发展出版社，1992.

[5] [美] 格莱泽，施莱弗. 监管型政府的崛起. 杨松，译. 北京：中信出版社，2002.

[6] [美] 詹科夫等. 新比较经济学. 郑江淮，等译. 北京：中信出版社，2004.

[7] [英] 曼昆. 经济学原理（上册）. 梁小民，译. 北京：机械工业出版社，2006.

[8] [美] 萨利·亨特. 电力市场竞争. 北京：中信出版社，2004.

[9] [美] 凯斯·R. 孙斯坦. 自由市场与社会正义. 金朝武，等译. 北京：中国政法大学出版社，2002.

[10] [美] 理查德·A. 波斯纳. 反托拉斯法. 孙秋宁，译. 北京：中国政法大学出版社，2003.

[11] [美] 波斯纳. 法律的经济分析. 北京：中国大百科全书出版社，1977.

[12] [英] 安东尼·奥格斯. 规制：法律形式与经济学理论. 骆梅英，译. 北京：中国人民大学出版社，2008.

[13] [英] 孟德斯鸠. 论法的精神. 张雁深，译. 北京：商务印书馆，1982.

[14] 尚明. 主要国家（地区）反垄断法律汇编. 北京：法律出版社，2004.

[15] 于良春. 自然垄断与政府规制. 北京：经济科学出版，2003.

[16] 张维迎. 产权、政府与信誉. 北京：生活·读书·新知三联书店，2001.

[17] 张文显. 法哲学范畴研究. 北京：中国政法大学出版社，2001.

[18] 李昌麒. 经济法学. 北京：法律出版社，2008.

[19] 赵锡军. 论证券监管. 北京：中国人民大学出版社，2000.

[20] 周永坤. 规范权力——权力的法理研究. 北京：法律出版社，2006.

[21] 姜明安. 行政法与行政诉讼法. 北京：北京大学出版社、高等教育出版社，1999.

[22] 莫于川. 行政法学原理与案例教程. 北京：中国人民大学出版社，2007.

[23] 赵心树. 选举的困境——民选制度及宪政改革批判. 成都：四川人民出版

社，2008.

[24] 张帆．对自然垄断的管制．北京：商务印书馆，1996.

[25] 常欣．规模型竞争论中国基础部竞争问题．北京：社会科学文献出版社，2003.

[26] 蔡声霞．政府经济学．天津：南开大学出版社，2009.

[27] 付子堂．法理学进阶．北京：法律出版社，2010.

[28] 谢鹏程．基本法律价值．济南：山东人民出版社，2000.

[29] 王保树．经济法原理．北京：北京社会科学文献出版社，1999.

[30] 吴敬琏．改革：我们正在过大关．上海：三联书店，2001.

[31] 毛德龙．中国经济法学研究的转型与转型期经济法研究．北京：中国法制出版社，2010.

[32] 王晓晔．经济法学．北京：社会科学文献出版社，2005.

[33] 李曙光．转型法律学——市场经济的法律解释．北京：中国政法大学出版社，2004.

[34] 陈磊．电力产业管制的国际比较研究．福建：福建师范大学，2012.

[35] 井志忠．电力市场化改革：国际比较与中国的推进．长春：吉林大学，2005.

[36] 黄超．中国自然垄断行业的行政法规制研究．长沙：中南大学，2011.

[37] 宋慧宇．行政监管权研究．长春：吉林大学，2010.

[38] 马洪雨．论政府证券监管权．重庆：西南政法大学，2008.

[39] 杨三正．宏观调控权论．重庆：西南政法大学，2006.

[40] 张辉．宏观调控权法律控制研究．长沙：中南大学，2010.

[41] 黄亮．中央宏观调控权的配置研究．重庆：西南政法大学，2012.

[42] 席涛．美国管制：从命令控制到成本收益分析．北京：中国社会科学院研究生院，2003.

[43] 周利华．中国电力产业改革绩效测评．山东：山东大学，2012.

[44] 于伶．电力监管法制化研究．保定：河北大学，2009.

[45] 孙志勇．试论我国行政检查制度的完善．上海：上海交通大学，2010.

[46] 赵月高．电力行业市场化法律问题研究．太原：山西大学，2007.

[47] 杨可．中国电力行业监管机制的法经济学分析．长春：吉林大学，2010.

[48] 孙建国．电力产业管制体制演变的国际比较研究．厦门：厦门大学，2003.

[49] 刘豪．规制与竞争：中国电力产业改革的政策选择．大连：东北财经大学，2004.

[50] 冀利民．我国电力监管体制的制度变迁分析．山东：山东大学，2007.

[51] 周峰．我国电力监管制度研究．重庆：重庆大学，2011.

[52] 陈倩．中国电力行业市场结构变化及其效率的实证研究．南京：南京理工大学，2010.

[53] 张金平．电力行业垄断的法律规制．郑州：郑州大学，2007.

[54] 张睿．中国电力产业规制改革研究．大连：东北财经大学，2005.

[55] 韩燕．政府失灵研究．武汉：华中师范大学，2002.

[56] 陈倩．中国电力行业市场结构变化及其效率的实证研究．南京：南京理工大学，2010.

[57] 孙志勇．试论我国行政检查制度的完善．上海：上海交通大学法律，2010.

二、外文类参考文献

[58] Kahn Alfred E. The Economics of Reglation: Principles and Institutions. The MIT Press, 1988.

[59] Foster Christopher D. Privatization, Public Ownership and the Regulation of Natural Monopoly. Blackwel, 1992.

[60] Prosser Tony. Law and the Regulators. New York: Oxford University Press Inc, 1997.

[61] Heffron Florence A. The Administrative Regulatory Process. New York: Longman, 1983.

[62] OECD. Regulatory Policies in OECD Countries. 2002.

[63] Stiglitz, George E. Wither Socialism. Cambridge: MIT Press, 1989.

[64] Martmi ort D. Exclusive Dealing, Common Agency and Multiprincipals Incentive Theory. Rand Journal of Economics, vo. l, 1996.

[65] Bork Robert H. Legislative Intent and the Policy of Sherman Act. Journal of Law and Economics, Vo. l, 1966.

[66] Hirsh Richard F. Power Loss: The Origins of Deregulation and Restructuring in the American Utility System. Cambridge: MIT Press, 1999.

[67] Sunstein. Cass R, After the Rights Revolution: Reconceiving the Regulatory State. Harvard University Press, 1990.

[68] Faure - Grmi aud A, Laffont J J, D. Marti - mor. Collusion, delegation and supervision with soft information. Review of Economic Studies, vo. l , 2003.

[69] Baumol W J. On the proper cost tests for natural monopoly in a multiproduct industry. American Economic Review, 1977.

[70] Pigou A C. the Eeonomies of welfare. 4thEdition. London: Maemillan, 1920.

[71] Coase Ronald. The Problem of Social Cost. Journal of Law and Economics, Vo. l, 1960.

[72] Baldwin, Robert and Christopher, Mc. rudden, Regulation and Public Law, London: George Weidenfeld and Nicolson Ltd. , 1987.

[73] Malone T W, Crowston K. The interdisciplinary study of coordination. ACM computing surveys, vo. l, 1994.

后　记

逍遥自在，淡于名利，是我的天性。豆蔻年华时，曾有人预言我将一生幸福，这样的预言指引了我对幸福的思考和追求。这几十年走过来，我成了上有父母公婆宠、中有丈夫疼、下有子女爱的幸福“全人”。个人的价值在于为他人的幸福有所奉献，为了让家人因我而幸福，让身边的朋友、同事、学生因我而增强幸福感，我愿意做出物质上和思想上的奉献。年过不惑去读博，费心费力写作本书，我希望借此提高自己奉献的能力，游刃有余地挑起对身边人乃至社会的担当。父亲在我读博期间因病过世了，作为他的掌上明珠，我庆幸能让他在离开之前再次因为有个读博士的女儿而多些满足。既然任何人都无法逃脱死神的追求，那么人生的意义不在长度而在厚度，尽可能多地带给父母满足感，是子女们唯一的回报。长辈们的健康、家庭关系的和谐使我能安心于书斋，丈夫的宽慰和体贴为医治我的悲观天性提供了灵药，弟弟魏超则为本书的出版提供了资金支持。正是这些精神或物质上的条件，成就了本书的面世，我铭记在心。

在四年的读博生涯中，我首先要感谢我的导师张怡教授，同为女性，她那种对事业孜孜不倦的追求精神令我反省自己的闲散，让我除了加倍努力外别无选择。我曾经任随自己的性情，流连在山水间，纵横于牌坛上，但是这样的欢乐之后总有惶恐如影相随。以张老师为镜子我才明白，唯有约束自我、超越本能才算得上有本事的人。由此，在写作本书过程中的不眠之夜里，在因写作这本书而获得的技巧和体会里，我对人生的领悟逐渐被提升到了一种更高的境界。

我要感谢西南政法大学经济法学院的博导们：李昌麒教授，岳采申教授，卢代富教授、盛学军教授、许明月教授、李树教授、唐烈英教授、江帆教授。尽管慢热的性格使我与他们私下的交往并不多，但是他们渊博的学识、卓越的见解令我耳目一新，将是我终身仰慕的典范。令我最为吃惊和惭愧的是王煜宇教授，吃惊的是造物主竟如此偏心，让她集美丽、智慧于一身，而立之年就已成为西南政法大学的博士生导师；惭愧的是自己虚度光阴，年过不惑还无所作为。

我要感谢我的师兄、师弟、师妹们。人生得以相遇是一种缘分，我们在读博时的相遇尽管不像年少时的那般浪漫，却会有陈年好酒的香醇，封存起来，待不期而遇的来日再开封，一定会如好音绕梁，绵绵不绝。我尤其要感谢刘广明、王婷婷，本书诸多琐事都有赖他们代劳；感谢李喜燕、杨颖的陪伴，感谢陈卫林的支持。

我要感谢西南交通大学的同事们。远亲不如近邻，如果没有同事这种近邻间的竞争和帮助，我或许就因天性的散淡而无缘于博士学位了。饶艾教授对本书题目的确定和提纲的拟定有直接的影响，感谢她多年来对我的照顾和帮助。我虽与苏志宏教授交往不多，但是，他的人品和学识令人敬重，一直是我人生追求的典范。杨珊副教授的学缘与我完全相同，感谢她让我选定了到西南政法大学读博，感谢她为我读博期间提供的一切帮助。黄亮博士论文的题目《中央宏观调控权力配置研究》对本书题目最后的确定有明显的启发作用，感谢他提供的支持。此外，我还要感谢西南财经大学法学院的辜明安教授为我到西南政法大学读博提供的帮助。

最后，我要感谢国网四川省电力公司经济法律部法律处的石长清处长，亦师亦友的关系让我们亲近而单纯，没有他工作上的需要和支持，就没有本书的选题，本书的完成也将作为他用心工作的回报。我要感谢我的学生——西南交通大学法学系 2011 级、2013 级的硕士研究生们，他们为本书资料的收集和校对，付出了时间和辛苦。我尤其要感谢赖元超、于陶、肖遥这几位我自己带的硕士，他们不仅直接承担了本书的资料收集和校对工作，他们的优点也为我个人的成长提供了空间。

魏　琼

2014 年 3 月 4 日于西南交大镜湖湖畔